T0179654

clave

Wayne W. Dyer (1940-2015) fue un renombrado conferenciante y un autor conocido internacionalmente en el área de la autoayuda. Doctor en orientación educativa por la Universidad de Wayne y profesor en la Universidad de Nueva York, dedicó gran parte de su vida a dar conferencias, a impartir cursos y a escribir. De sus más de cuarenta obras publicadas cabe destacar *Tus zonas erróneas*, posiblemente el libro de autoayuda más leído del mundo con más de treinta y cinco millones de ejemplares vendidos.

WAYNE W. DYER

Tus zonas sagradas

Traducción de
Diana Falcón

DEBOLS!LLO

Papel certificado por el Forest Stewardship Council®

Penguin
Random House
Grupo Editorial

Título original: *Your Sacred Self, Making The Decision to be Free*

Cuarta edición: abril de 2013
Novena reimpresión: noviembre de 2023

© 1995, The Wayne W. Dyer Estate
Traducido de la edición original de HarperCollins Publishers, Nueva York, 1995
Reservados todos los derechos
© 1996, de la edición en castellano para todo el mundo:
Penguin Random House Grupo Editorial, S. A. U.
Travessera de Gràcia, 47-49. 08021 Barcelona
© 1996, Diana Falcón, por la traducción
Diseño de la cubierta: Penguin Random House Grupo Editorial
Fotografía de la cubierta: Mango Productions. © Corbis

Se agradece el permiso para citar las siguientes obras protegidas por un copyright: *De The Quest*,
de Tom Brown, Jr., Copyright © 1991, Tom Brown, Jr. Todos los derechos reservados.
Reproducido con permiso de Putnam Publishing Group De *Ordinary People as Monks and Mystics*,
de Marsha Sinetar. Copyright © 1966, Marsha Sinetar. Todos los derechos reservados.
Reproducido con permiso de Paulist Press.

Printed in Spain – Impreso en España

ISBN: 978-84-9908-697-2
Depósito legal: B-16.291-2012

Impreso en QP Print

P 88697 B

Durante toda mi vida quise ser alguien,
ahora soy por fin alguien…
Pero ese alguien no soy yo.

*A mi esposa, Marcelene,
como la Tierra agradece el Sol*

Índice

CUARTA PARTE

HACIA UN MUNDO SIN EGO

Querido lector

Imagine esta escena si es tan amable. Dos bebés se encuentran en el útero, confinados en las paredes del seno materno, y mantienen una conversación. Para entendernos, a estos gemelos les llamaremos Ego y Espíritu.

Espíritu le dice a Ego:

—Sé que esto va a resultarte difícil de aceptar, pero yo creo de verdad en que hay vida después del nacimiento.

Ego responde:

—No seas ridículo. Mira a tu alrededor. Esto es lo único que hay. ¿Por qué siempre tienes que estar pensando en que hay algo más aparte de esta realidad? Acepta tu destino en la vida. Olvídate de todas esas tonterías de vida después del nacimiento.

Espíritu calla durante un rato, pero su voz interior no le permite permanecer en silencio durante más tiempo.

—Ego, no te enfades, pero tengo algo más que decir. También creo que hay una madre.

—¡Una madre! —exclama Ego con una carcajada—. ¿Cómo puedes ser tan absurdo? Nunca has visto una madre. ¿Por qué no puedes aceptar que esto es lo único que hay? La idea de una madre es descabellada. Aquí no hay nadie más que tú y yo. Ésta es tu realidad. Ahora cógete a ese cordón. Vete a tu rincón y deja de ser tan tonto. Créeme, no hay ninguna madre.

Espíritu deja, con renuencia, la conversación, pero la inquietud puede con él al cabo de poco.

—Ego —implora—, por favor, escucha, no rechaces mi idea. De alguna forma, pienso que esas constantes presiones que sentimos los dos, esos movimientos que a veces nos hacen sentir tan incómodos, esa conti-

13

nua recolocación y ese estrechamiento del entorno que parece producirse a medida que crecemos, nos prepara para un lugar de luz deslumbrante, y lo experimentaremos muy pronto.

—Ahora sé que estás completamente loco —replica Ego—. Lo único que has conocido es la oscuridad. Nunca has visto luz. ¿Cómo puedes llegar a tener semejante idea? Esos movimientos y presiones que sientes son tu realidad. Eres un ser individual e independiente. Éste es tu viaje. Oscuridad, presiones y una sensación de estrechamiento a tu alrededor constituyen la totalidad de la vida. Tendrás que luchar contra eso mientras vivas. Ahora, aférrate a tu cordón y, por favor, estate quieto.

Espíritu se relaja durante un rato, pero al fin no puede contenerse por más tiempo.

—Ego, tengo una sola cosa más que decir, y luego no volveré a molestarte.

—Adelante —responde Ego, impaciente.

—Creo que todas estas presiones y toda esta incomodidad no sólo van a llevarlos a una nueva luz celestial, sino que cuando eso suceda vamos a encontrarnos con la madre cara a cara, y conocer un éxtasis que superará todo lo que hemos experimentado hasta ahora.

—Estás realmente loco. Ahora sí que estoy convencido.

El libro que tiene en las manos es una interpretación de esta parábola, que he adaptado de una historia relatada por Henri J. M. Nouwen. Mi intención es llevarle a esa resplandeciente luz celestial y hacerle conocer la maravilla de que su noble yo triunfe sobre las demandas de su ego, que sobre todo no quiere.

He organizado este libro en torno a las siguientes premisas:

1. Usted es sagrado, y con el fin de saberlo debe trascender el viejo sistema de creencias que ha adoptado.

2. Es un ser divino llamado a conocer su yo más sublime mediante el dominio de las claves de una conciencia superior.

3. Su yo más sublime puede triunfar sobre las identidades de su ego y convertirse en la fuerza dominante de su vida.

4. Puede irradiar esta conciencia más allá de sus propios límites y transmitirla a todos los habitantes de nuestro planeta.

Dichas premisas configuran los principios de las cuatro partes en que se divide este libro. Cada capítulo está escrito con el propósito de ayudarle a conocer estos principios.

Los antiguos escritos espirituales de la Cábala contienen unas enseñanzas muy pertinentes que me gustaría poner en su conocimiento. En ellos se sugiere que nuestro propósito aquí es ascender de los niveles más bajos de la vida a los planos más altos. Pero con el fin de avanzar hasta el siguiente nivel, debemos caer primero... para adquirir y generar la energía necesaria con que impulsarnos hasta un plano más elevado.

Así pues, cada una de las caídas que uno experimenta es realmente una oportunidad para adquirir energía. La energía así obtenida proporciona el impulso necesario para elevarse por encima de lo alcanzado. Su yo sagrado sabe que esas caídas son necesarias para el logro de dicha meta.

Una caída de mi propia vida me proporcionó la oportunidad de generar la energía necesaria para colocar mi existencia en el nivel espiritual sobre el que estoy ahora escribiendo. No tendría sentido publicar el presente libro si no hubiera vivido la experiencia de trascender mis límites.

Estas caídas siempre son de orden divino. El que podamos adquirir la energía para pasar a un plano más elevado, y somos capaces de hacerlo, se encuentra por completo en nuestras manos. Mi mensaje es claro. Utilice las caídas para llegar a una conciencia más elevada y a la percepción de la divina presencia que siempre le acompaña. La energía que adquiere es similar a la fuerza y decisión que reúne el atleta cuando retrocede para impulsarse por encima de la barra del nuevo obstáculo.

Yo conozco esa conciencia espiritual, y confío en que este libro le ayudará a conocer a ese yo sagrado que está siempre con usted.

Amor y luz,
Wayne W. DYER

PRIMERA PARTE

Prepararse para el trascendental viaje

SUEÑOS ROTOS

Como los niños que llorando traen sus juguetes rotos
para que se los arreglemos,
yo le llevé mis sueños rotos a Dios
porque Él era mi Amigo.

Pero en lugar de dejarlo
en paz para que trabajara solo,
me quedé cerca e intenté ayudar
a mi modo.

Al final se los arrebaté y grité:
«¿Cómo puedes ser tan lento?».
«Hijo mío —dijo él—, ¿qué podía hacer?
No les distes alas en ningún momento.»

ANÓNIMO

1

El reto más grande de su vida

TOMAR LA DECISIÓN DE SER LIBRE

La búsqueda más noble es saber qué debe hacer uno
para convertirse en ser humano

Immanuel KANT

Sé que en cada momento
soy libre para decidir

Ha estado mirando en la dirección equivocada. La penetración psicológica más importante que puede tener es darse cuenta de que ha estado mirando en la dirección errónea durante la mayor parte de su vida.

Tómese un momento, ahora mismo, para comprender lo que quiero decir. Imagínese en cualquier postura que le apetezca. De pie, sentado, echado, la que le resulte más fácil de imaginar. Ahora observe la representación mental de usted mismo. Lo que ve es alguien que está siempre mirando hacia otra parte, no hacia sí mismo. Siempre mirando fuera de usted. ¡Está mirando en la dirección equivocada!

Ahora imagínese que es capaz de darse la vuelta y mirar en la dirección opuesta. Si de alguna forma pudiese hacer eso, estaría mirando hacia su interior.

Esto no es una forma de gimnasia mental en la que meramente uno se imagina volviéndose y mirando hacia su interior. Estoy sugiriéndole una manera de conocer su identidad espiritual. Estoy sugiriéndole que acepte el reto y tome el sendero de su búsqueda trascendental.

A todos nos han enseñado a mirar al exterior en busca de sustento: mirar más allá de nosotros mismos en busca de fuerza, amor, prosperidad, salud, felicidad y satisfacción espiritual. Se nos ha condicionado para creer que recibimos la gracia de la vida de algún punto externo a nosotros. Pero es posible invertir la dirección de nuestros ojos de fuera hacia dentro. Y cuando lo hacemos, encontramos una energía que habíamos percibido pero no identificado.

ENERGÍA DIVINA

En los seres humanos palpita una energía divina. El poder de esta energía impregna todo nuestro ser y nos permite realizar todas las funciones del vasto repertorio de los pensamientos y conductas humanas. En esta energía divina existen dos aspectos.

El aspecto externo hace que el corazón lata, los pulmones se hinchen y los sentidos funcionen: en esencia, mantiene vivos nuestros cuerpos. El aspecto interno de esa energía está dormido, pero podemos despertarlo.

Este universo interno es más vasto que el externo. El júbilo interior hace que todo el júbilo que se experimenta en el mundo de los sentidos parezca carente de significado. Cuando se experimenta esa luz interna, añade a la vida una brillantez que no se parece a nada que puedan describir las palabras.

Cuando uno descubre su yo más sublime, experimenta esa energía interior y permite que guíe su vida. El adjetivo más corriente para describir esta fuerza interna es «espiritual».

Cuando hablo de espiritualidad y de ser espiritual, describo una actitud hacia Dios, un viaje interior de iluminación. Hablo de desarrollar las cualidades divinas de amor, perdón, bondad y éxtasis que tenemos dentro. Según mi interpretación, la espiritualidad no es cuestión de dogmas ni de reglas. Es luz, júbilo y concentración en la experiencia del amor y el éxtasis internos, y transmitir esas cualidades al exterior. Al viaje destinado a descubrir su yo más sublime lo llamo «búsqueda sagrada».

DEFINICIÓN DE SU BÚSQUEDA SAGRADA

La energía esencial que le ha alimentado durante toda su vida es la energía exterior. Esta energía exterior mantiene la vida, pero no proporciona la sensación de éxtasis y plenitud que anhelamos.

En su libro *Mistery of the Mind (El misterio de la mente)*, Swami Muktananda describe la experiencia de la energía divina:

Un día, esa luz explotará y lo verá todo. Verá que el universo entero existe dentro de ella. La luz divina de la Conciencia comenzará a inundarle los ojos y entonces la verá dondequiera que mire. Verá su luminosidad en la gente, en los árboles, las rocas y los edificios. Verá la misma Conciencia alzándose en cada pensamiento y sentirá que pasa por su mente; adondequiera que vaya su mente, encontrará su propia Conciencia interior, el creador del mundo. Verá que la totalidad del universo está contenida en usted mismo. Sabrá que todo —todas las infinitas formas del mundo— no son más que emanaciones de su existencia. Se dará cuenta de que es usted quien se refleja en todas partes, y que es su propio reflejo el que pasa ante sus ojos.

Usted tiene dentro de sí este poder de trascendencia sobre la vida dominada por el ego. Puede darse la vuelta y mirar hacia el interior, descubrir su naturaleza espiritual. Entonces podrá vivir cada uno de sus días, con independencia de lo que pueda estar haciendo, con la sensación de éxtasis que se deriva de hallarse en el sendero de la búsqueda sagrada.

Hacer explotar esa luz implica entender quién es uno y qué está haciendo aquí, en esta cosa llamada cuerpo, en este lugar llamado mundo, en este momento de su vida.

UNA MIRADA ÚNICA A SU VIDA

El punto de partida de su búsqueda es entender que el universo y nuestra participación en él no son fortuitos.

La inteligencia fluye a través de todo el universo, y ha tenido muchos nombres. Hace que los planetas giren en sus órbitas, que las galaxias permanezcan en su sitio, que las semillas broten, las flores se abran y que usted, sí, usted, respire, camine y piense.

Esta inteligencia invisible está en todas las cosas, en todas partes. No puede cogerla ni verla ni olerla. Pero usted sabe que está ahí.

La energía exterior, que controla la materia y el mundo físico, es finita. Esto significa que hay unas cantidades limitadas de oxígeno, hidrógeno y carbono. No hay ningún otro lugar al que ir en busca de más cuando se nos acaben. Todos los elementos físicos, identificados por los científicos y estudiados por los colegiales de todo el planeta, son finitos.

Todas las cosas de nuestro mundo visible están hechas de estos elementos que existen en cantidades finitas. Me gusta pensar en lo material como en algo que se renueva permanentemente. Puesto que tenemos sólo una cantidad limitada de este «material», tiene que ser constantemente transformado.

El hierro que tiene hoy en la sangre, forma parte de toda la reserva de hierro. Es evidente que estaba en otra parte antes de que usted fuese concebido. Hace quince millones de años podría haber sido parte de un depósito de mena de hierro de Afganistán. Hoy forma parte de la energía no interna que le anima a usted.

Y así ocurre con todas las partículas físicas del universo. Es una reserva finita que se recicla sin parar. Partículas materiales que tienen una forma, regresan a la Tierra y se transforman. Como una partícula de magnesio de una espada que aparece más tarde en el fémur de una pantera.

Emily Dickinson escribió un libro de poemas, *El lebrel solitario*, en el que describe este fenómeno. Es mucho más atractivo que cualquier prosa que pueda usar para ilustrar dicho tema.

> *Este polvo callado fue caballeros y damas,*
> *y muchachos y muchachas;*
> *fue risas, habilidades y canciones,*
> *y vestidos y rizos.*
> *Este lugar pasivo una elegante mansión veraniega,*
> *donde flores y abejas*
> *cumplieron con su circuito oriental,*
> *luego cesaron, como éstas.*

El yo físico que podemos ver y tocar está hecho del mismo material del que está hecho todo lo demás. Sin embargo, usted es diferente de las cosas externas a usted mismo. Para comprender esto, considere las cuatro categorías que describen el mundo: mineral, vegetal, animal y humana. Si tomáramos una muestra de cada una de estas categorías, las pulverizáramos y colocáramos el polvo en cuatro recipientes separados para analizarlas, el informe no presentaría ninguna diferencia discernible. Las muestras mineral, vegetal, animal y humana comprenderían todas las mismas materias primas. Y sin embargo, todas estas muestras difieren entre sí de un modo invisible, que está más allá de lo material.

Las diferencias, no obstante, no se encuentran en la conformación física de las cosas. Se hallan en lo que llamaremos conciencia. Cada categoría tiene un nivel distinto de conciencia.

Mineral

El mundo mineral incluye mucho de lo que ve a su alrededor. Para el ojo que no está alerta son sólo cosas que se encuentran por ahí y no hacen nada. Puede mirar una roca y ella no hará nada aunque la contemple eternamente. Así pues, decimos que los minerales, aunque hechos de la misma materia que nosotros, tienen muy poca conciencia.

(Digo «muy poca» porque para un científico cuántico, que estudia las cosas en el nivel subatómico y piensa en términos de billones de años luz, los minerales resultan fascinantes. Cuando se los examina a niveles subatómicos están vivos, cambiando de modo interminable.)

Vegetal

El reino vegetal está conformado por los mismos elementos físicos que el mundo mineral, pero tiene un nivel de conciencia muy diferente. La energía vegetal produce, da fruto, crece hacia la luz del sol y se protege de los invasores. De alguna forma, la inteligencia organizadora ha tomado los mismos elementos y los ha reunido para crear un producto que tiene más conciencia que los minerales.

Animal

Una vez más, los animales están hechos de los mismos elementos que los minerales y los vegetales, pero su nivel de conciencia es mayor. En ellos vemos apareamiento, planificación de futuro, enseñanza de los jóvenes, emigración y una amplia variedad de otros ejemplos de conciencia superior. La inteligencia organizadora ha tomado los mismos elementos y ha hecho criaturas con niveles de conciencia más altos.

Humano

También nosotros estamos conformados por los mismos elementos que las otras categorías, pero tenemos niveles de conciencia todavía más elevados. Podemos hacer muchas de las cosas que hacen las otras categorías, y podemos hacer más.

Tenemos poder para comunicarnos con la inteligencia organizadora y para crear una vida placentera. Podemos conocer la inteligencia organizadora divina que forma parte de nosotros, aunque haya estado durmiendo desde que tenemos memoria.

Sabe usted muy bien que existen diferencias importantes entre estas categorías, y que estas diferencias no tienen nada que ver con el mundo físico. En efecto, éste es un sistema inteligente en el que usted está integrado, y eso significa que su vida en este planeta es parte de dicha inteligencia.

Si el sistema es inteligente y esa inteligencia es invisible, y nuestra presencia aquí es una parte de esa inteligencia, nunca podremos discernir absolutamente nada al respecto mediante la utilización de instrumentos que sólo existan en el mundo físico. Necesitamos mirar esa parte de nosotros que es invisible. Necesitaremos comunicarnos con esa parte que yo llamo conciencia.

Usted necesita comenzar a mirar hacia su interior para ver quién es y por qué está aquí.

USTED ESTÁ AQUÍ POR UNA RAZÓN

Existió un instante del tiempo en el cual usted estuvo en «ninguna parte». En el momento anterior a la concepción estaba «ahí». Luego, en un instante glorioso, pasó del ninguna parte al aquí y ahora.

Habrá otro instante glorioso en el que pasará del aquí y ahora al ninguna parte. A ese momento lo llamamos muerte. Pero usted —ese usted inspirado, inmutable, eterno, indivisible— continuará viviendo.

Si es verdad que formamos parte de un sistema inteligente, podemos suponer que ese paso desde ninguna parte al aquí y ahora tiene un propósito. Al darse cuenta de esto puede dejar de plantearse si es una creación divina con un propósito, y sencillamente aceptar que lo es. Forma parte de este sistema inteligente, y está aquí por alguna razón divina.

Esa razón tiene que ver con la energía espiritual sobre la que estoy escribiendo. El conocer su yo espiritual constituye su búsqueda sagrada y el reto de su vida.

Muchísimos de nosotros hemos crecido en la creencia de que somos el cuerpo que los alberga, el trabajo que realizamos y la religión que practicamos. Nuestras vidas participan de las realidades exteriores al mismo tiempo que vemos que siempre cambian. Sin embargo, en alguna parte de nuestro interior, nos sentimos iguales.

Puede que nunca le haya dedicado mucho tiempo a ese aspecto del yo, pero si lo hace descubrirá un yo interno que nunca cambia sino que se encuentra inmerso en un mundo cambiante.

Es probable que algún día su yo físico descanse bajo una lápida que dé cuenta de la fecha de su nacimiento y de la de su muerte. Pero su alma interior sabe que usted es eterno. En esa faceta de su yo carece de forma, no tiene límites. Sin límites no hay nacimiento ni muerte. Lo que ha nacido morirá, lo que nunca ha nacido nunca puede morir.

¡Su yo espiritual nunca nació! ¡Su yo espiritual nunca morirá!

El saber esto de una forma que no deje lugar para la duda le capacitará en gran manera para su búsqueda sagrada. Cuando llegue a ese estado, sabiendo que quien es usted es el yo inmutable, tendrá un propósito en su vida.

Sogyal Rinpoche, en *The Tibetan Book of Living and Dying* (*El libro tibetano del vivir y del morir*), dice esto con unas palabras que merecen ser enmarcadas:

> En el mundo moderno, hay pocos ejemplos de seres humanos que encarnen las cualidades que derivan de la comprensión de la naturaleza de la mente. Así que nos resulta difícil imaginar una iluminación o la percepción de un ser iluminado, y más difícil todavía comenzar a pensar en que nosotros mismos podemos convertirnos en iluminados.
>
> … Aun en el caso de que pudiéramos pensar en la posibilidad de una iluminación, una sola mirada a lo que compone nuestra mente —enojo, codicia, celos, desprecio, crueldad, lujuria, miedo, ansiedad y agitación— minaría para siempre la esperanza de conseguirla.
>
> … La iluminación… es real; y cada uno de nosotros puede, quienquiera que seamos, en las circunstancias correctas y con la preparación apropiada, comprender la naturaleza de la mente y conocer por tanto lo que es inmortal y eternamente puro en nosotros. Ésta es la promesa de todas las tradiciones místicas del mundo, y ha sido cumplida y está siendo cumplida en incontables millares de vidas humanas.

Usted puede ser uno de esos millares de seres humanos iluminados. Esto sucederá cuando descubra la naturaleza de su verdadero yo, y relegue a un segundo plano, donde le corresponde, la parte de usted que está centrada en lo físico. Desde allí podrá animarse a continuar y mantener su yo elevado, en lugar de actuar de forma que minen su esencia espiritual.

Todo este asunto de la búsqueda sagrada es real, y puede conocerlo, amarlo y atesorarlo. Una vez que lo haga, ya no querrá volver a vivir de ninguna manera que sea inconsecuente con su yo divino e invisible.

Usted no es ese nombre, ni esa ocupación, ni ese número de la seguridad social, ni ese cuerpo. Usted es luz eterna y un don divino, con independencia de lo que haya hecho o dejado de hacer. Con independencia de su familia, o de la etiqueta que le hayan colgado. En la inteligencia de Dios usted es sagrado, y tiene un propósito para estar aquí.

Ese propósito no lo encontrará en el mundo físico. Cuando deje de buscar la satisfacción en el mundo externo, la totalidad de su ser, incluido su mundo material, reflejará su divinidad.

La verdadera definición de la propia conciencia es el descubrimiento del yo superior y la jubilosa vida. Es la conciencia de su energía interior y lo más elevado de usted mismo. Es una conexión con lo divino y todo lo inmutable. La propia conciencia está en la génesis de su yo.

LA EXPERIENCIA DE LA PROPIA CONCIENCIA

¿Qué experimentará cuando haya respondido al reto de mirar hacia el interior y vivir según las directrices de su yo espiritual? Continuará «cortando leña y acarreando agua», como nos dice un antiguo proverbio zen. No desarrollará de modo repentino nuevos talentos e intereses.

No obstante, tendrá un nivel de conciencia que le permitirá ver cosas que han estado ocultas. Esta comprensión le proporcionará una sensación de paz y satisfacción interior.

La experiencia de la propia conciencia no es algo que se pueda obtener del mundo físico. Pero sus interacciones con el mundo físico se verán alteradas de forma espectacular cuando la adquiera. Será capaz de manifestar con precisión qué necesita del mundo físico. Participará en la creación de lo que su yo interno sabe que es necesario para la búsqueda sagrada.

Esta comunicación con su yo interno le llevará a nuevos grados de conciencia superior. Vivirá los siguientes cambios derivados de la conciencia superior, y se convertirán en parte de su vida diaria:

1. *Experimentará e intensificará el significado de la conciencia.* Se dará cuenta de que en este sistema inteligente no existen los accidentes. Comprenderá que todo lo presente en su vida tiene algo nuevo que enseñarle. Apreciará a todas las personas y todas las cosas de su vida.

Al saber que no existen las coincidencias, comenzará a confiar en esa sensación de que los acontecimientos en apariencia desconectados tienen un significado. Incluso empezará a crear esas situaciones cuando las necesite. Se sentirá ante el destino como un igual, en lugar de una víctima del mismo.

2. *Descubrirá la existencia de una fuente universal de energía.* Usted tendrá fe en esa fuente universal de energía. Comenzará a ejercitar su capacidad de establecer contacto con esta fuente y a convertirla en parte de su vida cotidiana. Desarrollará un profundo conocimiento sobre la energía divina y su capacidad para acceder a esa energía.

Será incapaz de abrigar ninguna duda acerca de la fuente universal de energía. Comprenderá que todos los seres son parte de ella y que ésta es lo que les anima. No tendrá duda de que todas las debilidades y falsedades se derivan de la negativa a reconocer estos hechos.

3. *Se sentirá amado.* Pedirá y aceptará la guía de Dios. Esta vital nutrición espiritual la percibirá tanto en sus experiencias internas como externas. El miedo inmovilizador disminuye al sentir la presencia de la energía divina. Todo parece ser como debe ser, a pesar de que puede que no lo entienda. Se sentirá en paz respecto de lo que ve y lo que siente.

Sus deseos de enmendar y reparar los errores de su vida también forman parte de este plan divino. Buscará satisfacer sus deseos para servir a Dios y a la humanidad con lucidez y ánimo de paz.

4. *Desarrollará sus sentimientos de respeto y estima.* Comenzará a ver la belleza, y a sentirse que le embarga un sentimiento de respeto ante la magnificencia del universo. Estimar la belleza es en realidad la sensación de amor que se experimenta cuando se está conectado con lo divino. Ese amor le llenará con una nueva sensación de fortaleza.

Al centrar su energía interna en la belleza que le rodea, recibirá esa energía. Con la práctica, este tipo de receptividad se transformará en una fuente de sustento en su vida diaria.

5. *Se sentirá conectado con todos.* Al transformarse su yo superior en la fuerza dominante de su vida, se volverá cada vez más consciente de su vinculación con los demás.

Al igual que usted puede observar millares de flores con diferentes tonalidades originadas por el mismo haz de luz, podrá observar también muchos matices y formas distintas en personas, con lenguas, costumbres e ideas políticas, todas originadas en una sola esencia. Una luz, muchos colores. Una esencia, muchas manifestaciones físicas. Esto no será una mera percepción filosófica. Será una forma de vida.

Sentirá que cualquier cosa que sea destructiva para un ser humano es destructiva para todos. Sabrá que la esencia o fuerza vital que fluye a través de usted, fluye a través de todo. Esta conciencia superior le llevará a la conclusión a la que llegó el Mahatma Gandhi: «Dios no tiene religión». Esa conciencia le proporcionará la energía del amor, la cual nos ayudará a unirnos a todos.

6. *Establecerá una nueva relación con la realidad.* Cuando su alma se convierta en la fuerza que guíe su vida, romperá la relación habitual con la realidad. Los límites de su percepción se ampliarán para incluir otro mundo que coexiste con el nuestro. Sabrá que los límites existen en la medida en que el orden social define nuestras vidas. Trascenderá el orden social y romperá esa caduca relación una vez que haya transformado su realidad personal.

Cuando descubra que es ilimitado, diferentes opciones comenzarán a nacer, hijas del conocimiento ilimitado que reside en su interior. Ya no creerá ni siquiera en las suposiciones de más sólida apariencia sobre sí mismo y lo que le rodea. Sabrá que todos los «poderes» que se les reconocen a los maestros espirituales están dentro de usted.

Sus niveles de conciencia cambiarán de un modo tan espectacular que ya no se sentirá limitado por la realidad de la mayoría.

7. *Experimentará la entrega y la aceptación.* Finalmente dejará de luchar y se limitará a dejarse ir, a pesar de que no consiga entender por qué acontecen tantas cosas que no están de acuerdo con la forma en que usted orquestaría el universo. Aceptará que Dios sabe lo que está haciendo. Este proceso le transformará, será más eficaz en su búsqueda.

Ya no juzgará a Dios. Por el contrario, sabrá que éste es un sistema inteligente. Los huracanes, los tornados, las muertes accidentales, el delito y la pobreza serán vistos como partes de este plan divino de la misma forma que lo son los días nublados, los mares en calma, la compasión, la prosperidad y la plácida muerte. Su deseo por mejorar las condiciones también participa de ese plan. Trabajará en ello, en lugar de centrarse en por qué son «erróneas» esas condiciones.

8. *Se convertirá en un soñador despierto.* Su mayor conciencia se lo permitirá. Todo lo que sea capaz de conseguir cuando sueña será posible cuando esté despierto. El poder de su mente para dar forma a lo que antes sólo podía ocurrir en sueños, comenzará a constituir su realidad en estado de vigilia.

En sueños, cuando quiere examinar en detalle un objeto no tiene que acercarse a él: atrae el objeto hacia usted con el poder de su energía interior. Con la misma energía, comenzará a dar forma a objetos o realidades en su estado de conciencia de vigilia.

Comenzará a poder desplazarse por el tiempo, crear los personajes que necesita la obra de su vida, a comunicarse con los difuntos, a estar en más de un sitio a la vez, a hacerse invisible, a conseguir parecer más viejo o más joven, y todos los otros «trucos» de los que disfruta en sus sueños.

Algunas personas necesitan toda una vida para aprender a convertirse en un soñador despierto. Con su consciencia superior y la guía de su yo más noble, se convertirá en uno de esos soñadores despiertos.

9. *Conocerá el poder y el éxtasis del silencio*. Descubrirá que cuando «guarda silencio» entra en uno de los lugares más sagrados que puedan existir.

Un momento de silencio es el más alto honor que podemos hacerle a alguien. Descubrirá que también es el más alto honor que puede hacerse a sí mismo. Como escribió Herman Melville: «El silencio es la única voz de nuestro Dios... A todas las cosas y emociones profundas las precede y acompaña el silencio».

Se apartará de la vida «ruidosa» y buscará el silencio. La oración y la meditación serán parte integral de su vida. Las respuestas que busca, la guía que necesita, la ayuda que requiere, aparecerán mientras practique el silencio como un modo de honrar su verdadero yo. Será capaz de vivir estos momentos preciosos a voluntad.

El ruido y la agitación serán incapaces de penetrar en su silencio. Entre el tráfico, en medio de tensas reuniones, durante ejercicios de competición, en casa, con sus hijos jugando y haciendo escándalo... será capaz de acceder a su propio silencio y saber qué quería decir Melville cuando escribió: «El silencio es la consagración general del universo. El silencio es la invisible imposición de las manos del divino pontífice sobre el mundo». Ésta será su realidad una vez lograda una mayor conciencia en su vida.

10. *Sabrá que hay una solución espiritual para cada problema*. En el reino del espíritu encontrará las respuestas para las dificultades. Su yo superior tiene la solución, con independencia de lo insoluble que pueda parecer el problema.

Los problemas como la adicción a las drogas, la comida y el alcohol tienen soluciones en su yo superior. Al entrar en su interior verá su excesivo deseo de algo externo como un mal refugio ante el dolor. Cuando comience a disfrutar del placer y alborozo por dirigir la mirada hacia su interior, el deseo y la necesidad de lo externo desaparecerá.

Cuando empiece a conseguir un equilibrio perfecto al estar en paz, al escuchar su cuerpo, la pulsión de comer en exceso o ser indolente ya no gobernará su vida.

Cada problema —ya sea en una relación amorosa, económica o se refiera a la salud o la imagen personal— tiene una solución en su yo superior. Cuando esté en paz, goce del silencio, medite y escuche, escuche a Dios; se apartará de lo mundano y se encaminará hacia lo divino de su interior. Sabrá lo que necesita hacer.

11. *Pasará de adquirir a compartir.* En este superior estado de conciencia pasará de los deseos personales a preguntarse: «¿Cómo puedo ser de ayuda?». En lugar de centrarse en lo que puede obtener, le guiará el deseo de ayudar a satisfacer las necesidades de otros. Lo paradójico de esto es que entonces comenzará a ver que la abundancia afluye a su propia vida.

Deseará menos y sin embargo se sentirá más satisfecho. Apartará la atención de sí mismo y obtendrá placer al ayudar a los otros. Necesitará menos, querrá menos y se sentirá menos atraído por la adquisición y la posesión. Sabrá lo que quiso decir Albert Schweitzer cuando escribió estas palabras: «Cada hombre tiene que buscar por sus propios medios que su propio yo sea más noble, y para darse cuenta de cuál es su verdadero y propio valor. Tiene que dedicarle un poco de tiempo a sus semejantes. Aunque sea poca cosa, présteles ayuda, haga algo por ellos, algo por lo que no recibirá más que el privilegio de hacerlo. Porque recuerde, usted no vive sólo en el mundo. También están aquí sus hermanos».

12. *Vivirá de manera auténtica.* Ya no tendrá ninguna dificultad para ser usted mismo. Sabrá que una existencia vivida de modo auténtico conduce a la verdad universal y a una superior conciencia.

Se aceptará al saber que cualesquiera que sean sus actos en el pasado, incluso los que puedan haber sido destructivos e inmorales, fueron una parte de quien era en esa época y contenían grandes lecciones. Será capaz de decir con convicción: «Soy lo que soy». Mientras que a algunas de las personas que están cerca de usted esto podría resultarles difícil de aceptar, ya no será capaz de actuar en contra de sus ideas.

Cada vez le resultará más fácil escuchar sin estar a la defensiva, porque su conocimiento interior será grande y satisfactorio. Vivirá su existencia de forma auténtica: cumplirá el objetivo que tenía para estar aquí, sabiendo que «la vida pone exámenes» y aprendiendo de aquellos que suspendió. Su autenticidad se basará en el descubrimiento de que no puede emular a otras personas, y a pesar de eso ser sincero consigo mismo y con Dios.

13. *La alegría será su estado natural.* Accederá a un conocimiento interno plácido, como un tibio fluido que corre por dentro de usted. Descubrirá que la alegría es un estado natural y que puede alcanzarse sin recurrir a sustancias.

La alegría es un estado de gracia, y un estado de autosuficiencia. Es una conexión con Dios, una conexión con la verdad universal. La alegría, el contento, le proporciona la sensación de tener un propósito.

14. *Enjuiciará menos y será más magnánimo.* La conciencia superior anulará sus tendencias enjuiciadoras. Comenzará a ver que juzgar a los demás no los define a ellos, sino que le define a usted. En consecuencia, se sentirá menos inclinado a juzgar a las personas o las cosas.

Aceptará que los otros recorren su propio sendero. Aquello de ellos que antes le irritaba, se convertirá en el reflejo de una parte de usted mismo. Como lo expresó Carl Jung: «Todo lo que nos irrita de los demás puede conducirnos a un entendimiento de nosotros mismos».

Será capaz de verlo todo de esta forma no enjuiciadora. Aprenderá lecciones por las que se sentirá agradecido. Por eso, le resultará bastante fácil reconciliarse con el perdón.

Sabrá que aquello percibido como «erróneo» eran divinamente correcto. La ausencia de crítica y la capacidad para perdonar aportarán una nueva serenidad a su vida.

También comenzará a perdonarse a sí mismo. Verá los errores como lecciones. Esto le liberará hacerse reproches a sí mismo. Ha tomado la decisión de ser libre.

TOMAR LA DECISIÓN DE SER LIBRE

Los elementos de la conciencia superior descritos en los catorce ejemplos que acaba de leer son aspectos de la libertad personal. Y le corresponde a usted escogerlos.

La dificultad reside en que la conciencia humana es como una casa enorme con muchas habitaciones. Cuando nacemos, es como si llegáramos a una de las habitaciones de la conciencia y viviéramos allí hasta que morimos. A veces intentamos acceder al resto de la casa empujando la puerta sin éxito.

Para abrir con éxito la puerta que conduce a la conciencia superior debemos abrirla hacia dentro. Cuando uno se da cuenta de que no tiene por qué estar encerrado en una habitación de la conciencia, se enfrenta a la decisión de tomar una dirección diferente. Y es en ese momento cuando toma la decisión de ser libre.

La libertad es la capacidad para abandonar la única habitación de la conciencia en la que uno nació. En esa habitación se aprende cuáles son los límites de la vida. Fuera de esa habitación se aprende que la vida cuenta con posibilidades ilimitadas. Usted no tiene por qué ser una de las personas que Arthur Schopenhauer describió en la siguiente frase: «Todos tomamos los límites de nuestra visión como los límites del mundo».

UNA DEFINICIÓN RADICAL DE LA LIBERTAD

Mi proyecto de escribir sobre la libertad recibió un firme impulso cuando mi familia y yo vivimos una «aventura a lomos de un caballo» hace unos cuantos años, en Maui, una isla del archipiélago de Hawai. Para mí, la experiencia fue una coincidencia significativa. He aprendido a reconocer y honrar dichas experiencias. Me ayudan enormemente a tener un propósito en la vida.

«Aventura a lomos de un caballo» es el nombre que Frank Levinson, con su amiga Amber, le ha dado a la odisea espiritual que dirigen en una región apartada de Maui. Mi familia y yo tuvimos la oportunidad de pasar un día «a lomos de un caballo» en la hermosa casita que Frank tiene allí.

Les dije a Amber y Frank que planeaba escribir un libro sobre cómo ponerse en contacto con la parte espiritual de nosotros mismos, y permitir que quien gobernara fuese el lado humanitario. Amber dijo:

—En ese caso, escribirás sobre la libertad. Lee el libro de Florinda Donner.

Entró en el dormitorio y volvió a salir con un ejemplar de *Being-in-Dreaming* (*Vivir en sueños*), e insistió en que me lo llevara y me quedara con él.

—Yo ya lo he terminado —dijo ella—, y he estado esperando a que llegara la persona indicada para leerlo. Quiero que te lo quedes como regalo.

Mientras íbamos en coche hacia el otro extremo de la isla, le dije a mi esposa, Marcelene:

—Tengo la impresión de que leer este libro será un acontecimiento que cambiará mi vida. —Y, desde luego, me puso justo en el sendero que estaba buscando.

He aquí la definición de libertad de Florinda Donner:

> —¿Cuánto cuesta la libertad?
>
> —La libertad te costará la máscara que llevas puesta —dijo ella—, la máscara que te hace sentir tan cómodo y tanto cuesta desechar, no porque se te adapte muy bien sino porque la has llevado durante mucho tiempo. —Ella dejó de pasearse y se detuvo ante la mesa de cartas.
>
> »¿Sabes qué es la libertad? —preguntó retóricamente—. La libertad es la total ausencia de preocupación por ti mismo —continuó al tiempo que se sentaba junto a mí, sobre la cama—. Y la mejor manera de dejar de preocuparte por ti mismo es preocuparte por otros.

¿Puede imaginarse vivir todo un día sin pensar en usted mismo? ¿Sin que nada le ofenda, sin que nada le trastorne, sin que nada le enoje? ¿Es posible ver el mundo como es? ¿Es posible despreocuparse de sí mismo en esa situación?

¿Sería entonces capaz de tender la mano para ayudar a otros, de vivir, trabajar y proveer, sin preocuparse de lo que recibirá a cambio? Sólo trate de imaginarse que no piensa en usted mismo ni una sola vez en todo el día, sin preguntarse ni una sola vez por qué no le aprecian lo bastante, por qué no es lo bastante rico, por qué no le tratan con la suficiente justicia.

Sólo advierta que los otros hacen lo que hacen, sin compararse con ellos. Entregue algo de sí mismo y no pida ni espere nada a cambio. Simplemente viva. ¡Es libre!

He aquí los párrafos finales del maravilloso libro de Donner:

> Florinda me había dicho que la libertad es una absoluta ausencia de preocupación por uno mismo, una falta de preocupación que se logra cuando la mayor parte de la energía apresada dentro de nosotros es puesta en libertad. Había dicho que esta energía sólo se libera cuando ponemos límites al elevado concepto que tenemos de nosotros mismos,

de nuestra importancia, una importancia que sentimos que no debe ser violada ni objeto de burlas... El precio de la libertad es muy alto. La libertad sólo puede alcanzarse cuando se sueña sin esperanza, cuando se está dispuesto a perderlo todo, incluso los sueños.

Para algunos de nosotros, el soñar sin esperanza, el luchar sin ninguna meta en mente, es la única manera de mantenernos a la altura de la libertad.

La libertad, si se la define como ausencia de cadenas, existe para muchos. Pero si libertad significa librarse de aquello que nos constriñe la conciencia diaria, si la libertad significa tener visiones ilimitadas, si la libertad significa crear milagros y vivir en una dimensión espiritual radicalmente nueva, entonces la libertad existe para muy pocos.

Si puede olvidarse de la idea de su propia importancia sin derribar su propia estima, está escogiendo el tipo de libertad que Florinda Donner me ayudó a ver. También sabrá lo que quería decir Janis Joplin cuando cantaba: «Libertad no es más que otra palabra para decir que no hay nada que perder».

Cuando no se tiene nada que perder, se es libre por completo, y cuando no preocupa la propia importancia, se tiene libertad. Se tiene un propósito, se vive en júbilo, y uno espera que el mundo sea un lugar divino donde amar a los otros. En realidad está creando de nuevo su mundo con su recién hallada libertad. Y a uno ya no le obsesiona obtener el crédito de nadie.

Su papel en el proceso de creación

En los últimos años se han escrito centenares de libros sobre la mecánica de la creación. Mi favorito es *Quantum Consciousness* (*Conciencia cuántica*), de Stephen Wolinsky. Este libro ofrece un punto de vista comprensible sobre cómo se crea el universo. Le insto a leer el libro del doctor Wolinsky, y poner una particular atención en el ejercicio que recomienda para entender la mecánica de la creación.

Lo siguiente es una descripción elemental de cómo se crea todo lo presente en el universo, lo cual le ayudará en su búsqueda sagrada.

- La totalidad del universo está hecho de energía, cuya mejor descripción de esta energía es aquella que la representa como una onda.

- A las partículas más diminutas que conocemos las llamamos partículas subatómicas. Sin embargo, no están hechas de materia; son energía.
- Estas partículas son tan diminutas que el único medio por el que sabemos de su existencia es por el rastro que dejan en los aceleradores de partículas.
- Las partículas parecen existir sólo cuando las observamos. Sólo cuando se toma la decisión de ver una partícula, la onda de energía se convierte en una entidad concreta.
- La atención dirigida hacia esa energía reconocible como una onda es lo que crea la realidad que llamamos partícula o sólido, o mundo físico.

Wolinsky escribe: «El observador es el creador de la partícula/masa del universo… Esto significa que la manera en que experimentamos subjetivamente los acontecimientos, interacciones, y nuestro yo interno viene creada por el observador… por nosotros».

Piense en esto mientras considera su búsqueda. Aquello sobre lo que su atención se centre, aquello será lo que creará. Yo no puedo entender cómo dichas partículas invisibles funcionan en el plano cuántico, pero creo que estas pruebas científicas nos ofrecen formidables pistas sobre los efectos y poder de nuestra atención conscientemente dirigida.

Abrazar de manera consciente la plenitud de Dios en todo lo que uno ve y hace, y centrar la atención en lo que se quiere conseguir, es el secreto del mecanismo de la creación.

Cuando uno opera desde su yo superior, está al mando. Se convierte en un co-creador con Dios de todas las realidades de su vida.

En *The Tao of Physics* (*El Tao de la física*), Fritjof Capra escribe: «Si los útiles de la medición se modifican, las propiedades de la partícula cambiarán». Esto significa que cuando uno centra su atención en algo y se convierte en el observador, el acto de observar afecta a la creación. Pero si modifica su modelo de observar y/o aparta la atención, también la creación se verá afectada.

La creación de cualquier cosa en el universo físico está determinada por el tipo de atención que uno le dedica. Aparte al observador (la atención) y alterará la creación. La forma en que una onda se hace sólida e independiente es mediante la atención consciente del observador.

Éste es el valor de aprender a mirar hacia el propio interior y centrar la atención en lo que uno quiere crear. Las partículas subatómicas existen o desaparecen dependiendo del observador.

La experiencia interna de mantener su yo superior centrado en el objeto de su deseo constituye el proceso de creación de su vida. O como lo describe Gary Zukav en *The Dancing Wu Li Masters* (*Los maestros danzantes Wu Li*): «Lo que hay ahí fuera al parecer depende, en un riguroso sentido matemático así como filosófico, de lo que nosotros decidimos aquí dentro. La física moderna nos dice que un observador no puede observar sin alterar lo que ve».

Usted puede decidir lo que hay aquí dentro por el sistema de volver la vista en una dirección nueva. Ha de saber que lo que está observando y a lo que está dedicando su atención en el interior, afectará a lo que suceda en el exterior. Creará un mundo de alborozo y conciencia espiritual si es allí donde decide concentrar su atención.

Todo esto tiene por significado poner en su conocimiento que la mecánica del universo y de su búsqueda son un mismo proceso.

Hasta ahora he descrito la búsqueda sagrada y lo que sentirá cuando le haya dado la vuelta a su vida. El apartado siguiente ofrece sugerencias para la práctica diaria. Estos ejercicios le ayudarán en el proceso de cambiar su mirada.

SUGERENCIAS PARA ACEPTAR EL RETO DE LIBERTAD

• *Cada día haga un intento de ayudar a otras personas de alguna forma y no se lo diga a nadie.* Con lentitud, las preguntas sobre su propio valor y por qué está aquí se evaporarán. Tan sólo una pequeña ayuda o amor entregado a otra persona, sin pensar que le deben algo, le pondrá en el sendero de la conciencia superior.

Copie esta verdad antigua y reléala a diario: «Cuando busques felicidad para ti mismo, siempre te eludirá. Cuando busques felicidad para los demás, la encontrarás para ti mismo».

• *Practique la consecución de coincidencias significativas.* Fórmese en la mente una clara imagen de algo que le gustaría que ocurriera en su vida. Una oportunidad laboral, conocer a su pareja perfecta, abandonar un comportamiento adictivo. Manténgase centrado en esta imagen y dé amor con toda la frecuencia que le sea posible, teniendo esta imagen en mente.

A medida que perfeccione la manera de mantener la energía interna sobre lo que le gustaría lograr, y continúe dando amor, atraerá las coincidencias que se adapten perfectamente a su deseo. Esto se llama dirección de las coincidencias, y es algo que yo practico a diario. Funciona.

• *Valore de modo constante el mundo interior.* Comience a reparar en sus pensamientos y recuerde que el sencillo acto de pensar es una prueba de que hay una energía invisible que fluye a través de usted todo el tiempo.

Perciba a su pensador: es decir, el yo invisible que está detrás de sus pensamientos. Busque conocer al que sabe, la inteligencia invisible que reside detrás de lo que llamamos conocimiento. Lo conocido está siempre en movimiento; cambia y no tiene ningún lugar de asiento. Es el que sabe, el inmutable y eterno.

Con esta conciencia comenzará a conocer su divinidad. Fuera de esta conciencia será capaz de dar forma al mundo que desea.

• *Mantenga conversaciones con Dios.* En lugar de pedirle favores, afirme su voluntad de utilizar toda su fuerza interior para crear soluciones. Pida la fuerza y esté dispuesto a realizar lo que sea necesario.

Saber que se es capaz de acceder a la guía divina requiere algo más que una práctica semanal. Dichas experiencias de saber provienen del interior y nunca puede dudarse de ellas. Hacerlo trastoca la existencia.

• *Tómese tiempo para apreciar la belleza.* Cuando contemple un pájaro, una flor, una puesta de sol, una madre que amamanta a su hijo, un anciano o un autobús escolar, ábrales el corazón. Permita que el amor circule desde usted hasta ellos y sienta cómo le es devuelto. Cuanto más practique el recibir amor del entorno, más energía tendrá.

Hay energía en todas las cosas y seres. La forma en que recibe esta energía invisible es mediante la apreciación de la belleza y la maravilla de nuestro universo.

Con la práctica, será capaz de enviar al exterior el amor que recibe mediante el sencillo acto de apreciar la belleza. ¡Inténtelo!

• *Intente apartar a todos los enemigos de sus pensamientos.* La misma inteligencia que fluye a través de usted fluye a través de todos los seres humanos. Olvídese de las cosas que los intereses creados quieren que crea. Todos somos uno; cada uno, una célula de ese cuerpo llamado humanidad.

Cuando se tiene esta mentalidad universal, la persona se ve libre del odio que divide a la humanidad, y es incapaz de participar en la violencia. El acto de herir a otro, con palabras o armas, es un acto de separación.

Cuando uno sabe que está conectado con todo, no puede ni imaginar que golpea a otros, mucho menos sentir odio por pretendidos enemigos. La respuesta a nuestros problemas de violencia se halla en el reino espiritual.

• *Piense en usted mismo como alguien sin limitaciones y establezca una nueva relación con la realidad.* Imagínese capaz de conseguir cualquier cosa que su mente pueda representarse.

Sueñe que vuela, que cambia de forma, que desaparece y reaparece, y cualquier cosa que le resulte atractiva. Establezca una nueva relación con la realidad que sólo dependa de lo que usted quiera ser.

Despójese de todo lo que le han dicho que es imposible o irreal, y establezca con Dios lo que es posible para usted. Examine todas las dudas que tiene sobre los milagros y quienes los obran, y reemplace esas dudas por una postura abierta.

Su meta es tener una relación muy personal con la realidad.

• *¡Abandónese!* Esto implica un acto del corazón. El acto de entrega tiene lugar en un momento. Deje atrás sus conflictos con lo que es y lo que puede ser, y abandónese. Deje de preguntarse: «¿Por qué yo?».

Acepte el hecho de que su cuerpo morirá y que usted es eterno. Fúndase con este concepto cuando alguien muera, y deje de decirse que su muerte no debería haber sucedido de la forma en que sucedió. Puede abandonarse y aceptar, y también puede llorar.

Repare en cualquier diálogo interno repetitivo sobre los horrores y tragedias del mundo. Abandónese y despójese de él. Esto no significa que vaya a regocijarse con el sufrimiento de los demás. Significa que no centrará su energía interna en el sufrimiento. Lo cual le hará sentirse más dispuesto a eliminar el sufrimiento de los demás.

Cada día mueren millones de personas, y millones más aparecen en este planeta. Es una obra de constantes entradas y mutis. Todas sus opiniones sobre cómo debería suceder no son más que nociones que uno tiene de cómo Dios debería dirigir esta obra.

Pero todo es perfecto; incluso la parte que le desagrada o juzga negativa. Abandónese y tenga presente que también usted es uno de esos personajes que han hecho su entrada y acabarán haciendo un mutis. Pero tenga también presente que es eterno, y que ésa es su más cierta realidad.

¡Abandónese! Sólo requiere un instante.

- *¡Sueñe despierto!* Eso es. Recuerde que no tiene por qué irse a dormir para poder soñar. Concédase momentos para soñar sin dormir.

Permita que su mente cree todo lo que puede crear cuando sueña dormido. Mediante la práctica de este ejercicio llegará un día en que no será capaz de distinguir entre sus sueños de vigilia y sus sueños nocturnos. Éste es un lugar maravilloso, porque le proporciona la oportunidad de crear mentalmente el marco de su experiencia vital.

Soñar despierto puede hacerle sentir ilimitado. Lo hacía de niño y le etiquetaban de soñador. Pero aquéllos fueron momentos maravillosos.

Cuando se libera de los límites autoimpuestos que experimenta en la conciencia de vigilia, entra en el mundo del espíritu. Es ahí donde llega a conocer su yo superior, a experimentar a Dios. Es ahí donde puede mantener conversaciones con esas personas, importantes en su vida, que ya han fallecido. Es ahí donde puede recibir guía y la confirmación de su esencia inmortal.

- *Tómese cada día un tiempo para el silencio.* Podría ser una forma de meditación, pero si prefiere no hacerlo, simplemente permítase algunos momentos de silencio. Viva su silencio durante al menos treinta minutos diarios.

Cuando estamos enamorados, solemos decir que nos faltan las palabras. Usted está buscando ese amor divino interior como parte de su búsqueda sagrada, así que concédase tiempo para guardar silencio.

Cuando sentimos asombro ante algo decimos: «Me faltan las palabras». Esto es un indicio del valor del silencio. Encontrará a Dios cuando permita que la parte espiritual de su conciencia domine su vida. Abandone el ruido, las precipitaciones y el bullicio de su vida durante sólo treinta minutos al día, y se convertirá en un momento que apreciará como un tesoro.

- *Imagine una solución espiritual para su problema.* Piense en el problema más grave con que se enfrenta hoy. Escríbalo. Ahora repase todos

41

sus pasados intentos de solventar esta dificultad. Verá que la práctica totalidad de los esfuerzos que ha realizado para corregir ese problema estaban centrados en el mundo exterior.

Ahora intente un enfoque por completo distinto:

Primero repare en la parte emocional del problema que le inquieta: la tristeza, el enojo, el dolor, el miedo. Luego tome la decisión de que esta emoción es negativa e indeseable para su vida. Ahora repare en la sensación que le produce esta experiencia interna.

Está fijando su conciencia interna en lo negativo de la emoción que despierta el problema. Sólo dése cuenta de ello. Ahora, quítele la etiqueta de negativa a la emoción y limítese a aceptarla como lo que es: ni mala ni buena, sólo una emoción. En lugar de etiquetarla, mírela como energía, obsérvela como tal.

Ésta es una forma espiritual de abordar la solución de su problema. Se ha convertido en observador. Está considerando la emoción relativa a su problema como simple energía. Antes de que pase mucho tiempo, verá desaparecer las emociones. Sus sensaciones de tristeza, ansiedad y miedo se disiparán, mediante el solo acto de observar.

A medida que se siente cada vez menos ligado emocionalmente, el problema desaparecerá de modo paulatino. Una solución espiritual es aquella en la que se desliga emocionalmente del resultado y ve la energía como algo que fluye a través de usted. Mediante la observación de esa energía, se aleja del dolor. El acto de observación comprensiva disipa el problema.

• *Aligere su carga a partir de hoy.* Haga un repaso de todas las pertenencias que ya no usa y compártalas con otros. Puede hacerlo con todo lo que posee.

Cuantas menos sean las cosas a las que se aferre, más libre será. El acto de compartir sus pertenencias es un acto de conciencia superior. A la postre, será capaz de entregar las cosas que todavía usa, y luego será también capaz de dar su dinero. Sabrá que todo lo que dé le será devuelto con creces.

Recuerde la máxima: «Muchísimas personas desprecian el dinero, pero pocas saben darlo».

Al aligerar su carga material, gastará menos energía en atesorar, asegurar, preocuparse y demás. Cuando menos apegado se sienta a sus pertenencias, más capaz será de compartirlas de forma incondicional con otros, y más plácida será su vida.

• *Esfuércese en estar satisfecho de sí mismo en vez de forzarse a complacer a otros fingiendo.* Diga para sí: «Yo soy lo que soy y eso está bien siempre y cuando no le haga daño a otras personas».

Esta afirmación evita que tenga que cambiar su yo auténtico por uno falso. Usted es una criatura divina, eterna e inmutable. El resto no es más que la representación que lleva a cabo el cuerpo.

Séale fiel a su yo invisible. Hágalo en silencio y sin albaracas, pero hágalo. Su comportamiento, más que sus palabras, le enseñará a la gente que no está dispuesto a ser algo que no es. No hay necesidad de hacer aspavientos. Un encogimiento de hombros, o un apartarse de las situaciones comprometidas, o una declaración firme, suelen bastar.

Tenga claro sus tendencias internas y no será agresivo cuando su inclinación sea estar sereno, ni atlético cuando sabe que no es lo suyo, ni homosexual cuando su guía interior le dice lo contrario.

Esto significa estar dispuesto a confiar en su yo interno y atenerse a esa guía interna ante las presiones de los demás.

• *Dirija su atención hacia lo que le complace.* Por ejemplo, si tiende a imaginar desastres, cambie esta costumbre por la contraria. Recuerde que aquello en lo que piensa acaba tomando forma. Ahora, después de haberse representado mentalmente la tragedia, vuelva a representarla con un final feliz. Es importante que haga esto cada vez que se sorprenda deslizándose hacia catástrofes imaginarias, porque si no lo hace provocará los resultados que teme.

Usted tiene el poder de hacer que su mundo interior trabaje en su beneficio o perjuicio. Úselo para crear las satisfactorias imágenes que quiere que ocurran en su mundo material, y llegará un momento en que esa satisfacción interna abrirá el camino que recorrerá.

Puede llevar una vida apacible y placentera. La elección está en sus manos.

• *No juzgue.* Si ve a alguien que es muy diferente de usted en apariencia física, edad o posición económica, utilice su mente para transmitirle amor y no censuras. Si de modo instantáneo, por la fuerza de la costumbre, hace un juicio, reconozca que acaba de hacerlo, y luego transmítale a la persona su amor incondicional durante un segundo.

Esto le hará perder el hábito de enjuiciar y hará que adquiera el de usar la mente para transmitir el tipo de amor que recargará de energía su vida.

Éstas son algunas sugerencias con las que puede trabajar cada día al iniciar su búsqueda del yo trascendental.

Usted tiene las capacidades para responder a este reto, pero antes de estar en verdad preparado, necesita examinar muchos hábitos que ha adquirido a lo largo de la vida, en la que su ego y el mundo material han sido quienes han dirigido su existencia.

2

Reconocer
las limitaciones de su pasado

Hacemos todo lo posible por desmentir el hecho,
pero continúa siendo un hecho; el hombre es tan divino
como la naturaleza, tan infinito como el vacío

Aldous HUXLEY

Por mucho que proteste, soy responsable
de todo lo que sucede en mi vida

En los años siguientes a su llegada desde la nada al aquí y ahora, le enseñaron muchas creencias sobre lo que era capaz de hacer y lo que le resultaba imposible realizar. También aprendió de los demás sus creencias respecto de la religión, educación, amor y quiénes eran sus enemigos. La influencia de esas personas que le cuidaron en los primeros tiempos conformaron su elección de amigos y maestros. La persona que es en la actualidad es sobre todo resultado de sus interacciones con los adultos del entorno en que creció.

La prueba científica presentada en el primer capítulo, referente a cómo la partícula se ve modificada por la energía del observador, es también aplicable en este caso. Usted se configuró a partir de la energía de sus primeros mentores. La partícula que se convirtió en usted se formó a partir de la interacción cuántica de los observadores de su crecimiento. Es esta energía, su pasado, la que debe explorar mientras se prepara para llevar a término su búsqueda sagrada.

No estoy sugiriendo que mire su pasado para hacer críticas. De hecho, le insto a no recordarlo como bueno o malo. Simplemente sucedió.

Tenga presente lo que ha leído en el primer capítulo y el tema en el que hice hincapié a lo largo de *Tus zonas mágicas*.* Esta realidad global que compartimos es un sistema dotado de inteligencia y un universo divino. Todo lo que ocurre es parte del desarrollo de esa inteligencia. Una parte de ese desarrollo es ahora su deseo de una conciencia superior.

Así pues, ha llegado el momento de deshacerse de las creencias que le han servido bien pero que ahora le impiden avanzar. El proceso de despojarse de esas creencias es fácil de entender si puede representarse la vida como exámenes que debe pasar.

Del mismo modo en que se nos exige que superemos exámenes durante nuestra experiencia escolar, se nos pide que pasemos exámenes en

* Publicado por Grijalbo. *(N. de la T.)*

la escuela de la vida. Si los aprobamos, avanzamos hasta el nivel siguiente, y luego nos examinamos de ese nuevo nivel durante nuestra estancia en el aquí y ahora. Si no los aprobamos, repetimos curso y continuamos en ese nivel hasta haber aprendido la lección.

Muchos años, incluso toda una vida, pueden consumirse repitiendo una sola lección con el fin de aprobar el examen espiritual. Podríamos encontrarnos repitiendo los mismos comportamientos de modo agotador y deprimente, una y otra vez, sin aprender la lección que la vida trata de enseñarnos.

Podría encontrarse yendo de una mala relación a otra, incluso buscando a la misma persona cada vez aunque con un cuerpo diferente. Una y otra vez podría encontrarse que está siendo dominado, no apreciado, o tratado con indiferencia por una pareja desconsiderada. Tal vez continúa en una ocupación repitiendo las pautas de comportamiento de experiencias laborales que antes fueron insatisfactorias. Podría contraer continuamente el mismo tipo de gérmenes y repetir pautas de enfermedades.

Las personas que emprenden con éxito el sendero espiritual viven existencias que aman y se sienten productivas porque se dan cuenta de que las pautas de vida están tratando de decirles algo. Comprenden que esas situaciones son las pruebas, los exámenes, de la vida.

Las mismas reacciones —las respuestas que han dado antes— no obtendrán resultados diferentes. Al reaccionar de modo distinto, lo que han hecho es decidirse a superar las pruebas, los exámenes. Para avanzar hasta el siguiente nivel de esta carrera de la vida, tiene que superar las pruebas que surgen por el camino.

Avanzar hasta el nivel siguiente

Primero, tome la decisión de establecer una nueva relación con la realidad. Esta nueva relación ha de basarse en el entendimiento de que a partir de ahora será usted quien tome las decisiones. Toda la información que ha recibido hasta ahora pasará a considerarse como pruebas que ha superado.

Todas las personas y cosas que entraron en su vida tenían una razón para estar allí. Llegaron para enseñarle. Usted aprovechó las lecciones; ahora ya ha superado las pruebas.

Ya no es necesario que permanezca en la misma aula repitiendo los mismos cursos. Valore esas experiencias tempranas pero tenga presente que ya está preparado para continuar adelante. Recuerde la sensación de mayor libertad que experimentó al pasar de la escuela primaria a la secundaria, al preuniversitario y a la facultad. Recuerde que la libertad es la experiencia que busca ahora.

Mucho después de tomar la decisión de ser escritor, me di cuenta de que iba a tener que establecer una nueva relación con la realidad. Nunca ha dejado de asombrarme cómo aparecen los maestros cuando estamos preparados. En este caso, mi maestro fue Jackson Browne, quien me enseñó una lección en la letra de una de sus canciones.

Llevaba a mi hija mayor, Tracy, de vuelta a casa después de una excursión por el sur de Florida. *Late for the Sky* sonaba en el radiocasete del coche. Me entretuve en explicarle la letra a Tracy como una forma de iniciar una conversación. Comencé a repetir la letra en voz alta a medida que sonaba la música.

Jackson Browne cantó luego la canción titulada *For a Dancer*. Yo había oído esa canción centenares de veces, pero en esta ocasión sentí la letra como una parte tan integral de mí mismo que fui incapaz de continuar la conversación con Tracy. Me quedé allí, conduciendo, pensando en lo ciertas que eran las palabras y en lo que significaban para mí. La letra se refería a la mayoría de las personas como bailarines que pasan su vida bailando con pasos dictados por otros. Alentaba a quienes lo escuchaban a examinar sus vidas y convertirse en los coreógrafos, no en meros bailarines de sus existencias.

Yo sabía que mi propósito en la vida era ayudar a otras personas a obtener confianza en sí mismas, enseñándoles a mirar en su interior y confiar en la sabiduría interna. En un sentido, siempre había estado haciendo eso, incluso de niño: demostrar el valor de la confianza en las propias capacidades.

Mientras conducía experimenté un instante sublime, sentado en el coche y repitiendo la letra y prometiendo en silencio hacer que el significado de la canción adquiriera vida tanto en mi propia existencia como en las existencias de quienes estuviesen dispuestos a escuchar.

Tras haber oído centenares de veces *For a Dancer* y caer cautivado por ella, la letra me empujó, cuando estuve preparado, hasta el siguiente nivel. Se convirtió en el impulso de este capítulo y, en un sentido más amplio, de este libro y, en el más amplio de los sentidos, en el impulso de toda mi obra hasta el momento.

La mayoría de nosotros bailamos siguiendo los pasos que nos han mostrado las personas que hemos conocido, y a menudo no nos damos cuenta de que todavía bailamos según ese ritmo en la edad adulta. Como sugiere Jackson Browne, tenemos que aprender a sembrar algunas semillas propias, convertirnos en el coreógrafo de nuestra propia vida y danzar al son de la música que hayamos compuesto nosotros.

El siguiente paso, pues, es la conciencia de que lo único que hay es el ahora. Hoy es el único día de su vida. No tiene por qué estar limitado por su historia.

Reelabore su relación con la realidad. Ya no será un mero bailarín; también será compositor, coreógrafo y el alma rectora de ese baile.

La manera como ha vivido hasta ahora le ha permitido funcionar en el nivel de la supervivencia, y ha de estarle agradecido. No rechazará ni juzgará su pasado. Tan sólo tomará la decisión de ascender un poco. En este nuevo nivel usted es el coreógrafo. Baile con los pasos que usted mismo cree.

DEJAR ATRÁS SU HISTORIA PERSONAL

Tener un pasado nos impide centrarnos en el ahora. Quizás ésta sea una idea radical, pero le pido que considere la posibilidad de erradicar de forma absoluta su pasado y vivir por completo en el momento presente.

Lo primero que podría venirle a la cabeza, como vino a la mía cuando comencé a considerar esta posibilidad, es que resulta imposible. Tengo una memoria, sin lugar a dudas, y sería una locura por mi parte fingir que no soy producto de mi pasado. Lo que estoy pidiéndole es que haga abstracción de él.

La cuestión radica en que, dado que usted es un producto de su pasado, está bailando al son de una música que le han impuesto. Con el fin de dar el primer paso hacia su búsqueda sagrada, tiene que despojarse antes de la idea de que es incapaz de dar ese paso.

En *Relatos de poder*, Carlos Castaneda es adoctrinado en la sabiduría del Nagual, un maestro espiritual que vive en un mundo muy diferente del nuestro. Su maestro, don Juan, le dice: «Un día, descubrí que no necesitaba un pasado, así que, como la bebida, lo dejé». Mientras Carlos considera la idea, se le dice que si puede aprender a borrar su historia, se verá libre de la carga de los pensamientos de los demás.

Cuando la gente conoce nuestra vida pasada, ejerce cierto control sobre nosotros. Esperan que seamos algo que ya hemos sido, o que nos han enseñado a ser. Si no estamos a la altura de sus expectativas se sienten desilusionados. Entonces nos cargamos con la culpa de haber decepcionado a quienes han sido nuestros mentores.

No obstante, existe una alternativa sencilla que puede ponerse en práctica en un momento de *satori* o despertar instantáneo. Puede deshacerse de su historia ahora mismo. Simplemente deshágase de ella. Para decirlo con sencillez, si no tiene un pasado, sus actos no tienen por qué derivar de él.

De todos los seres inspirados que he conocido y leído, una cualidad que todos parecen tener en común es que no están de manera alguna atados a su pasado. Son libres porque no se basan en lo que eran..

Reconocen que todas las personas y acontecimientos que aparecieron y tuvieron lugar en su pasado formaban parte del sistema inteligente que ha sido su realidad. Pero saben que ésta es una realidad nueva y distinta, que comienza y acaba con el ahora. Son libres para tener la mente abierta.

El libro *A Course in Miracles* (*Curso de milagros*) lo expresa así:

> Volver a nacer es dejar que el pasado se marche, y mirar al presente sin condenarlo… Sólo se te pide que dejes ir al futuro y lo deposites en las manos de Dios. Y mediante la experiencia verás que también has depositado el pasado y el presente en sus manos, porque el pasado ya no te castigará, y el temor al futuro carecerá ahora de sentido.

Usted no necesita un maestro para que le enseñe todos los elementos de la conciencia superior. No necesita un maestro que le diga cómo borrar su pasado y las limitaciones en que ha llegado a creer. Lo que necesita es un maestro que le enseñe que tiene un poder inconmensurable dentro de usted. Esto es lo que deseo hacer. Espero convencerle de que la realidad de la existencia es su ilimitado poder interior.

En *Ilusiones*, Richard Bach explica que cuando uno razona convencido de sus limitaciones, lo único que se obtiene son las limitaciones. Si ha aceptado sus limitaciones durante largo tiempo, puede que esté convencido de que le es imposible conseguir ciertas cosas. He aquí la razón por la que borrar su pasado, hacer borrón y cuenta nueva y comenzar con el ahora, resulta un aspecto tan importante en su búsqueda sagrada.

Despójese de todas las creencias que le han convencido de sus incapacidades y defectos. Limpie ese armario de creencias gastadas. Libérese de su viejo yo. Conviértase en una pizarra en blanco. En esa pizarra no hay nada escrito ni proyectado.

El viaje se inicia con la negación del pasado. El tesoro empieza con el ahora. No hay nada malo en borrar su historia. Hay un gran amor y respeto por todo lo que ha aprendido hasta ahora, pero el ahora está en blanco y, lo más importante, abierto a todas las posibilidades. Sin restricciones, sin limitaciones, sólo con la voluntad de experimentar. Dios y el divino universo habitan en su interior.

Su vida ya no se verá constreñida por lo que ha conocido. Su programa de vida ha sido suspendido. En el instante en que uno se despoja de su pasado se convierte en un ser eterno. Siempre lo ha sido. Siempre lo será.

Llegados a este punto hay que responder a la pregunta: «¿Quién soy?». Las respuestas ya no tienen por qué limitarse a las etiquetas que han definido su experiencia vital.

SI USTED NO ES SU PASADO, ¿QUIÉN ES?

El famoso poeta libanés Kahlil Gibran escribió que sólo hubo una ocasión en su vida en que le faltaron las palabras. Fue cuando alguien le preguntó: «¿Quién es usted?». Es una cuestión imposible de responder con palabras, porque lo que somos carece de forma, y las palabras pertenecen al mundo de las formas. La respuesta a esta pregunta no se encuentra en el ámbito formal.

Cada uno de nosotros es un alma con un cuerpo, no un cuerpo con un alma. El alma no puede ser medida ni observada. Quizá la mejor manera de responder a la pregunta sea observando lo que no somos.

Me encanta la manera en que Nisargadatta Maharaj responde a este interrogante en *I Am That* (*Yo soy eso*). Este autor escribe:

> Del mismo modo que los colores de esta alfombra los origina la luz, pero la luz no es el color, así el mundo es obra tuya, pero tú no eres el mundo. A eso que crea y mantiene el mundo puedes llamarlo Dios o providencia, pero en definitiva tú eres la prueba de que Dios existe, no al revés. Porque antes de que pueda plantearse ninguna pregunta acerca de Dios, tú debes estar allí para plantearla.

Usted es la esencia, invisible, que demuestra la existencia de Dios y del mundo. Más adelante en este pasaje, Maharaj añade:

> El cuerpo está hecho de alimento y la mente de pensamientos. Considéralos tal como son. El desasimiento del cuerpo, cuando es natural y espontáneo, constituye la liberación. No necesitas saber lo que eres. Basta saber lo que no eres. Lo que eres nunca lo sabrás, porque cada descubrimiento revela nuevas dimensiones que conquistar. Lo desconocido no tiene límites... Imponte tareas en apariencia imposibles... ésa es la manera.

Su historia ha intentado convencerle de que a usted le corresponde tal o cual etiqueta que le han asignado. Usted adoptó esas etiquetas. Para borrar su pasado, es necesario que se quite todas esas etiquetas artificiales.

He aquí algunas de las cosas que usted no es:

• *Usted no es su nombre.* Mi nombre, Wayne, traducido literalmente significa «constructor de carretas». El apellido Dyer significa «tintorero». Los indios de Norteamérica usaban nombres como Baila Con Lobos o Pequeña Paloma Blanca para describirse los unos a los otros. En ambos casos, los nombres, las etiquetas, no expresan lo que las personas son.

El nombre le fue dado para ayudar a distinguir su cuerpo de los otros cuerpos de su entorno, y para proporcionarles a los demás una palabra que pudieran usar cuando querían referirse a usted. Pero ni por un momento piense que el nombre es usted. En realidad, el nombre es quien usted no es.

• *Usted no es su cuerpo.* Fíjese en el posesivo de la expresión «su cuerpo». Esto da a entender que el cuerpo es algo que se posee. Usted es el poseedor del cuerpo y la fuerza invisible que hay en él, pero no es el cuerpo en sí.

El cuerpo no es nada más que un conglomerado que incluye huesos, cartílagos, sangre, hierro, calcio, piel... Al consultar su pasado, hallará muchísimos traumas en torno a la importancia del cuerpo.

¿Le enseñaron que el aspecto decía mucho acerca de usted? A la mayoría de nosotros nos enseñaron a pasar horas delante de los espejos preocupándonos por la postura, el físico, la piel, la ausencia o presencia de pelo y vello, el peso, la estatura, y demás. Pero estamos ante un falso yo.

Usted posee un cuerpo. No es un cuerpo.

• *Usted no es su mente.* Del mismo modo que decimos «su» cuerpo, también decimos «su» mente. Esto da a entender que usted es el dueño de la mente. Con la mente piensa, y por lo tanto hay unos pensamientos y existe un ente pensante.

Cuando le preguntaron a Maharaj si la mente era la persona, contestó: «Examínala con atención y verás que la mente siempre bulle en ideas. En ocasiones puede quedarse en blanco, pero lo hace durante un rato y retorna a su habitual inquietud. Una mente calmada no es una mente plácida. Dices que quieres pacificar tu mente. ¿Está en paz el que quiere pacificarla?».

¡Qué maravillosa pregunta, qué estimulante!

¿Quién es el dueño de la mente? ¿El dueño que busca paz está él mismo en paz? Quien en realidad es usted no es la mente sino el yo que hay tras de la mente. Y tal dueño no se encuentra en el plano de lo físico.

Durante la mayor parte de la vida le han enseñado que usted es su mente. Ha estado formándose, asistiendo a clases *ad infinitum* e identificándose de alguna forma con lo que sabe.

Al dejar atrás su pasado, dejará atrás la idea de que usted es su mente. (Éste es un concepto tan importante para acceder al yo espiritual, que le he dedicado un posterior capítulo titulado «Cultivar la condición de espectador».)

• *Usted no es su ocupación.* Usted no es ni ingeniero ni profesor ni secretario ni tendero. Son elecciones que ha hecho su invisible yo como forma de cumplir con su misión en el aquí y ahora.

Cuanto más defina su trabajo su personalidad, más difícil le resultará conocer la verdad y alcanzar la libertad. Le es más fácil lograr la satisfacción y ser consciente de ser una criatura divina a cualquier vagabundo anónimo que haya desempeñado muchos trabajos, que a una celebridad atrapada en su imagen pública.

Identificarse con el trabajo que se desempeña puede mantenerle apartado de su verdadero yo superior. Puede inhibir su capacidad para conocer su yo espiritual, puesto que usted ha hecho que su vida gire en torno a su trabajo.

Deshacerse del pasado implica despojarse de la idea de que uno es lo que hace. Recuerde este ejercicio de lógica: si uno es lo que hace, entonces uno no es lo que no hace.

Cuando se cree que uno es su trabajo, lo que se está haciendo es seguir una rutina establecida para dar un valor a la vida; pero un valor que no tiene sentido. Nuestro yo espiritual no participa en esa tarea.

Al deshacerse de su pasado, abandona esta idea. Se convierte en lo que Stuart Wilde, en su sincero y brillante libro, *The Whispering Winds of Change* (*Los susurrantes vientos del cambio*), llama «volverse un minimalista». Los siguientes fragmentos despertarán su deseo de leer esta magnífica obra:

> Nunca avances con prisa. Camina con lentitud, habla sopesando las palabras. Nunca te dejes llevar por las emociones y jamás permitas que la gente te manipule... Siempre hay otra posibilidad, siempre otro momento, y hay cinco mil millones de personas... Diles que tienes todo el tiempo del mundo: porque lo tienes, eres infinito. Recuerda que la más grande sabiduría que puedes alcanzar es la del no hacer. Son los tratos y situaciones que evitas los que te ayudan a conservar energía y permanecer independiente y fuerte... Con cada cosa que te comprometas, aumentarás tu carga.

Haga el esfuerzo de quitarse las etiquetas, y tenga presente que no es lo que hace. Usted es el que observa al yo que hace.

• *Usted no es sus relaciones.* Sin duda, la corriente de amor que existe entre usted y los integrantes de su círculo inmediato es muy importante, pero no es quien usted es.

Usted es un alma individual conectada con el todo, pero no es esa relación que mantiene con el todo. Identificarse con las relaciones proporciona gran frustración porque cada vez que hay un pequeño problema en ellas, como siempre habrá, uno se siente desdichado.

Recuerde que es eterno, y eso es inmutable. Mantiene un gran número de relaciones, todas las cuales son importantes, pero llegan y se van como su vida corporal, que va de la nada al aquí y ahora y acaba volviendo a la nada. Es un ir y venir, y por lo tanto algo mutable.

Deshacerse del pasado implica despojarse de la creencia de que una relación fracasada le convierte a uno en un fracasado. No existen relaciones fracasadas. Con cada persona que entra en su vida y sale de ella se ha procedido a un mutuo compartir de lecciones de vida. Algunos tienen papeles más largos que otros en la representación, pero, a la postre, usted volverá a su relación con el absoluto.

Nunca tiene que juzgarse a sí mismo de manera negativa por la naturaleza de sus relaciones. Puede aprender de todas ellas, sabiendo que usted es el observador de cuanto ocurre.

• *Usted no es su país, ni su raza ni su religión.* Usted es un espíritu eterno, no un estadounidense, chino o africano. Carece de importancia el cuerpo que habite, el punto geográfico al que haya llegado, y la religión en la que crea. En la nada no hay ni budistas, ni católicos ni presbiterianos. Éstas son clasificaciones hechas para distinguirnos los unos de los otros en nuestra forma presente.

Estas identidades sólo tienen sentido en el paréntesis de la eternidad que denominamos vida. Recházcelas y se identificará con el reino del espíritu. Entonces ya no estará dispuesto a librar las luchas de sus ancestros, que han intentado convencerle de a quién debe odiar y a quién amar. Ya no asumirá la creencia tribal que le hace percibirse como mejor que otros en virtud de su lugar de nacimiento o color de piel.

Su pasado le ha transmitido las costumbres de su grupo. Pero usted no necesita estas limitaciones. Despójese de esa identificación con las etiquetas, y escoja la nueva perspectiva: la conciencia de la unidad. Usted está unido con todas las almas. Su apariencia o lugar de nacimiento carecen de relevancia.

Los que aún se encuentran atrapados por esas creencias le llamarán traidor, ingrato. Usted será capaz de darles amor y no tener en cuenta sus acusaciones.

En nombre de Dios y de la patria se han hecho las guerras y se ha asesinado a millares de millones de seres humanos. Usted sabe, al igual que todos, que esto es una violación de las leyes de Dios, que es inconsecuente con las enseñanzas de todos los maestros espirituales que alguna vez han caminado entre nosotros.

Sin embargo, la pauta persiste. ¿Por qué? Porque nos aferramos a nuestros pasados como si fueran nuestras identidades. Niéguese a identificarse con las etiquetas del grupo.

Verse a sí mismo como un ser espiritual sin etiquetas es una manera de transformar el mundo y alcanzar un lugar sagrado. Comience por tomar la decisión de ser libre despojándose de su pasado.

Cuando uno se deshace de su historia sabe que no es ni su nombre, ni su cuerpo, ni su mente, ni su ocupación, ni sus relaciones, ni su identidad étnica o cultural. Así pues, ¿quién es usted? Lo que queda es lo invisible, lo intangible, aquello que constituye el núcleo del mensaje de este libro.

Lo que tenemos es similar a lo que un seguidor le pidió a Nisargadatta Maharaj que le aclarara. «Cuando miro a mi interior, encuentro sensaciones y percepciones, pensamientos y sentimientos, deseos y temores, recuerdos y expectativas. Estoy inmerso en esa nube y no veo nada más», le explicó.

Nisargadatta Maharaj, que vivía en los suburbios de Bombay, en una humilde choza de adobe, evitando toda posesión y entregado a aquellos que buscaban conciencia espiritual, respondió: «El que ve todo esto, y también la nada, es el maestro interior. Sólo él es, todo lo demás parece ser. Es tu propio yo, tu esperanza y seguridad de libertad; encuéntralo, aférrate a él, y estarás seguro y a salvo».

¡Qué gran mensaje! El ser espectador es todo su ser. Es la respuesta. No puede describirse con palabras, pero lo conocerá mejor cuando se despoje de su pasado.

3

Abandono de viejas creencias

*Una de las diferencias más impresionantes entre un gato
y una mentira, es que el gato sólo tiene siete vidas*

Mark Twain

Mi pasado no es más que la estela
que he dejado tras de mí.
Lo que impulsa mi vida es la energía
que genero en el presente

Ahora ha llegado el momento de comenzar la tarea de reorganizar y abandonar las creencias y opiniones que no se adapten a su nueva relación con la realidad. Veamos algunas de esas arraigadas creencias y apartémoslas de nuestra conciencia.

Su pasado está preñado de creencias. Estas creencias se encuentran en el núcleo de lo que usted percibe como constituyentes de su realidad. Debe usarlas para explicar por qué su vida ha tomado el rumbo que ha tomado. Tome la resolución de extirpar aquellas que no se ajusten a la nueva relación con la realidad que está creando.

A lo largo de este capítulo se le pedirá que descubra y luego cambie creencias que ya no necesita. Puede que se pregunte por qué iba a aferrarse a sistemas de creencias innecesarios o indeseados. En el libro *Be As You Are* (*Sea tal como es*), Ramana Maharshi, uno de los sabios indios del siglo XX, dice lo siguiente en respuesta a por qué los seres humanos continúan repitiendo costumbres que niegan su ser:

> El placer o el dolor son sólo aspectos de la mente. Nuestra naturaleza esencial es la felicidad. Pero hemos olvidado el yo e imaginamos que el cuerpo o la mente son el yo. Es esa identidad equivocada la que da lugar a la desdicha. ¿Qué debe hacerse? Esta tendencia es muy antigua y ha perdurado durante reencarnaciones. Por lo tanto, se ha hecho fuerte. Debe desaparecer para que la naturaleza esencial, la felicidad, se imponga.

Este capítulo podría ayudarle a responder a la pregunta planteada por Ramana Maharshi: «¿Qué debe hacerse?».

He aquí diez de las creencias más comunes y difíciles de desechar que se enseñan en la civilización occidental. Examine cada una de estas creencias nucleares y observe cómo operan en su vida. Luego considere algunas de las sugerencias que ofrezco. En el proceso, volverá a definir

61

su relación con la realidad y tal vez hallará sus propias respuestas a la pregunta: «¿Qué debe hacerse?».

Recuerde que la totalidad de su vida tiene que ver con la acumulación de energía. Cuantas más creencias destierre de su espacio interior, más espacio habrá para la nueva energía. Pregúntese si estas diez creencias las quiere mantener o desechar. Y tenga presente que si dichas creencias no le sirven, son mentiras que viven eternamente, como sugiere Mark Twain en el epígrafe del presente capítulo.

PRIMERA CREENCIA: CUANTO MÁS, MEJOR

Cuanto más mejor es una enfermedad del siglo XX que puede ocultar el sendero de su búsqueda. ¿Se ha convertido esta creencia en parte de su vida diaria? ¿Dónde está la paz en cuanto-más-mejor?

Esta búsqueda del más lo condena a uno a una vida de constante lucha. Resulta imposible disfrutar de la vida. ¿Le han educado en esta creencia? Si ha dedicado una gran cantidad de energía vital al cuanto-más-mejor, puede resultarle difícil sustraerse a esa inercia. Necesita saber si es una piedra angular de su vida.

Algunos de los indicadores de que el cuanto-más-mejor informa su vida son los siguientes: tiene que estar ocupado para sentirse satisfecho; debe ganar más dinero del que gana; ha de obtener un ascenso para demostrar su valía; necesita tener más de todo. Para cambiar esto, usted ha de descubrir y convencerse de que apenas sí necesita cosas para ser libre. Éste es el primer paso para abandonar esta espiral.

Cuanto-más-mejor le mantiene a uno anclado en el ámbito de lo físico. Con lo que el yo espiritual no tiene cabida en nuestra vida diaria. La energía interna está concentrada en la acumulación, las adquisiciones, las recompensas, los trofeos, la aprobación y el dinero.

Algunas personas experimentan sentimientos de culpa, vergüenza, y se hacen reproches porque piensan que son haraganas e incompetentes.

Nos enseñan este juego en una etapa temprana de la vida. Ya en el colegio, buscamos conseguir notas más altas, diplomas adicionales, reconocimientos…. No hay paz en esta espiral.

La sensación de paz existe cuando uno se aparta del cuanto-más-mejor. Ello indicará que su yo espiritual está llamándole. «Los buenos y los sabios llevan vidas tranquilas», dijo Eurípides.

Que quede claro que no incluyo esta constante búsqueda del más a la cabeza de la lista porque sea intrínsecamente mala. La razón es porque le niega la paz y armonía que precisa su búsqueda sagrada. No tiene por qué convertirse en un ser inerte para tener paz. Puede abandonar la idea de cuanto-más-mejor y reemplazarla por una serenidad interna que no necesita más para ser satisfactoria.

Usted ha recibido creencias de una interminable cadena de personas que han sido víctimas voluntarias durante generaciones. Cuando se despoje de estas creencias, abrirá un espacio interno que le permitirá acumular un tipo de energía diferente, energía que le dirigirá hacia la paz y no a la confusión y a una operación a corazón abierto.

Sugerencias para librarse del cuanto-más-mejor

• *Relájese, relájese, relájese.* Nunca lo repetirá lo bastante. Examine con cuidado cuánta energía vital utiliza en la consecución de lo que ni quiere ni necesita. Practique una vez por día el decir no al cuanto-más-mejor. Diga un muy tajante «no, no voy a perseguir eso».

En lugar de perseguir el cuanto-más-mejor, dedique tiempo a jugar con su hijo o nieta. Lea el Nuevo Testamento en lugar de afanarse en otro objeto. Váyase a dar un largo paseo por la orilla del río en lugar de dedicar tiempo a superar a los demás.

Al liberar la energía que antes aplicaba a conseguir más, usted se libera a sí mismo para experimentar el júbilo de ser. Esto es la libertad, el escoger ser, no acumular.

Descubrirá, a medida que adopte esta actitud, que muchas cosas que antes perseguía, incluido el dinero, comenzarán a aparecer en su vida sin que las persiga. Ésta es una de las grandes ironías de la vida. ¡Menos es más!

• *Concédase momentos de contemplación silenciosa.* Trate estos momentos como algo absolutamente esencial en su rutina diaria. La práctica de la meditación o la plegaria silenciosa volverán a ponerle en contacto con Dios. Como lo expresó Mikhael Aivanhov en *The Mistery of Life* (*El misterio de la vida*), «dondequiera que no existan límites, donde existan la infinitud, la eternidad y la inmortalidad, allí está Dios».

Los momentos de contemplación le apartan de la idea de que debe tener más. Llegará a saber que todo lo que necesita para tener una vida plácida, placentera y llena de amor, ya lo posee, y esta conciencia impregnará toda su vida cotidiana.

- *Practique decir «paso»*. Cuando comience a sentir la presión de ir a por más, limítese a decir la palabra «paso». Es liberador dejar que ceda la presión por conseguir más. Después de decir esto unas cuantas veces sentirá una libertad interna. Este espacio interior quedará disponible para su yo espiritual.

- *Vuelva a la naturaleza*. La naturaleza es terapia. Concédase tiempo para ir a bosques, caminar por las montañas, pasear por los campos o a lo largo de la playa. El sencillo hecho de estar en contacto con la naturaleza es una forma de librarse de la enfermedad del querer más.

Pase la noche durmiendo al raso con sus hijos o un ser amado, o a solas. Mire las estrellas y sienta su lugar en la infinita magnificencia del cielo nocturno. Le garantizo que adquirirá una nueva perspectiva de la vida. Verá la belleza del mundo natural y abandonará la creencia de que la acumulación es necesaria para sentirse completo.

Añada a estas sugerencias las palabras de los Peregrinos de la Paz: «Una vida simplificada es una vida santificada». Puede ser ejecutivo de una gran empresa, cabeza de una numerosa familia, representante de ventas, director de un gran hospital, tendero de una zona comercial concurrida... y a pesar de eso llevar una vida santificada. Es la conciencia de un nuevo propósito lo que necesita tener, una que abandone el «cuanto más, mejor», y la reemplace por «la paz es mejor».

SEGUNDA CREENCIA: LO EXTERNO TIENE LA CULPA DE MIS CONDICIONES DE VIDA

Si le han educado en la culpa, tendrá la costumbre de echarle mano a esta excusa siempre que desee explicar por qué algo de su vida no funciona.

Usted puede, por ejemplo, culpar de la falta de prosperidad a muchos factores externos: su cultura, la bolsa, los políticos, sus padres, la fortuna, la codicia de otros. De la enfermedad puede culpar a la herencia, la estación del año, la mala suerte, el entorno. De sus relaciones fracasadas puede culpar a sus parejas, su incapacidad para amarle, su crianza, sus padres. De su personalidad puede culpar a sus padres, sus genes, su infancia, sus hermanos, su nacimiento. Su apariencia puede ser culpa de la genética, de los fabricantes de alimentos, de los publicistas, del entorno. Es una lista interminable.

La alternativa a buscar culpables es la propia responsabilidad: hay que enfrentarse a la vida desde el propio yo. Puede que no le hayan educado para asumir la responsabilidad de los acontecimientos de su vida. Pero si no está dispuesto a interrumpir el juego de ir repartiendo las culpas, estará incapacitado para iniciar su búsqueda espiritual.

Cuando usted culpa a algo externo por las circunstancias que atraviesa, le entrega el control de su vida a ese fenómeno externo. Depender de lo externo significa abandonar el yo espiritual. La búsqueda de este yo se lleva a cabo en un ámbito interior de serena sabiduría. Le invita a comunicarse con la suprema presencia interior, donde hallará las soluciones.

La llave está siempre dentro. Resulta imposible perder en el exterior de sí mismo la llave que conduce a su propio ser cuando está en el camino de la búsqueda sagrada. Cuando deje de culpar a otros y busque la llave dentro de usted, siempre encontrará lo que necesite.

Cuando dormimos, creamos todos los personajes que necesitamos. En la vigilia, no culpamos a los personajes y sucesos de los sueños. Así que también podemos saber que incluso aquello que no entendemos o no aprobamos están en nuestra vida para enseñarnos algo.

Abandone la tendencia a buscar culpables. Tenga presente que usted es el creador de su vida y que en su interior hay una presencia. Su capacidad para confiar en usted mismo anulará su hábito de repartir culpas.

Sugerencias para abandonar la tendencia a culpar

• *Cuando se sienta inclinado a pensar que otra persona es responsable de sus circunstancias, tómese un instante para rezar una oración de agradecimiento por la lección.* La lección es adquirir la conciencia de que es usted quien experimenta el sentimiento.

Cuando estoy a punto de culpar a los fanáticos de las armas de la violencia de nuestra sociedad, me detengo y aprecio el recordatorio de que soy yo quien experimenta esa angustia. Entonces busco en mi interior una manera de acabar con la violencia, en lugar de culpar a los fanáticos de las armas.

Adopte esta actitud cuando se sorprenda jugando al juego de las culpas.

- *Siéntase agradecido hacia aquellas personas a quienes les ha permitido hacerle enfadar.* Agradezca en su interior el recordatorio de que la sensación que experimenta está dentro de usted, no fuera.

Ahora puede volver la atención hacia el interior, al camino de su búsqueda espiritual. Desde esta perspectiva puede enfrentarse con el sentimiento de enojo, tomar una decisión respecto de las relaciones que mantiene con las personas, buscar lo que puede aprender en esa situación, y responder desde el equilibrio y no desde un exterior enojado.

Más importante todavía, desplace su atención de la culpa a la suprema presencia de su interior. Ahí encontrará equilibrio, amor, solaz, aprendizaje y solución: por el sencillo método de poner toda la atención en la emoción interna, en lugar de culpar al otro.

El amor que active, para usted mismo, dentro de sí, comenzará a radiar al exterior cuando continúe su búsqueda. Pronto habrá amor donde antes hubo culpa.

- *Recuerde que culpar es un vano ejercicio.* Pegue este recordatorio del libro *Self-Reliance* (*Confianza en uno mismo*), de Emerson, en algún lugar donde pueda leerlo cada día: «En casa sueño que en Nápoles, en Roma, puedo emborracharme de belleza y perder la tristeza. Meto mis cosas en la maleta, abrazo a mis amigos, me embarco, y al fin despierto en Nápoles, y a mi lado hay un hecho inconmovible: el yo triste, implacable, idéntico a ese del que huí».

Culpar a lo que le rodea constituye un vano ejercicio porque dondequiera que vaya, usted sigue estando presente. Tiene que cultivar la conciencia de que todas las cosas de su vida han· sido hechas por la mano divina mediante la colaboración de usted con su yo espiritual.

- *Sea un aprendiz en lugar de un incriminador.* Cuando esté meditando, pregunte: «¿Qué tengo que aprender de esta lección?», en lugar de: «¿Por qué me ha hecho esto?». Reexamine los hechos problemáticos o traumáticos de su vida. Son las cosas por las que ha tenido que pasar para llegar a este punto en su sendero. Mire si puede considerar los sucesos actuales desde la perspectiva que tendría dentro de unos años.

Verá que la búsqueda de culpables o responsables es un desperdicio de energía. Todas estas cosas tuvieron algo de beneficioso para su desarrollo. Con esta perspectiva, comenzará a navegar a través de los traumas en lugar de quedarse varado por ellos.

• *Cuando se sienta inclinado a recaer en el hábito de culpar a otros, recuerde que está abandonando a su presencia espiritual.* Si ha escogido el camino de la búsqueda sagrada, ya no deseará hacer caso omiso de esta parte de su humanidad.

Debe decirse: «No quiero tener razón, lo que quiero es saber la verdad. Quiero que gobierne mi yo espiritual. Nadie tiene la culpa de cómo me siento. Es mi sentimiento y lo respeto». Estas afirmaciones le conducirán a confiar en usted mismo y al camino de su búsqueda sagrada.

Su alma espiritual se convertirá entonces en la luz que le guiará durante el resto de su existencia.

TERCERA CREENCIA: EL IDEALISMO NO PUEDE COEXISTIR CON EL REALISMO

«No seas tan soñador, sé realista.» «Olvídate de tus visiones interiores, mira lo que está pasando a su alrededor. Eso es real.»

¿Ha oído frecuentemente declaraciones similares a lo largo de su vida? De ser así, resulta probable que haya desarrollado una actitud respecto de lo que era posible y lo imposible. Si los ideales que le atraían fueron etiquetados como imposibles, es probable que los sacrificara por una manera de ver el mundo basada en lo que otros determinaron que era «realista».

Descartar esa vieja creencia respecto de la realidad puede ser una importante tarea en la búsqueda espiritual. ¿Está dispuesto a considerar su visión de la realidad? Tal vez la declaración de William Blake le inspirará:

Si las puertas de la percepción estuviesen límpidas, todo aparecería tal y como es... infinito.

¿Puede imaginar su realidad de esa manera? ¿Infinita? Cuando su percepción se amplía, nada es real y nada es imaginario. Todo cuanto hay es percepción. Cuando cultive esta conciencia, su realidad ya no estará definida por el mundo físico.

En el más diminuto nivel cuántico, el tiempo no es una realidad. Las partículas pueden estar en más de un lugar al mismo tiempo, y aparecen y desaparecen de acuerdo con la forma en que las observamos y los aparatos de medición que utilizamos. Todo esto constituye una realidad nueva. Recuerde siempre que estamos hechos de la misma energía.

Dada esta perspectiva, es muy importante que se aferre a sus sueños e ideales. Con tranquilidad pero determinación, ha de saber que cualquier cosa que sea capaz de concebir puede manifestarse en el mundo material.

Si quiere una experiencia más rica en su vida, abandone la idea de que la realidad es sólo lo que registran sus sentidos. Su mundo interior y toda la energía de su conciencia superior crean una realidad diferente de la que le han enseñado.

En esta realidad, su espíritu, la presencia que hay dentro de usted, domina y es real. En dicho mundo usted confía en algo muy diferente de la realidad ordinaria. Escoger el camino de la búsqueda espiritual significa que usted aprenderá a confiar en esta nueva realidad.

Vuelva a ser el idealista que tenía atisbos del mundo del espíritu. Ese idealista que usted guarda dentro estará encantado de hacer lo que prescribió Buda:

Confía en el mensaje del maestro, no en su personalidad.

Confía en el significado, no sólo en las palabras.

Confía en el significado real, no en el provisional.

Confía en tu mente sabia, no en tu mente ordinaria, esa que hace juicios.

Sugerencias para librarse del realismo y darle la bienvenida al idealismo

• *Confíe en su intuición.* En silencio, afirme que a partir de ahora definirá su propia realidad, y que esa definición se basará en su sabiduría interna.

Su afirmación no requiere que juzgue lo que otros definen como su propia realidad. Por el contrario, lo considerará como el sendero que están recorriendo. Esto le ayudará a alimentar su idealismo, porque se concede permiso y se lo concede a los demás para confiar en la presencia que todos tenemos dentro.

En el interior no hay límites, y al interior es adonde se dirigirá a partir de ahora en busca de guía.

• *Haga una lista de las cosas en las que creía antes de que le dijesen que eran imposibles.* Escribir y dibujar sobre esas cosas le ayudará a dotarlas de energía.

Mi educación me convenció de que las coincidencias no tienen nada que ver con la vida real. No obstante, ahora sé que cuando me concentro en lograr algo, sobrevienen coincidencias para facilitar esa visión. Un ejemplo reciente ilustra lo que quiero decir.

Me había marchado a la costa occidental de Florida para trabajar en este libro, y olvidé llevarme una grabadora portátil. Al deshacer las maletas reparé en ello y se lo mencioné a mi esposa en la conversación telefónica que mantuvimos por la noche. Antes de irme a dormir pude ver la grabadora en mi mente, y pensé en llamar a recepción para ver si podían conseguirme una. Pero no lo hice y me fui a dormir con la visión de la grabadora.

Por la mañana, estaba preparándome para comenzar a escribir y deseaba tener la grabadora para escuchar algunas notas que había tomado en una cinta magnetofónica. Encendí la lámpara que había junto al escritorio y, puf, se quemó la bombilla. Por un momento me sentí frustrado, pero luego recordé que estaba preparándome para escribir sobre el designio divino en nuestras vidas. Llamé a mantenimiento y pedí una bombilla nueva.

Al cabo de pocos minutos llegó un hombre llamado Cliff para cambiar la bombilla. Cliff reparó en la máquina de escribir y mis libros esparcidos por la habitación, y dijo:

—Siempre he querido leer sus últimos libros, en especial *Tus zonas mágicas*, pero nunca he encontrado el momento. Y ahora vengo a su habitación y lo conozco en persona. ¡Qué coincidencia!

Charlamos un poco y le regalé un ejemplar de *Tus zonas mágicas*, diciéndole que yo no lo veía como una coincidencia sino como una prueba del poder de sus pensamientos. Luego pensé en preguntarle si sabía dónde podría conseguir una grabadora durante unas pocas horas.

Su respuesta fue inmediata:

—Tengo una en el coche. Puede usarla mientras esté aquí. Será un placer para mí. De hecho, esta mañana reparé en que estaba ahí y me pregunté por qué la tenía en el coche, ya que nunca la uso.

¿Una coincidencia? Tal vez. Una conversación con mi esposa acerca de que necesitaba una grabadora; una visión de la misma mientras me quedaba dormido; una bombilla que se quemó; Cliff que quería leer *Tus zonas mágicas*; el dejar la grabadora en el coche, aunque no sabía por qué. ¿Todos estos acontecimientos colaborando con el azar?

En mi realidad, estos acontecimientos suceden cuando estoy centrado en un propósito. Llámame idealista, si quiere. Yo sé que mi realidad no está definida de modo exclusivo por mis cinco sentidos.

• *Experimente con su nueva realidad.* Retenga una visión de lo que quiere que suceda o a alguien que quiera que le llame. Cualquier cosa que sea importante para usted. Medite sobre cómo se manifestará en su vida. Repare en todas las pequeñas cosas que conducen a que eso se haga realidad. Pasado un tiempo, se dará cuenta de que su realidad se ha convertido en algo en lo que usted desempeña el papel de creador.

CUARTA CREENCIA: HAY UNA SOLA EXISTENCIA Y ES FÍSICA

De niño, usted era consciente de un segundo aspecto de su ser. Yo lo llamo el cuerpo etéreo.

A medida que creció, aprendió a descartar este segundo yo y a creer sólo en el yo físico. El segundo yo, su doble, es un cuerpo de energía que coexiste con su cuerpo físico. Este cuerpo de energía no es ni visible ni discernible con los sentidos ordinarios. No obstante, coexiste con su cuerpo físico en todo momento.

Usted ha perdido contacto con este cuerpo etéreo de energía. Eso no significa que no se encuentre a su disposición. Su cuerpo físico es ese que ha llegado a creer que es quien usted es. Sin embargo, este cuerpo en sí y por sí mismo es neutral. Su cuerpo no puede procurarle ni paz ni agitación.

Por sí mismo, su cuerpo no tiene propósito alguno. Deriva su propósito del ser invisible que es usted. Pensar en su cuerpo como su realidad supone una percepción errónea del ego. Su cuerpo es, con más exactitud, el hogar escogido por usted para este viaje por la Tierra.

Resulta casi imposible establecer contacto con su yo espiritual cuando sólo se cree en el yo falso y en el mundo material. De alguna forma, en su interior, usted es consciente de que todo el mundo material es energía. Esta energía parece sólida si se la mira bien.

Una mirada al mundo físico desde más cerca revela una danza de partículas. Una mirada más cercana a esas partículas revela que están implicadas en otra danza más diminuta de más partículas en el vacío, *ad infinitum*, hasta que sólo hay energía y ninguna partícula. Ésta es nuestra realidad. Pero nos han persuadido de que lo que vemos con las limitaciones de nuestros ojos es la única realidad que hay. Su cuerpo forma parte de ese sistema de percepción que le han hecho aceptar.

Su tarea consiste en disolver la barrera que separa estos dos aspectos de su ser. Cuando hace esto, usted alcanza lo inimaginable.

Helen Keller, que vivió sin el uso de la casi totalidad de sus cinco sentidos, hizo una profunda observación respecto del cuerpo etéreo: «Me proporciona una profunda sensación de consuelo que las cosas que se ven sean temporales y las que no se ven sean eternas».

Durante la infancia es probable que pudiera sentir las cosas sin verlas, como describió Helen Keller. Si su familia y sus profesores no le alentaron a ser de esta manera, usted perdió esas sensaciones.

En *El arte de soñar*, Carlos Castaneda describe este fenómeno en una conversación con su maestro. Habla de esas corrientes de energía que están a disposición de todos nosotros. Cuando pregunta quién las experimenta, le responden:

—Como experimentarlas, lo hacen todos los seres humanos, pero los seres humanos por lo general están demasiado ocupados con las cosas que persiguen para prestarle atención alguna a sensaciones como ésas.

—¿Qué sensación producen estas corrientes?

—Como una leve incomodidad, una vaga sensación de tristeza que es seguida de inmediato por la euforia. Puesto que ni la tristeza ni la euforia tienen una causa explicable, nunca las consideramos como verdaderas acometidas de lo desconocido, sino como inexplicables cambios de humor.

En el sendero de la búsqueda espiritual uno descubre que el mundo que observa con los sentidos no es el único que existe. Se adquiere conciencia de que tenemos una corriente de energía, siempre, en cada momento de la vida. Esta energía puede ayudarle a realizar ese salto al mundo de la conciencia espiritual.

Deje de prestarle demasiada atención a las cosas superficiales que persigue en su vida. Aprenda a volverse hacia el interior y conocer niveles superiores de conciencia. Usted necesita llegar a conocer esa parte de sí mismo y creer en la energía de la presencia que habita en usted. Podrá usarla para satisfacer sus propósitos espirituales.

Sugerencias para deshacerse de su creencia
en la exclusividad física

• *Ábrase a la posibilidad de que otras dimensiones de la realidad estén a su disposición.* Afirme ante sí mismo que esto es una posibilidad.

Muy pocas personas creían en la existencia de la vida microscópica antes de la invención del microscopio. Había enormes cantidades de diminutas criaturas que vivían en su propia realidad, al margen de la opinión que nadie tuviera de ellas. Existen en su piel, sus ojos, uñas y pelo.

Todas esas cosas que siente como sólidas están vivas, y con una actividad invisible. Aplique la misma conciencia a esta noción. No puede verlo, pero usted es un cuerpo energético y un cuerpo físico. A su doble le gustaría que lo conociera.

• *Comience a prestarle atención a las corrientes de energía, los sentimientos que no puede explicar, las sensaciones que experimenta pero que no puede relacionar con la experiencia exterior.* Empiece por reparar en la realidad interior que llama sentimientos, e intente concentrarse en las corrientes invisibles.

Con todo lo que hace, con todas las personas que conoce, se produce un intercambio de energía. Usted puede aprender a almacenar esa energía. Pero antes tiene que desprenderse de los prejuicios y reparar en la belleza de esas personas y hechos. Esto se transformará en amor.

• *Aminore su marcha con momentos de silencio contemplativo.* No haga nada. En esos momentos aprecie su cuerpo y la totalidad de su universo físico. Limítese a valorar y reparar en las ondas interiores de placer que comienza a experimentar.

Es como si alguien le hiciera unas caricias muy leves con una pluma. Una sensación de placer. De niño le encantaba. Pruébelo con uno de sus hijos o nietos.

Mis hijos a menudo nos piden a mí o a su madre que les hagamos caricias de esta manera. Sienten placer y disfrutan de las olas de energía que les suben y bajan por la espalda.

Reviva esas experiencias en la mente. Cree su propia carne de gallina interna. Pronto establecerá contacto con el cuerpo energético que existe en usted.

Nuestra educación fomenta la creencia en las experiencias sensoriales. Dichas experiencias parecen decirnos que somos independientes, únicos, especiales, y estamos desconectados los unos de los otros. Muy pocos de nosotros aprendemos que existe alguna clase de unidad. La verdad es que todo se halla conectado.

Durante una gira de conferencias con mi amigo y colega Stuart Wilde por Australia, tuve la oportunidad de mantener una larga conversación con él acerca de este asunto de nuestra interconexión. En su libro *The Whispering Winds of Change*, Stuart da una explicación fácil de esta conexión nuestra. Lea sus palabras y desaparecerán sus viejas creencias de que somos seres aislados:

> Todos mantenemos un diálogo en las profundidades de la mente subconsciente colectiva. Eso no significa que no podamos ser una partícula independiente de la ola, sólo significa que podemos comunicarnos entre nosotros... Todo está conectado... Si se le ocurre una idea que ningún hombre ha considerado jamás, el hecho de que usted haya tenido el pensamiento permitirá que otros piensen lo mismo de forma instantánea. Estamos interconectados porque provenimos del mismo lugar. Su cuerpo existe en la época moderna, pero sus componentes son muy antiguos... Todo ser humano proviene del mismo origen que cada una de las galaxias y cada una de las estrellas. Todos somos uno. Estamos a horcajadas del tiempo desde su principio hasta el día presente.

Stuart también describe en profundidad cómo nuestros cuerpos irradian calor hasta más o menos tres centímetros de nuestro cuerpo, y resplandor electromagnético hasta alrededor de noventa centímetros. A esto lo llama la energía etérea y Stuart cree que podemos llegar a vérnosla los unos a los otros.

El ojo desnudo puede ser entrenado para observar esta energía etérea si se lo concentra en la visión periférica, que se ha debilitado a lo largo de millares de años de no usarla. Al hacerlo, podemos ver la energía de otros.

Stuart me mostró cómo hacer esto interviniendo en la energía etérea de personas que ignoraban que estuviese haciendo esta demostración. He aquí un ejemplo de su libro. (Puedo dar fe de la veracidad de esto; lo vi hacer yo mismo en Australia):

Hace poco, estaba sentado en un hotel de Hawai. Entre el restaurante del hotel y el mar había un sendero por el que se paseaba la gente de vacaciones que iba de un extremo a otro de la playa. Sentado allí, al atardecer, con unos amigos con los que hablábamos del fenómeno etéreo, comencé a clavar la mirada en los paseantes, lo que yo llamo «conectar». Les señalaba un paseante a mis amigos y luego conectaba con ese individuo y hacía que se volviera hacia mí. Conté unas cuarenta personas durante la demostración. Sólo cuatro no se volvieron.

En *The Whispering Winds of Change*, Stuart describe cómo crear esta conciencia en uno mismo.

La noción de ser una unidad global desafía nuestros sentidos y casi todo lo que hemos observado. Miramos a los demás y vemos una distancia. Concluimos que dado que existe este espacio, no hay tal conexión.

Yo paso mucho tiempo caminando por la playa. Siempre me maravillan las aves marinas cuando vuelan sobre la superficie del océano en grandes bandadas. La bandada gira a la izquierda, luego se desvía bruscamente a la derecha, después se encumbra. Parecen conectadas, como si compartieran una misma mente. Yo sé que existe una conexión, aunque cada pájaro parece desconectado de los demás. Alguna energía invisible les permite moverse juntos como si fueran uno solo.

Esta energía invisible también le conecta a usted con todas las demás personas. Cuando reconozca esto, se despojará de su sensación de aislamiento. Una vez que esté internamente convencido de su conexión con todo, reparará en su capacidad para comunicarse con otras personas merced a su energía etérea.

Su conocimiento le revelará que sus pensamientos pueden proyectarse al resto del mundo. Su conocimiento también le revelará su conexión con la conciencia superior.

Mientras leía el *Rigveda*, me encontré con un fragmento que aclaraba esto más que cualquier pasaje que haya leído antes:

La verdad es una. Los sabios le dan varios nombres;
es un solo sol que se refleja en todos los pozos.
Es la única agua que apaga la sed de todos;
es el único aire que mantiene toda vida;
es el único fuego que brilla en todas las casas.
Los colores de las vacas pueden ser diferentes, pero la leche es blanca.

Las flores y las abejas pueden ser diferentes, pero la miel es la misma.
Los cuerpos de fe pueden ser diferentes, pero Dios es uno.
Como la lluvia que cae del cielo se dirige hacia el océano,
así las plegarias ofrecidas en todas las religiones llegan a Dios, que es supremo.

Una luz, muchos colores; un agua, muchos sedientos; una esencia, muchas formas humanas. Pero a pesar de eso estamos todos conectados. El que no veamos la conexión con los ojos no significa que no exista.

Rechace la creencia de que está separado de todas las demás personas. Adquirirá un respeto por todos que se transformará en amor.

Sugerencias para librarse de la creencia
en su aislamiento de los demás

• *Recuerde que todo pensamiento desagradable que tenga hacia otra persona es algo que está pensando de usted mismo.* Cada intento de venganza o de herir a otro es un ataque contra uno mismo. Si puede empezar a pensar de esta forma, entenderá la afirmación de Jesucristo: «Porque no saben lo que hacen». Significa que no saben que se hieren a sí mismos y a todos los demás cuando hieren a alguien.

• *Conecte con su energía etérea usando la técnica de Stuart Wilde.* Ejercite su visión periférica y conecte con otras personas mediante esta energía. Esta capacidad de conectar con el campo energético de otros puede utilizarse para demostrarle que hay una conexión que existe a pesar de que no pueda observarla con los sentidos. Esta percepción le ayudará a tratar con respeto a todas las personas con las que se encuentre.

• *Tenga la seguridad de que posee la capacidad para comunicarse telepáticamente.* Le insto a que lea *Mutant Message Down Under (Mensaje de renovación en las antípodas)* de Marlo Morgan. Marlo Morgan tenía unos cincuenta años cuando se encontró a sí misma en un viaje espiritual al desierto de Australia donde entabló relación con los aborígenes.

Recorrió a pie un millar de kilómetros durante varios meses. Una de sus muchas agudas observaciones fue que esa gente, que no tenía ni radios ni sistema telegráfico, no había perdido su capacidad natural para comunicarse a través de largas distancias. Observó que aquellos aborígenes lograban comunicarse a través de distancias de hasta treinta kilómetros.

Si confía en la tecnología disponible para todas sus comunicaciones a larga distancia, ha perdido sus capacidades telepáticas. Pero la capacidad todavía existe. Destierre la duda y use esta asombrosa capacidad en beneficio de su búsqueda espiritual.

• *Siga la pauta más importante jamás transmitida desde el mundo espiritual: «Ama a tu prójimo como a ti mismo».* Repita esta frase y llévela a la práctica todos los días.

A veces olvidamos que nos amamos los unos a los otros. Luchamos sin necesidad. Recuérdeselo a sí mismo. Honre su conexión con el todo amando a los demás como a sí mismo.

Sexta creencia: hay un «nosotros» frente a un «ellos»

Esta opinión está relacionada con la anterior. Cuando uno sabe que está conectado con los demás no hay ningún «ellos». Sin embargo, hemos sido conformados por una civilización «basada en ese principio». Algunas de las pautas distintivas de este modo de vida son las siguientes:

• *«Nosotros» es la familia.* Todos los ajenos a la familia son «ellos». Identifíquese con el clan y sabrá dónde está su lugar. Cuando esto no funciona, entonces:

• *«Nosotros» son algunos de los miembros de la familia.* Algunos familiares son sometidos al ostracismo por parte del grupo. Entonces son una parte de «ellos». O:

• *A veces, «nosotros» sólo son sus familiares inmediatos.* Usted mismo, su cónyuge e hijos. Pero cuando los hijos desarrollan valores e ideas diferentes, entonces:

• *«Nosotros» son usted y su cónyuge.* Todos los demás son «ellos». Pero ahora empieza a advertir que su cónyuge es diferente, así que:

• *«Nosotros» son usted y su nuevo cónyuge* y tal vez los nuevos hijos. El antiguo cónyuge pasa a ser «ellos». Pero ahora advierte que su nueva familia es difícil, así que:

- *«Nosotros» son los compañeros de trabajo*. Todos los demás son «ellos». Pero pronto comienza a darse cuenta de que hay muchos en su profesión que quieren su empleo y compiten por él, así que cambia a...

Parece tonto, pero usted sabe la verdad que esconde esta tontería. La manera que tiene el ego de funcionar es definir quién está con uno y quién no lo está.

Me han dicho muchas veces que podría cobrar unos honorarios más elevados por mis conferencias, habida cuenta de lo que cobran otros profesionales con credenciales similares a las mías. Cuando me dicen esto me siento como en una situación «nosotros frente a ellos», cosa que para mí es inaceptable. La cuestión parece ser que «ellos» pagarán más si lo solicito. Pero yo me veo conectado con el todo y no puedo cobrar más si a mí me parece exorbitante. Mi propósito es transmitir el mensaje al mundo y ayudar a la gente a confiar en sí misma y conectar con su yo espiritual. Cuanta más gente oiga este mensaje, más se cumplirá mi propósito. En consecuencia, ahora insto a los patrocinadores de mis charlas a que graben mis presentaciones y se queden con el dinero que obtengan de vender las grabaciones a sus oyentes.

La gente que me contrata para dar una charla ya no forma parte de la categoría etiquetada como «ellos». Somos un «nosotros» que está enseñando confianza y ayudando a cambiar la conciencia de la Tierra. Los que oyen las grabaciones quieren oír más. Acuden a las librerías y compran libros, les hablan a otros de ellos, y transmiten el mensaje. El permitirles a los empresarios grabar mis presentaciones y vender las cintas ha creado una red de gente que difunde mis ideas.

Cuando perdemos nuestro sentido del «nosotros frente a ellos», y sabemos que todos somos «nosotros», mantenemos una relación de ganancia mutua.

Sugerencias para librarse del comportamiento «nosotros frente a ellos»

- *Abandone la necesidad de su ego de sentirse aislado de los demás.* Comience por verse como un miembro de la familia humana.

Comparta sus «juguetes» con otros, en especial con vecinos, e incluso desconocidos, como si formasen parte de su familia. Como dice el proverbio inglés: «La mano que da, recoge».

- *Trate a todas las personas como si fueran parte de su tribu.* No repare en las diferencias. Lleve consigo la determinación de ver a los demás como una parte tan suya en el nivel espiritual como su hijo o cónyuge.

Resuma en una frase la idea de que el otro es su hermano. El otro es parte de «nosotros». En mi vida ya no hay «ellos».

- *Fíjese en cuántas veces utiliza el pronombre «yo» en una hora.* ¡Elimine algunos! En lugar de hablar de sí mismo y de su grupo, pregunte acerca de otras personas.

Cuando uno no se concibe a sí mismo como distinto de los demás, se tiene más energía para llevar la conciencia al exterior. El constante uso del «yo» indica un fuerte apego a una actitud vital caracterizada por el «nosotros».

- *Piense a escala global en vez de local.* La gente que tiene un aspecto distinto, que habla otras lenguas, que tiene diferentes creencias, es parte de «nosotros». Estamos todos juntos en el aquí y ahora. A ojos de la divina presencia no hay favoritos.

Comience a practicar esta conciencia interior. Busque la divinidad y la conexión. Concéntrese en las similitudes que tenemos en lugar de en las cosas superficiales que nos hacen parecer diferentes.

SÉPTIMA CREENCIA: DEBE HACERSE CASO OMISO
DE LOS PEQUEÑOS TIRANOS

Le han enseñado a creer que en el mundo hay alguna gente negativa de la que es mejor hacer caso omiso. Yo le sugiero lo contrario.

Cualquiera que entre en su vida, en calidad de lo que sea, es valioso. Los pequeños tiranos de su vida son criaturas tan divinas como quienes le proporcionan aliento y apoyo. Emerson expresó de la siguiente forma esta importante lección: «Todo el curso de las cosas fluye para enseñarnos fe». Todo el curso. Esto significa todo lo que encuentre en su camino.

Tal vez la persona más significativa de mi vida, la persona que constituyó el más grande de los cambios para mí y mi propio desarrollo espiritual, es una que en todos los sentidos era un pequeño tirano. Ese hombre fue mi padre.

Abandonó a su familia, fue condenado a prisión por delitos menores, y maltrató a su esposa. A la edad de cuarenta y nueve años murió a consecuencia de un consumo excesivo de alcohol. No tengo ningún recuerdo de él. Mi conocimiento de su persona se basa en lo que oí y, más tarde, en lo que descubrí al investigar su vida.

No obstante, este hombre, un pequeño tirano y un convicto, fue el principal personaje que me condujo a mi transformación. Escribí sobre cómo perdoné a mi padre en el libro *La fuerza de creer*.* Aparté de mí el odio y la amargura que había llevado conmigo durante toda la vida. Un solo acto de perdón y desprendimiento abrió el camino de mi búsqueda espiritual, y de escribir y hablar de los milagros de los que trato aquí, y vivirlos.

Aprendí qué tenía que aprender de todo. Cuando ahora caigo en ocasiones en alguno de los comportamientos que sé que destruyeron la vida de él, me recuerdo a mí mismo que ése no es mi sendero. Que ése no es el tipo de padre que deseo ser. Que no es el tipo de hombre que deseo ser. Es su ejemplo lo que me ayuda a regresar a la senda que sé que constituye mi destino espiritual.

Es verdad que los caminos de Dios son inescrutables. Lo que juzgamos como desafortunado y negativo puede enseñarnos las más grandes lecciones.

El tirano que hay en su vida y que le despierta sentimientos de miedo y pánico, podría no ser más que Dios disfrazado que le enseña a confiar en su propio juicio y aprender del comportamiento del pequeño déspota. El ladrón que le engaña para robarle el dinero podría suponer una lección divina que le enseña a desprenderse de las cosas y no apegarse a ellas. El traficante de drogas podría estar enseñándole las realidades de la adicción y de la vida sin sentido para que abandone ese confiar en las sustancias externas para tener momentos de euforia o éxtasis.

Todas las personas, y quiero decir todas, están en su vida para enseñarle valiosas lecciones. No haga caso omiso de esas lecciones. Capte el mensaje y bendígales, y continúe su camino. Cuando usted hace caso omiso de ellas, o se limita a rechazarlas, usted no consigue entender la verdad que Emerson conocía: «Todo el curso de las cosas fluye para enseñarnos fe».

* Publicado por Grijalbo. (*N. de la T.*)

• *Dé las gracias por esos pequeños tiranos.* Están ahí por una razón muy importante. Hacer caso omiso de ellos le garantiza que aparecerán más bajo otras formas a lo largo de su vida. Las plegarias de agradecimiento son maravillosas afirmaciones de esta verdad.

La experiencia de ser abandonado por el cónyuge puede enseñarle a ser independiente. Este tipo de situaciones pueden hacerle reconocer la presencia espiritual que hay dentro de usted. Tal vez aprenda la diferencia entre estar solo y sentirse solo, y decida amar a la persona con la que está solo.

Los años de alcoholismo pueden enseñarnos que somos más valiosos y fuertes que cualquier sustancia. Podríamos aprender a estarles agradecidos a esos maestros ebrios y considerarlos instructores enviados por Dios.

Todos los maltratos pueden contener una poderosa lección. Podemos descubrir que somos más que un cuerpo. Nadie puede llegar hasta nuestro yo interior con sus golpes.

• *Haga una lista de todas las personas a las que ha apartado de su vida por ser malvadas o por considerarlas escoria.* Escriba todo lo que su presencia le enseñó. ¿Ha aprendido a no repetir el comportamiento de la víctima?

Reconsidere el valor de esa llamada escoria para su vida. No podría haber aprendido la lección sin esa persona. La prueba de esto es que obviamente necesitaba atraer a esa persona a su vida... ya que lo hizo.

• *Busque la plenitud de Dios en todas las cosas.* Advierta que, de alguna forma insondable, la plenitud está operando a pesar de que no pueda verla ni sentirla. Recuerde que el otro no es su cuerpo.

Octava creencia: las metas son esenciales para el éxito

Son muchísimos los aforismos que guían nuestras vidas. Uno de los más erróneos es el de que tenemos que saber hacia dónde vamos para poder llegar. Nada podría estar más lejos de la verdad del éxito. Yo estoy convencido de que ésa es una fórmula para obtener el fracaso (intentar complacer a todos los demás y pasar por alto nuestros impulsos internos); y no creo que haya una fórmula para el éxito.

Vivir una existencia espiritual no significa ponerse metas y seguirlas. El camino de la búsqueda sagrada no va por ahí. La diferencia se percibe en este pequeño poema de Rumi, un poeta sufí que vivió hace un milenio:

¿Crees que sé lo que estoy haciendo?
¿Que durante una inspiración o media inspiración me pertenezco?
Tanto como un lápiz sabe lo que estoy escribiendo,
o la pelota puede adivinar hacia dónde irá a continuación.

Como criatura divina usted siempre está acompañado por un guía que le ama. Con esta conciencia, no se perderá de vista a sí mismo ni se convertirá en un vagabundo que mendigue por su comida si ése no es el camino de su búsqueda sagrada. Conocerá su propósito, lo perseguirá con ahínco, y confiará en el universo para que se haga cargo de los detalles.

Es esta clase de conciencia lo que me ha llevado a trabajar con mayor decisión, producir de un modo más eficaz y sentirme con un propósito. No ha sido un conjunto de metas por alcanzar.

Puedo identificarme con Rumi. Nunca he sabido hacia dónde voy. Guardo silencio, escucho y luego dejo que me guíen.

Tener metas es una manera de abandonar el ahora en favor de un plan para un futuro inmediato. La ausencia de un montón de metas concretas le ayuda a cultivar la conciencia de que no está solo en este viaje. Uno comienza a confiar en la guía divina para que le ayude en el momento presente. Llega a saber que el universo se hará cargo de los detalles si uno se entrega y se deja ir un poco. Es probable que esto esté en desacuerdo con todo lo que le han enseñado. Pero ése es el propósito del presente capítulo: ayudarle a borrar el pasado en el que ya no cree o que ya no quiere; ayudarle a comenzar en el ahora con su nueva conciencia.

¿Le han dicho que debe asistir a determinados centros educativos para obtener un determinado currículo? Yo le digo que carece de importancia a qué centros educativos asista.

Si tiene el impulso interior para saber algo o sobresalir en un área determinada, nada le disuadirá. Hay libros en las bibliotecas: en las pequeñas facultades comunitarias, en su ciudad natal. ¡Los encontrará! Si vive al lado de la Biblioteca Central del Estado y no tiene el impulso interno, su ubicación no cambiará nada en absoluto.

Cualquier cosa que quiera saber o conseguir en su vida, si está de verdad preparado y confía en su fuerza espiritual para manifestarlo, los maestros estarán allí. Recibirá una guía. El dinero no cambiará nada. Si quiere educación (u otra cosa), hallará la forma de encontrarla.

Sólo usted es responsable de lo que piensa. Es en este nivel donde se ejercita la capacidad de elección. Le animo a cambiar su forma de pensar respecto de la importancia de las metas. Por el contrario, fórmese una idea de cómo le gustaría servir y ayudar, y cómo mejorar la calidad de vida de otros. Encontrará la manera.

Mucho más importante que las metas en su vida, es su voluntad de permitir que las cosas sucedan, y su voluntad de saber. La voluntad es la clave. Como se dice en *A Course of Miracles* (*Curso de milagros*): «Los milagros son meros signos de la voluntad de seguir el plan del Espíritu Santo».

Cuando era adolescente no tenía ni idea de que iba a convertirme en escritor y conferenciante. De todas maneras, en la adolescencia escribí muchísimo, participé en muchos debates y gané cierta experiencia en exponer temas en público: primero como estudiante en la clase de oratoria para ayudarme a superar mis miedos, luego como maestro de primaria, después como profesor, y posteriormente como orador de sobremesa en cenas de reuniones benéficas.

Tenía sólo una comprensión interna de que estaba siendo impulsado en esta dirección, y una voluntad de seguir ese impulso. Siempre me ha encantado escribir, pero no tenía la meta de escribir libros ni artículos. Sólo tuve una experiencia de desarrollo de querer escribir y ejercitar la disciplina para conseguirlo.

Las metas parecen ser planes grabados en piedra que uno tiene que seguir. Le recomiendo que se relaje por lo que respecta a su futuro y se deje sencillamente impulsar en la dirección que Dios tiene en mente para usted.

Sugerencias para librarse de las metas para el éxito

• *¡Estar dispuesto!* Ésta es la sugerencia más importante que puedo hacer. Estar dispuesto a lo que haga falta para convertir ese conocimiento e impulso futuro en su realidad.

Mire un sencillo bulbo de tulipán y verá que parece una sucia masa de materia biológica marrón. Pero usted sabe que en alguna parte dentro del bulbo, en el mundo invisible que desafía las mediciones, existe un impulso para el futuro. Si se lo planta y nutre se convertirá exactamente en lo que está destinado a ser, y en nada más, porque lleva en sí la simiente de su futuro. No se convertirá en un tulipán mejor porque se tire de él o se le halague mientras crece. Será lo que está destinado a ser. La creación revelará sus designios con independencia de las metas que nos compongamos.

Lo mismo es cierto en su caso. Con su conciencia superior usted puede escoger sus visiones de futuro. Guarde su imagen y niéguese a permitir que nadie la manche. Ha de estar dispuesto a hacer lo que sea necesario para convertir la imagen en su realidad, escuchando a la presencia amante, mirando hacia su interior. Éste es un camino diferente del de la imposición de metas externas.

• *Tenga presente que su misión es la no interferencia.* Disfrutará de una vida más plena y de mayor felicidad si deja de interferir con los planes y las metas. En lugar de eso, debe estar dispuesto a aceptar el plan de Dios.

La ausencia de interferencias se traduce en desasirse de las preocupaciones y de la organización de su vida. Cuando uno sabe que todo sucede por designio divino, y que usted forma parte de un sistema inteligente, puede seguir sus dictados internos sin necesidad de un mapa detallado. Éste es el camino de la búsqueda espiritual.

• *Relájese respecto de su futuro y déjese ir.* En cambio, establezca un compromiso para disfrutar un poco más de cada día. Cuando más en paz esté consigo mismo y con su papel aquí, más productivo y eficaz será. Resulta muy difícil conseguir nada cuando se está en tensión por los posibles resultados. Cuando uno se relaja y se siente en paz, recibe inspiración y se vuelve eficiente.

Aparte de sí las metas y viva su existencia con el conocimiento de que usted participa en su creación.

NOVENA CREENCIA: SIEMPRE TIENE QUE HACERLO
LO MEJOR QUE PUEDA

A lo largo de nuestras vidas oímos: «No te preocupes por lo bien que lo hagas, siempre que lo hagas lo mejor que puedas». Examine esta idea, y puede que saque una conclusión diferente.

La verdad es que no tiene que hacerlo lo mejor que pueda. De hecho, «lo mejor que puede» es algo que nunca se suele medir, ni siquiera saber. Esta idea puede llevarle a extremos enfermizos.

Esta idea es incompatible con la superación. Significa que uno tiene que ir hasta el máximo cada vez que se hace algo.

Cuando uno se libra del dogma de tener que actuar a un determinado nivel, también se libra de la necesidad del ego de que le juzguen mejor que otro. Le irán mejor las cosas si se limita a hacer y disfrutar, y a estar dispuesto a aprender.

Hacer las cosas lo mejor que uno puede implica enormes tensiones y presiones. Uno se mide de acuerdo con un modelo que le han impuesto sus bien intencionados educadores y mentores. No hay paz en hacer las cosas lo mejor que uno puede, sólo hay lucha constante para adquirir el distintivo «del mejor».

Tener que juzgarse constantemente según las metas de logro impuestas desde el exterior es poner la vida bajo control de esos factores externos. Usted no puede conocerse a sí mismo cuando las demandas del ego son sus constantes compañeros.

Su yo espiritual sólo quiere que esté en paz, que sienta alegría interna y que tenga un propósito. Cuando uno se aplica «lo mejor que pueda» le entrega el control de su vida al ego.

El camino de la búsqueda sagrada es convertirse en una persona sensata, lo cual es diferente de luchar para hacer las cosas lo mejor que pueda. El antiguo libro de Tao-te Ching comenta qué es ser una persona sensata:

> *Los cinco colores pueden cegar;*
> *los cinco tonos, ensordecer;*
> *los cinco sabores, empalagar;*
> *la carrera, la caza, pueden volver locos a los hombres*
> *y su botín no brindarles ninguna paz.*
> *Por lo tanto, el hombre sensato*
> *prefiere el ojo interno al externo.*

El yo interno no tiene ningún ideal de perfección en el obrar; se limita a escuchar y saber, y se dedica a sus actividades de forma decidida, sin preocuparse por cómo salgan las cosas. Cuando uno llega a conocer el propósito de su vida, se halla en el proceso de llegar a ser espiritual, y esto no puede medirse con fórmulas mundanas como «lo mejor que pueda» o «lo mejor de todo».

Sugerencias para librarse de la creencia de que tiene
que hacer las cosas lo mejor que pueda

• *Deje de imponerse a sí y a sus hijos la creencia de que hay que hacer las cosas lo mejor posible.* Realice tareas que parezcan fluir de sus impulsos. Pero apártese de la necesidad de juzgar sus esfuerzos.

• *Mientras esté meditando, fórmese una imagen de sí mismo capaz de hacer cualquier cosa.* Permanezca con esta imagen y olvídese de los resultados. Fíjese en lo tranquilo que se siente cuando no está siendo puesto a prueba, cuando se permite simplemente ser. Compórtese así en todas sus tareas diarias.

Descubrirá que su forma de hacer las cosas mejorará, y se sentirá más lleno de energía. Esto se debe a que está disfrutando del momento en lugar de pensar en lo bien que está haciéndolo.

• *Haga el esfuerzo de elogiar a otros sin fijarse en el resultado.* Ellos le agradecerán el interés y el que no les diga que tienen que hacer las cosas lo mejor que puedan.

Se encontrará con que hay algunas cosas en las que quiere sobresalir. En esas actividades será más diligente. Pero en todos los otros aspectos de su vida, limítese a querer hacer. No tiene por qué dar el mejor paseo a pie o en bicicleta de toda su vida, ni jugar el mejor partido de fútbol.

He corrido siete maratones y ni una sola vez lo he hecho lo mejor que podía. De haberlo hecho, habría obtenido tiempos cada vez mejores. Pero esa presión habría evitado que corriera y yo corro para liberar tensiones y no para generarlas.

Si me hubiese forzado a hacerlo lo mejor que podía, ahora no podría decir que he corrido siete maratones. Ese tipo de presión elimina muchísimos de los placeres de la existencia.

DÉCIMA CREENCIA: LOS SUEÑOS NO SON LA REALIDAD

A la mayoría nos enseñaron a creen en dos realidades diferentes. Una es nuestra realidad divina, la otra nuestra realidad onírica.

En esta fórmula, cuando dormimos, estamos en un mundo irreal. Consideramos los sueños un ejercicio mental. Todas las cosas que creamos durante esas horas de sueño se consideran irreales. La conciencia de vigilia se considera la real, y la conciencia onírica la irreal. Le sugiero que reconsidere esa creencia.

Imagine que sus sueños son aspectos diferentes de la misma realidad, y que contienen orientaciones en su búsqueda espiritual. Comience por entender que éste es básicamente un mundo de energía, y sólo en segundo lugar un mundo de objetos materiales.

Para conocer su yo espiritual es necesario que perciba la energía. Y eso lo puede hacer en sueños. Toda su percepción cambia entonces de los objetos concretos a las formas energéticas. Cuando esto forma parte de su realidad, su estado onírico se convierte en algo que comparte con otros seres con los cuales tiene afinidad espiritual.

Llegado el momento, incluso podemos ser conscientes de que estamos soñando. Esto se denomina sueño lúcido. En el sueño lúcido uno puede controlar sus sueños y ser capaz de soñar despierto. Mediante el sueño se perciben otras dimensiones de la realidad, negadas por nuestra formación.

No estoy escribiendo sobre la interpretación de los sueños. Estoy hablando de conocer su vida onírica y ser consciente de que experimenta otras dimensiones de la realidad mientras duerme, las cuales también estarán disponibles en los momentos de vigilia.

Sus sueños son creaciones del mismo cuerpo y el mismo cerebro, como el resto de su mundo de percepciones. Todo le pertenece; cada noche no estrena un cerebro nuevo y experimenta una nueva realidad.

Todas las cosas que usted es capaz de saber y de las que es capaz de convencerse en sueños, pueden ser experimentadas en todos los momentos de su vida diurna. Todas las cosas. Sí, es una afirmación radical, pero le hará conocer el poder de su cuerpo energético.

Entra en su mundo de sueños con una completa ausencia de duda sobre lo que puede experimentar. Con esa ausencia de duda no hay ningún límite. Cuando despierta a lo que llama su conciencia de vigilia, continúa teniendo el mismo cuerpo, el mismo cerebro y los mismos sentidos, pero ha aparecido la duda.

Yo creo que los sueños no revelan cosas acerca de uno, sino que son uno mismo. Son reales y pueden resultar muy eficaces en ayudarle a conocer su yo espiritual.

Sugerencias para librarse de la incredulidad ante los sueños

• *Cuando se vaya a dormir, ínstese a ser consciente de que está entrando en un estado onírico.* Tener presente esto constituye el primer paso hacia una mayor conciencia durante los sueños. Cuando esté quedándose dormido, tome nota mental de que está a punto de entrar en el estado de los sueños y que le complace ser consciente de ello.

• *Haga un esfuerzo, antes de quedarse dormido, para ver conscientemente elementos del sueño que se avecina.* Ordénese tomar nota de un objeto, una habitación o un lugar concreto mientras esté en el sueño. Penetre en todos los detalles que pueda respecto del objeto mientras esté soñando.

Si se trata de una lámpara, por ejemplo, acérquela más a usted con el poder de la mente. Examine el color, la forma, y la intensidad de la luz.

Necesita establecer contacto con su cuerpo energético, ese cuerpo de energía que coexiste en todo momento con su cuerpo físico. Mediante el examen del contenido de sus sueños podrá acceder a esa energía superior. Se demostrará a sí mismo que la energía mental es un fenómeno que puede manejar, con práctica y esfuerzo. Llegado el momento, será capaz de acceder a esta energía en todos los momentos de su vida.

Su cuerpo energético tiene apariencia pero no masa. Familiarícese con esa manifestación de su energía y tenga presente que puede transportarle a cualquier parte del universo. Suena extraño, pero está dentro de usted hacer que esto ocurra. Primero en sus sueños, y luego despierto.

• *Mire si puede ir de un sueño a otro, y luego regresar al primero.* Mientras esté quedándose dormido, adquiera primero conciencia de su inminente estado; luego, mientras esté soñando, sea consciente de que está soñando, y cambie a otro sueño. Tras años de experimentar, he sido capaz de hacerlo sólo de modo ocasional. Pero pruébelo. Le proporcionará práctica para la última clave de acceso a la conciencia superior: cultiva la condición de espectador. (Esto se comenta con detalle en el capítulo quinto.)

• *Haga un intento de observarse mientras sueña.* Carlos Castaneda llama a esto la tercera puerta de los sueños. En *El arte de soñar*, escribe: «La tercera puerta de los sueños se alcanza cuando te encuentras en un sueño, contemplando a alguien que sueña. Y ese alguien resulta ser tu propia persona».

Éste es un estado de conciencia superior en el cual el yo físico es observado por el yo energético, y usted es consciente de que sucede. Es consciente a la vez de que sueña y de que se observa soñando.

Implica un cambio radical respecto de lo que le han contado sobre los sueños; es un mundo nuevo, un mundo que le permite convertirse en un soñador dormido y en un soñador despierto; y comenzar a impregnar su vida de vigilia con la magia de la conciencia soñadora.

• *Adquiera conciencia de sus sueños y vea si puede tener sueños lúcidos cada noche.* Cuando despierte en medio de la noche, repare en el contexto y los objetos de sus sueños, y luego vuelva a entrar en ellos.

En este reino de sueños y conciencia de vigilia vas a llegar a conocer la existencia de la energía superior del universo.

Esto concluye mi lista de diez de las más erróneas creencias que le han enseñado. Despojarse del pasado es una sencilla cuestión de cambiar su forma de pensar sin ningún enojo ni culpa respecto de lo que le enseñaron a creer. Todas las cosas a las que ha sido expuesto eran por designio divino. Todas las pruebas que le han puesto en la vida eran parte del camino que emprendió cuando escogió viajar de la nada al aquí y ahora.

Dé las gracias por todos ellos, y agradezca que esté preparado para superar esas creencias. Este libro está en sus manos gracias a la misma providencia divina que guía su búsqueda espiritual. Y tenga presente que cualquier creencia a la que se aferre y que ya no le sirva, es una intrusa en su vida. Déjela marchar.

Ahora ha llegado el momento de empezar a reconocer las cuatro claves de acceso a la conciencia superior. Son el tema de los cuatro capítulos siguientes.

SEGUNDA PARTE

Las cuatro claves de acceso a la conciencia superior

Cuando los cinco sentidos están paralizados, cuando la mente está paralizada, cuando el intelecto está paralizado...
eso es lo que el sabio denomina estado superior

Katha UPANISHAD

Las cuatro claves de acceso a la conciencia superior

4

Destierre la duda

Las dudas son nuestros traidores

SHAKESPEARE

Me libré de mis dudas
recordando que hay una
razón válida para
todo lo que sucede

En la primera parte de este libro he descrito las ideas y opiniones que le han transmitido y que han influido en su vida. Muchas de estas ideas podrían ser ahora su realidad cotidiana, podrían definir lo que es posible y lo que es imposible en su existencia.

Le he instado a abandonar muchas de estas creencias y establecer una nueva relación con la realidad que se base en lo que usted sabe que es verdad. Una vez conozca su verdad personal, su realidad quedará libre de dudas.

Puede que no crea que la duda tenga mucho efecto sobre su vida. Pero parte del daño que crea radica en que se encuentra tan por completo integrada en su sistema de creencias que le resulta imposible pensar de ninguna otra forma. Al dudar de nuestros logros potenciales, proclamamos con certeza lo que es y lo que no es posible. Pero cuando se destierra la duda, llegamos a un conocimiento que conduce a soluciones creativas e inspiradas que van muchísimo más allá de lo que creíamos posible.

Con la duda usted es incapaz de recorrer con éxito el camino de su búsqueda sagrada y alcanzar su yo espiritual. Tiene que reconocer este obstáculo para alcanzar su conciencia superior. Necesitará trabajar en el destierro de la duda de su mundo interior. Cuando sea extirpada de sus pensamientos desaparecerá de su mundo exterior, y se hallará en un viaje interno y externo mucho más satisfactorio.

Andrew Cohen, en su delicioso y sencillo libro *Enlightment Is a Secret: Teachings of Liberation* (*La iluminación es un secreto: enseñanzas de liberación*), explica una manera de librarse de la duda:

P: No tengo claro cómo librarme de la duda.

R: Arrojándola de ti. Si vieras a tu hija jugando en la cocina, advirtieras que ha encontrado un frasco de veneno para ratas y que está a punto de bebérselo, ¿qué harías?

93

P: Se lo arrebataría de la mano.

R: Sí. Porque sabes lo peligroso que es. Cuando sepas lo peligrosa que es la duda, harás lo mismo. Una persona ignorante no se da cuenta de lo peligrosa que es la duda; por lo que se permite abandonarse a la duda, y al hacerlo destruye la posibilidad de despertar de verdad.

Cuando comience a desterrar la duda de su vida con esta primera clave de acceso a la conciencia superior, recuerde este diálogo y lo sencillo que resulta.

La presencia de la duda puede impedirle despertar. Cuatro sencillas palabras describen por qué es así: como pienses, así serás. En efecto, nos convertimos en lo que pensamos durante todo el día. No permita que sus pensamientos y actos los dicte la duda.

Permitirse dudar es igual a tener un traidor a cargo del timón de su vida. La duda es un traidor porque usa las limitaciones y los defectos para influir en el curso de su existencia. Recorrer el camino de su búsqueda sagrada, guiado por su yo superior, implica que debe desterrar la duda.

¿Puede imaginar su realidad si le hubiesen criado en un ambiente libre de dudas? ¿En qué sería diferente su vida si nunca hubiese oído «eso no puede hacerse», «eso es imposible», «acepta tus limitaciones»? ¿Y si le hubiesen alentado a usar la energía de su mente? Podría haber usado esa energía para explorar la capacidad de influir en otros seres, cosas, el tiempo atmosférico, su creatividad.

Puede que eso le suene un poco fantástico. Pero recuerde que está valorando lo posible y lo imposible con dudas, que de forma automática se deslizan hasta su mente cuando alguien sugiere algo que usted cree absurdo. Si hubiera sido lo bastante afortunado como para ser criado sin dudas, poseería un increíble sentido interior de su capacidad.

Nunca pronunciaría frases que reflejaran duda, como: «No tengo el talento suficiente», «eso no puede hacerse, sé realista», y «¿no sabes que existen límites para todo?». Libre de dudas, habría comprendido mucho más temprano que es una criatura divina. Habría conocido su capacidad interior para crear el mundo y abordar los males de la sociedad sin ninguna duda sobre su capacidad para crear utopías.

Sabría que la humanidad es fundamentalmente buena. De los defectos humanos no culparía a una incapacidad inherente o al diablo. Sabría que la satisfacción de las exigencias del ego es la actividad que crea esos defectos.

El yo sagrado no conoce la duda. No tiene límites ni fronteras. ¿Cómo sería nuestro mundo si hubiésemos aprendido esto en la infancia? Es hora de que sepamos que tenemos la responsabilidad de incorporar la búsqueda espiritual a nuestra vida y de introducir a nuestros hijos en este aspecto de la vida.

Yo les ofrezco a mis hijos oportunidades de aprender sobre su ilimitado interior mediante varios métodos. Por ejemplo, los invito a salir conmigo para «hacer nubes». Después de comer, a menudo nos llevamos una manta fuera, nos tendemos sobre ella y nos dedicamos a ello.

Los niños comienzan por crear la imagen interior de una forma que quieren ver en las nubes. Luego concentran su energía en una nube en particular, e intentan que adopte esa imagen interior. El vecindario se ha habituado a oír gritar a mis hijos: «Estoy haciendo una casa, papi. Mira cómo se mueve mi nube. ¡Estoy moviéndola con la mente!».

Puede que muchos niños del vecindario piensen: «Esos Dyer están locos, ¿de verdad creen que pueden hacer que las nubes adquieran una forma?». Pero ¿por qué no deberían aprender los niños que por dentro de ellos fluye la misma inteligencia divina que mueve las nubes? Si está en todas las cosas, lo cual sabemos que es verdad, entonces está tanto en mis hijos como en las nubes. ¿Por qué no sentirse tan conectados con ella como para hacer sus propias formas de nubes? Nuestros hijos tienen muy pocas dudas, y este conocimiento interno les permite crear el mundo que quieren para sí mismos.

Usted hace lo mismo cuando se va a dormir. Entra en la experiencia de los sueños con una absoluta carencia de duda. De hecho, es incapaz de llevar la duda a ese ámbito. Es como si Dios tuviera una señal de «No se admiten dudas» a la entrada de los sueños.

En sueños, usted es capaz de hacer cualquier cosa que su mente pueda crear. Puede volar, visitar el pasado, proyectarse al futuro, conversar con quienes se marcharon hace mucho tiempo, ver a quienes han muerto y saber que están ahí con usted, saltar por encima de enormes árboles, respirar debajo del agua, crear docenas de personajes y llevar a cabo una interminable lista de otras actividades. Durante este tercio de su vida que pasa durmiendo, no tiene dudas... y por tanto carece de limitaciones.

Luego, cuando despierta, introduce instantáneamente al compañero constante, la duda, de vuelta en su conciencia de vigilia. Despierto, cree que esas cosas no son posibles en la vida diurna. La diferencia radica en que durante el sueño usted sabe qué puede hacer y lo hace; en sus momentos de vigilia cree que no puede, y no lo hace.

Si es capaz de establecer una distinción entre lo que sabe y lo que cree, reconocerá el papel crucial que juega la duda en su vida. La meta última de reconocerlo es transformar todas las creencias.

He aquí las principales distinciones entre lo que cree que es verdad y lo que sabe que es verdad.

• *Las creencias se las transmiten. El saber procede de su interior.* La totalidad de sus creencias le fue transmitida por personas que han entrado en su vida con este propósito. En el segundo capítulo he esbozado diez de estas creencias más comunes y hecho sugerencias para cambiarlas. Ahora le pido que examine todas sus creencias. Cuando lo haga, piense en sí mismo como en una esponja que ha absorbido creencias de otros y luego las ha hecho propias.

A lo largo de toda su existencia ha estado sujeto a millares de creencias, que van desde de qué está hecha la Luna, pasando por cómo deben reaccionar las personas las unas ante las otras; o si los deportes tenían o no algún valor, el que la poesía es para afeminados, a qué velocidad pueden correr los seres humanos, cómo son sus vecinos, qué es capaz de lograr, o el que es con igual a su padre y al padre de éste. Hay una larga lista de cosas que cree de sí mismo, del mundo, de Dios, de sus potenciales, del destino del capitalismo y muchas otras. Estas creencias, que llegaron a usted desde el exterior, se convirtieron en su credo.

Sus conocimientos, sin embargo, llegaron a usted como resultado de haber decidido superar los límites fijados por una creencia. Nadie puede transmitirle un saber. Usted debe tener la experiencia por sí mismo.

Yo podría hablarle infinitamente de cómo montar en bicicleta, o incluso de por qué es imposible hacerlo dadas las leyes de equilibrio y la relación aire/velocidad/viento. Usted podría tener una idea propia sobre este tema, pero sólo sabrá que es posible cuando monte una, se tambalee unas cuantas veces y lo experimente. Una vez que haya montado una bicicleta, nadie podrá, jamás, convencerle de que es imposible.

Todos sus conocimientos son así. Provienen de la experiencia, y por lo tanto existen en su interior libres de duda.

• *Las creencias le decepcionarán en una crisis. El saber nunca le decepcionará.* Cuando usted cree en algo sin saberlo, hay una duda junto con la creencia. La duda existe en alguna parte de las profundidades de su mente. Existe como un pensamiento al que en última instancia recurrirá cuando quiera poner esa creencia en práctica.

Recuerdo cuando creía que no podía zambullirme de espaldas en la piscina. Cada vez que me decía «esta vez puedo hacerlo», esa importuna duda emergía en el preciso momento en que intentaba zambullirme de espaldas. Me encontraba con que mi cuerpo giraba sobre sí en el último segundo. La diminuta duda unida a la creencia sobre mi capacidad era en lo que yo confiaba en el momento de la ejecución.

Si usted cree en algo basado sólo en lo que otros le han dicho que es verdad, cuando aparezca una prueba importante, a menudo la creencia le decepcionará. Suponga que cree ser capaz de montar en motocicleta. Si intenta escapar de una situación peligrosa aprovechando una motocicleta que está por ahí, hay muchas probabilidades de que la duda unida a su creencia le impida escapar en esa motocicleta.

Lo que usted sabe nunca podrá decepcionarle. Jamás. Si tuviera una absoluta certeza sobre su capacidad para saltar sobre la motocicleta y alejarse a toda velocidad, ese saber le impulsaría para que se alejara sano y salvo. Porque un saber no presenta dudas internas, uno tiene una absoluta certidumbre sobre cuál es su posición. Esto es cierto en todo lo que uno experimenta, tanto física como metafísicamente.

Si usted tiene la creencia de que Dios estará a su lado en un momento difícil, y que cualquier sufrimiento que experimente es tan divino como cualquier júbilo que haya sentido, pero no lo sabe, se encontrará con que el dolor de su decepción se convertirá en una afirmación de que Dios no existe. Su creencia se hará trizas en un momento difícil. Eso se debe a que está usted intentando tener una visión de Dios que le ha sido transmitida desde el exterior, y está debilitada por la duda.

Saber de la existencia de Dios y sufrir como escribió William Blake en el siguiente poema, le sustraerán de las dificultades «sano y salvo»:

> *El hombre fue hecho por el Júbilo y la Aflicción.*
> *Y cuando sabemos esto*
> *vamos por el mundo a salvo.*
> *El Júbilo y la Aflicción han tejido*
> *una tela para el alma divina.*

Los conocimientos nunca pueden decepcionarle porque están entretejidos en la trama de su ser. Si no puede dudar de lo que es, y sabe que es, entonces nunca se verá decepcionado. Quiero repetir que a las creencias siempre les acompaña la insidiosa duda, mientras que los conocimientos están libres de dichas contaminaciones.

• *Sus creencias son ejercicios mentales. Sus conocimientos son ejercicios físicos.* Las creencias están emplazadas en el reino de lo mental, cómo los pensamientos que uno alimenta de forma constante. Su comportamiento en el mundo se ve muy afectado por las limitaciones de esas creencias. Éstas son estrictamente ejercicios mentales que uno practica de manera continuada hasta que se convierten en la realidad: es decir, una realidad basada en las dudas que van unidas a las creencias.

Usted podría creer que la gente no debería llevar joyas en la nariz, o que la gente que no asiste a la iglesia es perversa. Este tipo de creencias influirán en su conducta y harán que juzgue a otras personas (hasta que cambie sus creencias y quizá busque un aro para su nariz).

Sus conocimientos están emplazados en el dominio de lo físico, a pesar de que se hayan originado en el mental. Cuando uno sabe algo, forma parte de la totalidad del ser, se origina en lo mental y reside en todo el ser.

Lo que se sabe con absoluta certeza —como la forma de bailar el mambo, o de patinar sobre hielo, o nadar, o hacer el amor, o montar en bicicleta—, forma parte del ser. Reside tan en lo profundo de uno que está en las células de lo humano. Aquello que en otra época sólo creyó, porque le fue transmitido por alguna persona, ha sido ahora transferido a su saber. La totalidad de sus conocimientos de lo físico comenzaron como creencias y acabaron en esta certidumbre.

Incluso puede que tenga algunas creencias tan arraigadas que las trate como conocimientos. Algunas de estas creencias que se han hecho fuertes en su interior podrían considerarse conocimientos, pero en realidad no lo son.

Por ejemplo, puede que usted crea que tiene talento para el arte, pero en alguna parte profunda de su interior existe una diminuta pizca de duda respecto de si esto resultaría cierto. De modo similar, podría no creerse capaz de dominar un idioma extranjero; pero también tiene alguna duda respecto de si esto resultaría verdad de hallarse en una situación en la que su vida estuviese en juego.

Cuando uno sabe algo, se convierte en su realidad física, y actúa de forma constante. Cuando sólo se cree algo, tanto si es negativo como positivo, uno tiene una diminuta duda, y esa duda se convierte en realidad. Las creencias son mentales. El saber es físico, aunque se origina como creencia mental.

• *Las creencias le limitan. Los conocimientos le confieren poder.* Dado que las creencias le son impuestas, son obra de otros seres. Por lo tanto, sus propias creencias no tienen lugar en su vida cotidiana.

Esa siempre presente sombra de duda sobre si estas creencias son ciertas para usted, aunque lo fueran para sus antepasados, tiende a imponerle limitaciones. Sus pensamientos crean su realidad. Cualquier pensamiento del que dude es una limitación.

Lo que sabe le confiere poder para ascender en los niveles de conciencia. Cuando su corazón sabe que algo es correcto y usted sigue a su corazón, progresa y crece. El conocimiento interno le permite dar el paso que habría evitado de haber escuchado su mente.

Louise Hay es un perfecto ejemplo de lo que estoy definiendo. Es una mujer hermosa y sensible que ha escrito muchos libros formidables sobre curación, y es la editora de una colección de mis afirmaciones y recordatorios cotidianos titulada *Everyday Wisdon* (*El camino de la perfección*).* Estábamos juntos en una transmisión nacional de televisión, cuando alguien llamó y le preguntó a Louise si había considerado algún método tradicional para tratarse un cáncer que había padecido ocho años antes. Louise le dio el tipo de respuesta que espero que usted sea capaz de cultivar cuando vea cómo el saber puede darle fuerza para ascender a niveles más elevados. Respondió: «En mi corazón sabía que no podía permitirles que me sometieran a radioterapia ni quimioterapia, ni que me cortaran un pecho... Sólo sabía que ése no podía ser mi método para enfrentarme con el cáncer. Mi conocimiento me condujo a otras alternativas, sobre las que he escrito, y en última instancia a la erradicación del cáncer de mi cuerpo. No estoy menospreciando ninguna otra forma de tratamiento, sólo sabía, en mi interior, que yo no podía ir en esa dirección.»

La clave aquí reside en el uso que le da a la palabra «sabía». No se trataba de que creyese en una terapia alternativa, sino que sabía que esos métodos tradicionales estaban en desacuerdo con quién era ella. Consultó su saber. Ese saber le proporcionó fuerza e iluminación.

Cuando aprenda no sólo a abandonar las creencias sino a convertirlas en conocimientos, sólo tendrá ese saber interno para consultarlo

* Publicado por Grijalbo. (*N. de la T.*)

cuando surjan las dificultades en su vida. Una mera creencia no es más que una nota mental pegada en su cuarto por su madre. Un saber está grabado en las células de su ser y por lo tanto vive en su interior, sin presencia de duda.

- *Sus creencias son transitorias. Sus conocimientos son eternos.* Piense en muchas de las creencias que tiene hoy y en cómo han cambiado a lo largo de los años. De hecho, muchas de las creencias que tiene hoy no fueron bien recibidas.

¿Puede recordar cuánta gente se sintió escandalizada al ver a los hombres con el pelo largo y pendientes por primera vez en la época contemporánea? Muchos intentaron hacer que se expulsara de los institutos y universidades a estos jóvenes. Los etiquetaron de afeminados. Hoy en día esas mismas personas lucen cabellos largos hasta el hombro y ven partidos de fútbol con prototipos de masculinidad que llevan pendientes y pelo largo que les asoma por debajo del casco.

Las creencias cambian. Muchas de las creencias que defiende hoy las rechazará en los años venideros.

Por ejemplo, casi cada día recibo cartas de personas que me cuentan que cuando me oyeron por primera vez hablar de algunas de estas ideas hace dos décadas, pensaron que estaba fomentando el egoísmo, y que hoy las mismas ideas les resultan consoladoras. Por lo que a mí respecta, mis ideas sobre Dios y la espiritualidad han cambiado drásticamente desde mis tempranas épocas agnósticas de adolescencia y primera juventud.

Mis ideas sobre el bienestar social, la pena capital, la política y el mal, han variado. Cuando era joven sólo creía con fuerte convicción. No sabía, y siempre tenía alguna duda sobre mi posición con respecto a estos asuntos, en particular porque había adoptado a maestros espirituales cuyas ideas estaban en conflicto con las mías.

Esas cosas que usted ha tenido, permanecen a su lado aún hoy, a pesar de que ha pasado por una transformación física completa. Imagínese eso. Hoy se encuentra dentro de un cuerpo que no existía hace apenas una década. Todas las células de su ser han sido reemplazadas por células nuevas.

Usted tiene piernas, brazos y arterias nuevos, e incluso un cerebro nuevo. Las moléculas de su ser físico cambian de modo constante. Están siendo reemplazadas incluso mientras lee estas palabras. Millones de átomos llegan y se van, formando nuevas realidades físicas, aun a pesar de que esas realidades nuevas tengan relación con las viejas.

Esto es lo mejor: aunque usted no es el mismo cuerpo que hace unos años, sus conocimientos han sido transferidos de su viejo cuerpo al nuevo: no física sino metafísicamente.

De niño sabía patinar sobre hielo, y todavía sé cómo hacerlo a pesar de que no lo he vuelto a hacer desde hace treinta años. El saber aún está conmigo, a pesar de que tengo piernas y pies nuevos, y un cerebro totalmente renovado.

Así que, como puede ver, cuando uno sabe algo en las células de su ser, este saber permanece a pesar de que el ser físico está pasando por un constante cambio. Usted es inmutable en el mundo interior, y por lo tanto lo es su saber.

Éstas son, pues, las cinco diferencias características entre lo que uno cree y lo que sabe. Resulta obvio que la mayoría de nuestros conocimientos se encuentran en el dominio de lo físico y permanecen con nosotros mientras estamos en nuestro cuerpo. La característica que separa el saber de la creencia es la presencia de la duda. Las creencias y las dudas van juntas, mientras que a los conocimientos no les acompaña duda alguna.

Mi intención es ayudarle a sacar de su conciencia muchas de sus viejas creencias. Pero lo que es aún más útil para la búsqueda de su yo espiritual, y que espero que aprenda, es transformar las que queden de meras creencias en saber.

Sus conocimientos no tienen por qué quedar limitados al dominio de lo físico. Puede tener conocimientos también en el dominio de lo metafísico. Por ejemplo, puede conocer a sus guías —sus ángeles y la superior presencia—, en lugar de creer sólo en su existencia. Del mismo modo, todas las cualidades del yo espiritual, que se hallan incluidas en la parte tercera de este libro, están a su disposición para que las conozca en lugar de sólo creer en ellas.

Nisargadatta Maharaj, en *I Am That* (*Yo soy eso*), describe el proceso de la siguiente manera: «El mero conocimiento no basta; el conocedor debe ser conocido... Sin el conocimiento del conocedor no puede haber paz». Ésta es una afirmación de alcance: conocer al conocedor. Constituye el tema del capítulo siguiente, pero resulta útil que conozca ahora la idea.

Hay un yo físico que posee el conocimiento, y hay lo conocido. Pero lo más significativo es que hay un conocedor de lo conocido. Ésta es su verdadera identidad.

La paz que menciona Maharaj y el camino de la búsqueda espiritual quedan a su disposición cuando le guía esa verdadera identidad, que es lo más sublime de usted. Alcanzar esa paz y hallar el camino de la búsqueda espiritual implica abandonar las viejas creencias y cambiar a una nueva dimensión, donde el conocimiento sustituya a la creencia y donde la fe reemplace al miedo.

MIEDO Y DUDA

Hay un refrán (cuyo origen ignoro), que dice: «El miedo llamó a la puerta, y respondió la fe, y no había nadie». El miedo se origina en las dudas que tenemos de nuestra divinidad. El antídoto para el miedo es la fe.

Dentro de mí sé que no estoy solo, jamás. Sé que tengo a mi disposición la guía divina en todo momento. Este conocimiento hace que el miedo sea imposible. Tampoco usted está solo, y también dispone de guía omnipresente accesible a voluntad.

Cuando uno sabe de verdad que la suprema presencia está siempre a nuestro lado, la posibilidad de vivir tanto con la duda como con el miedo se evapora. Tiene que poseer la cualidad de ser un conocimiento. Entonces, el miedo se desvanece.

Cuando comience a librarse de los miedos, usted desarrollará una especie de confianza que refleje su conciencia de su misión divina. Gabriel Saul Helig, al escribir *Tenderness Is Strength* (*La ternura es fuerza*), describe cómo se disipa el miedo cuando la duda es desterrada:

> Todavía temblamos ante el Yo como niños ante la caída de la noche. Sin embargo, una vez que nos hayamos atrevido a dar un paso hacia el interior del corazón, descubriremos que hemos entrado en un mundo donde la profundidad conduce a la luz, y que no hay final.

El miedo es nuestra prisión. Tenemos que erradicarlo mediante la certeza de lo absurdo que es tener miedo de algo en este sistema inteligente del que formamos parte y que tiene infinita inteligencia en cada uno de sus elementos. Traer este simple conocimiento a la conciencia cuando experimente cualquier miedo, le ayudará a desterrar tanto el miedo como la duda.

Las cosas a las que con más frecuencia tememos pueden explicarse tras investigarlas. O bien puede erradicarse el miedo con una breve y sencilla afirmación. Yo he escogido la segunda forma, y abrigo la esperanza de dejarle pasmado con lo simple que es eliminar el miedo.

- *Miedo a fracasar.* ¡Líbrese de él! No puede fracasar en nada. Todo lo que hace produce un resultado. Lo que cuenta es lo que hace con los resultados. Etiquetarse como fracasado carece de sentido.

- *Miedo a la desaprobación.* ¡Líbrese de él! No necesita que los demás le digan si está bien o mal. Usted es una creación divina. Su sendero es único. Las opiniones de otros serán invariablemente juicios. Cuando uno sabe que está en una misión espiritual, se hace independiente de la opinión de los demás. Continúe adelante con su propósito.

- *Miedo al sufrimiento.* ¡Líbrese de él! Usted no puede sufrir cuando conoce su yo espiritual. Sólo sufre la persona que se imagina que es. Su júbilo es divino y también lo es su sufrimiento. Todo el dolor es parte del plan de Dios, que le otorgará sabiduría trascendental cuando deje de juzgarlo.

- *Miedo al aislamiento.* ¡Líbrese de él! Usted nunca puede estar solo. Cuando sepa esto, nunca se sentirá solo. Hay un gigantesco apoyo de amorosas almas que siguen un sendero similar. Reconózcalo. Acéptelo como verdad. Manténgase en su propósito y olvídese de que se siente aislado. Cuando lo haga, toda la guía y el amor que necesite le llegarán.

- *Miedo a parecer tonto.* ¡Líbrese de él! Cuando usted se afana siguiendo los pasos del yo superior, siempre tiene un propósito. El que otros le juzguen o no como un tonto es irrelevante.

- *Miedo al éxito.* ¡Líbrese de él! Reemplace el miedo por el conocimiento de que se merece prosperidad y abundancia. Tenga presente que cuando se halla en el camino de su búsqueda espiritual, aparecerán medidas externas de éxito. Su éxito, sin embargo, es una cuestión interior. Es su sensación respecto a sí mismo, y desde luego no quiere tener miedo de sí mismo.

Éstos son los seis miedos que más interfieren en el camino de nuestro propósito divino. Tenga presente que posee las herramientas internas para transformar su vida, y el miedo habrá desaparecido antes de que pueda decir: «¡Me libero de él!».

Una de esas herramientas es el reconocer ante uno mismo el momento en que el miedo haga su aparición. Cuando advierta que siente miedo, por favor, asegúrese de dejar que penetre en su conciencia. Siéntalo. Niéguese a juzgarlo.

Tengo una amiga que se toma tiempo para mantener una conversación silenciosa con su miedo. Me dice que sólo esto hace que el miedo desaparezca, porque le da la bienvenida como a una vieja creencia que en otros tiempos constituyó una parte amada de ella misma. Otras veces, ella y el miedo se ponen de acuerdo en una nueva «definición» de él. Sienta el miedo y no permita que sus efectos tengan continuidad.

La primera vez que subí a un escenario para hablar ante varios miles de personas, olvidé mis notas; entonces, experimenté varias sensaciones de miedo. No reconocer la presencia de mi miedo lo habría mantenido allí, en el escenario, conmigo. Pero me entregué a mi miedo mientras me recordaba a mí mismo que no estaba solo. Salí al escenario con el miedo como compañero. Antes de que hubiesen pasado siquiera unos minutos, estaba absorto en mi misión y el miedo había desaparecido.

Al reconocer el temor y luego hacer, de todas maneras, eso a lo que le tenía miedo, le pone sobre aviso con respecto a esos pensamientos derrotistas. También da un paso gigantesco para desterrar la duda de su existencia.

El miedo y la duda son pautas. Aquello de lo que dude le causará miedo. Lo que teme le provocará dudas sobre su capacidad para enfrentarse con ello. Como he mencionado unas páginas más atrás, el verdadero antídoto para la duda y el miedo es la fe.

El desarrollo de la fe como medio para eliminar el miedo de su vida es una lección espiritual suplementaria. *A Course in Miracles* ilustra maravillosamente este punto, haciendo hincapié en el conocimiento:

> Si supieras quién camina a tu lado por el sendero que has escogido,
> el miedo sería un imposible.

FE COMO ANTÍDOTO DEL MIEDO Y DE LA DUDA

En la mayoría de los casos, la palabra «fe» está asociada con el desarrollo de una estructura religiosa. La fe y el culto, en este contexto, van juntos. Yo no estoy escribiendo sobre la fe en ese sentido. Respeto cualquier religión, pero no quiero que confunda las creencias religiosas con la verdadera presencia de la fe.

La fe es análoga a conocer a Dios, cosa que es diferente a creer en Dios. El conocimiento, desde el punto de vista en que estoy escribiendo, es una experiencia a nivel celular de las vivencias personales, a la cual no acompaña ni una pizca de duda. Para mí, la fe es un conocimiento y una capacidad interiores de ver a Dios en todas las cosas, incluido uno mismo.

El tipo de fe que describo no necesita ni un culto ni un libro sagrado. Proviene de tener una experiencia interna directa de Dios como parte del yo superior. Está presente de incontables formas en la vida cotidiana. Usted no tiene que ver necesariamente esta luz interna con los sentidos. Uno sabe que lo que no ve está allí, a su disposición.

He visto a mi esposa, Marcelene, demostrar esta fe interior en siete ocasiones diferentes cuando ha dado a luz a nuestros hijos. A lo largo de sus embarazos me habla de su fe en que Dios está con ella. Sabe que traer un niño al mundo es más que una experiencia física. Sabe que es una oportunidad sagrada que se le ha confiado.

No tiene en absoluto ninguna duda de su capacidad para llevar adelante todas las etapas desde el comienzo del parto hasta el nacimiento del bebé sin que haya complicaciones o dolor. Esta fe la coloca en un estado de conciencia superior, y su apariencia física cambia. Abandona los confines de su cuerpo. Mediante el poder de su milagrosa concentración en lo que tiene que hacer, actúa sin prestar atención a las distracciones que la rodean.

Su fe interior ha servido para desterrar la duda sobre su capacidad para dar a luz un niño en un entorno espiritual y libre de dolor. No cree que Dios esté allí a su disposición, lo sabe. La idea de cualquier duda es absurda para ella.

He estado en la sala de partos con mi esposa mientras a las mujeres que la rodeaban les asaltaban los miedos y las dudas. Marcelene, apoyada en su fe, participa en el acto de la creación como observadora y como participante. Incluso ha utilizado ese mismo conocimiento interior, basado en la fe, para ayudar a otras mujeres a dar a luz. Las acompaña durante todo el proceso —desde los primeros meses de embarazo hasta el parto—, las ayuda a acceder a su yo interno y les asegura que si destierran la duda vivirán una experiencia de un parto glorioso. Todavía no he visto que fracasara.

Instruye a las mujeres para que hagan caso omiso de todas las frases negativas y cargadas de dudas que les oyen a otras madres «experimentadas». Las ayuda a que aprendan a volverse hacia el interior, hallar la paz, conocer a Dios y utilizar la fe para que las guíe a lo largo de la experiencia. Ahora está escribiendo un libro sobre la forma espiritual de abordar el parto y el cuidado de los niños.

Usted debe entender que la fe es una decisión que uno toma en su interior. Cuando la decisión se transforme en un saber, comenzará a sentir la energía sagrada que fluye a través de todas las cosas como inteligencia divina universal. Saber que todo tiene un propósito es un proceso mental. La fe llega entonces como energía que reside dentro de uno en todo momento.

Un anochecer, cuando estaba sentado mirando una espectacular puesta de sol en el golfo de México, me di cuenta de algo pasmoso. Todo este planeta, con todo lo que hay en él, tiene que pesar incontables trillones de toneladas, y hay alguna energía que lo impulsa en torno al Sol y crea la ilusión de que en verdad es el Sol el que se pone. Lo que en realidad estaba sucediendo mientras yo estaba ahí sentado, era que estaba desplazándome en una órbita alrededor del Sol.

Contemplé la enorme cantidad de energía que incesantemente trabaja para desplazar este enorme planeta, mantenerlo girando y dentro de su curso en su viaje anual. La misma energía está moviendo al Sol en una órbita más amplia, e incontables cuerpos celestes más en incontables órbitas.

Esta energía provoca la ilusión de que la Tierra se mantiene inmóvil, pero nosotros sabemos que hay movimiento. Tenemos fe en esa energía. Confiamos en que mañana por la mañana el Sol saldrá por el este. No creemos en ella: sabemos que existe y tenemos fe en ella.

La misma energía le impulsa a usted por la vida y se encuentra dentro de usted en todo momento. Esa misma energía les permite a sus pulmones llenarse de aire, a su corazón latir, y a su cuerpo permanecer unido en lugar de desintegrarse. Eso lo sabe, tiene fe en ello.

Ése es el tipo de fe que debe desarrollar con respecto de la totalidad de su vida. A usted le guía una energía celestial. Ahora empieza a saberlo. No tiene que verlo para creer en ello, no más de lo que tiene que ver el viento para saber que está allí.

Esta energía invisible que hace tantas cosas es lo que usted necesita conocer. La fe interior se convierte en un poder que antes estaba oculto.

He visto personas que caminaron descalzas una distancia de hasta doce metros sobre carbones ardiendo al rojo sin que se les hicieran ampollas. Antes de emprender esta aventura, su única preparación es concentrarse en su fe. Su fe les proporciona la capacidad de concentrarse con una intensidad que puede evitar que se les hagan ampollas en los pies.

Yo he usado este tipo de fe para cruzar a nado un lago cuya agua estaba a siete grados de temperatura, sin experimentar sensación de frío. Tecleo la máquina durante horas y veo cómo surgen poemas y capítulos sin bloquearme, porque sé que no estoy solo. La energía cósmica está dentro de mí para que la use, para cumplir mi destino personal.

He visto aparecer a la persona precisa para ayudarme con cualquier cosa que necesitara cuando he alcanzado esta fe interna y desterrado toda duda. En una ocasión, mientras estaba en una cabina telefónica de Nueva York buscando el teléfono de alguien a quien no había visto en años, alcé la mirada y me lo encontré allí mismo... una coincidencia asombrosa, o una conexión con la energía universal que fluye a través de las personas.

Con frecuencia me he encontrado con que precisamente el libro o artículo correctos han aparecido en mi correo cuando estaba atascado en un punto concreto. A menudo he imaginado a un escritor o escritora particulares mediante la concentración en sus palabras y luego, de forma «mágica», han aparecido en mi vida. La fe interior puede hacer aparecer las personas o hechos que necesita; funcionará. (Sin embargo, esto no quiere decir que los obstáculos no vayan a surgir también.)

FE Y FRUSTRACIÓN

Incluso después de que desarrolle esta fe en Dios y en usted mismo, se encontrará con que todavía hay obstáculos en su vida. El pensamiento libre de dudas y el saber no significan que vayan a florecer de modo automático la abundancia y la prosperidad. No obstante, al aparecer los obstáculos, comenzará a procesarlos de un modo por completo distinto: un modo basado en la fe y no en la frustración.

Cuando se sienta tentado de ver los obstáculos como impedimentos, recuerde que la vida pone pruebas. Invente una frase para recordarse el valor potencial del obstáculo. La frase podría ser: «Este obstáculo ha aparecido en mi vida para enseñarme algo. Cuando aprenda la lección, veré mi fe interna manifestarse otra vez de forma positiva. Bendeciré este hecho en lugar de maldecirlo, y tendré presente que los caminos de Dios me serán a veces misteriosos».

Recientemente, mi esposa y yo pasamos unos días en Santa Fe, Nuevo México, en un retiro destinado a renovarnos nosotros mismos y nuestro matrimonio. En la primera noche que pasamos allí, vimos en el vestíbulo del hotel el menú de un restaurante macrobiótico y decidimos cenar en él. No obstante, parecía haber un centenar de obstáculos que surgían en nuestro camino cuando nos pusimos a buscar el restaurante.

No dejábamos de perdernos y aparecer de nuevo en el punto del que habíamos partido. Yo giraba en el lugar que parecía correcto y acababa de vuelta en el hotel. Santa Fe es una ciudad que fue trazada en círculos concéntricos, y los nombres de las calles cambian de una a otra manzana.

La frustración iba en aumento tras haber pasado más de una hora sin haber encontrado el restaurante. Le había pedido instrucciones a más de diez personas, y por fin hice una llamada telefónica al restaurante para pedirles ayuda. Durante todo el tiempo, estaba decidido a superar y extraer la lección de la prueba.

Cuando por fin llegamos, el restaurante estaba lleno. Al entrar, una mujer de Naples, Florida, llamada Mary Reinhart, entró delante de nosotros. Estaban acompañándola a la única mesa vacía que quedaba, y se volvió para decir:

—¿Les gustaría compartir la mesa conmigo en lugar de esperar?

Comimos juntos, y en el curso de la conversación nos habló de una espiritual mujer llamada Gangaji que comenzaría un *satsang* (una reunión para la verdad) en Santa Fe, la mañana siguiente, y que duraría hasta cuando teníamos planeado permanecer en la ciudad.

Durante los cinco días siguientes, mi esposa y yo asistimos a la *satsang* junto con centenares de otras personas. Yo pensaba que habíamos ido a Santa Fe para estar a solas.

Pero conocimos a Gangaji. Es un alma iluminada que ha seguido un curso de autodescubrimiento en la India, y ahora recorre el mundo celebrando *satsangs*, transmitiendo el mensaje de paz, amor y capacidad. No cobraba nada, y nos proporcionó una gran riqueza espiritual.

En una audiencia privada con Gangaji, ella me contó que su hermana había leído uno de mis libros y que el mensaje del mismo había contribuido a volver a reunirlas. La hermana había decidido abandonar cuando Gangaji emprendió su propio sendero espiritual. Durante nuestra conversación, recibí de Gangaji el eslabón perdido que necesitaba para organizar y escribir este libro. Me habló de la idea de libertad como de una decisión que debía tomarse cada día, y me proporcionó el subtítulo de este libro. Fue su concepción de la libertad como ausencia de egocentrismo lo que me guió para escribir sobre dicho tema.

Nuestro viaje a Santa Fe había sido planeado con muchos meses de antelación, pero fue pospuesto tres veces porque se retrasó el parto de una mujer que tenía que dar a luz con la asistencia de Marcelene. Ahora, si usted añade esto a toda la información contenida en los párrafos previos, verá una multitud de obstáculos y «coincidencias»: el hecho de que tuviéramos que posponer el viaje; el perdernos cuando intentábamos encontrar el restaurante (que resultó estar a muy poca distancia de nuestro hotel); las instrucciones incorrectas que nos dieron, los giros erróneos que describimos; que Mary Reinhart entrara en el preciso momento en que lo hacíamos nosotros y que nos invitara a comer con ella; que nos preguntara si estábamos en Santa Fe para conocer a Gangaji (de quien no había oído hablar nunca antes); que nos invitaran a reunirnos en privado con Gangaji porque un participante del público me reconoció; y la historia de ella sobre la reunión con su hermana… Y luego, encontrar lo que me faltaba para organizar este libro. Todos estos supuestos obstáculos y coincidencias conspiraron con el destino para colaborar en la redacción del libro que ahora está leyendo.

También usted tiene historias como la mía a las que puede que no les haya prestado demasiada atención. Le insto a que busque una perspectiva nueva cuando se encuentre atrapado en momentos difíciles.

No se fije sólo en lo físico y permanezca alerta para detectar lo que el destino está conspirando para ofrecerle. Con esta actitud tendrá fe incluso cuando esos obstáculos parezcan insalvables.

Todas las muertes o «accidentes» de su vida, incluida su vuelta a la nada, son parte del orden divino. Puede que no sean comprendidos, sobre todo considerando cómo nos educan para evaluar estos asuntos. Gracias a la fe, sin duda usted sabe lo que Edna Saint Vincent Millay quiso decir cuando escribió:

> El hombre no ha inventado a Dios;
> ha desarrollado fe
> para encontrarse con un Dios que ya existe.

Su fe puede mantenerse arraigada en presencia de los obstáculos. Su frustración porque Dios no está trabajando al ritmo que usted cree que debería, puede ser reemplazada por el conocimiento interior de que todas las cosas de su vida están para enseñarle algo. Su búsqueda espiritual le conducirá al conocimiento de que la enorme energía que mueve los planetas y las galaxias, manteniéndolos siempre en su curso, fluye también dentro de usted, y le mantiene en su curso, aunque su limitada visión le impide verlo.

La fe limpia la vista. Lo que uno ve entonces son obstáculos perfectamente colocados en lugar de frustrantes impedimentos. La paradoja está en que cuando se desarrolla esa fe uno aprende la lección y cada vez aparecen menos barricadas en la vida.

CÓMO DESTERRAR LA DUDA

En los apartados siguientes encontrará algunas sugerencias para extirpar la duda de su alma. Tenga presente que la duda no sólo inhibe su búsqueda, sino que también puede ser una fuerza destructiva en su existencia cotidiana.

• *Tome la decisión de que va a encontrarse con el Dios invisible en su interior.* Esto significa estar dispuesto a pasar tiempo en el silencio de su ser. Busque la oportunidad para guardar silencio y escuchar. No haga nada más, pero repita esto cada día. (El capítulo sexto le proporcionará algunas formas concretas de acallar el diálogo interno.)

Al apartar los pensamientos y deleitarse en el silencio, sentirá la energía de la presencia superior fluyendo a través de usted. Proporciónese un momento divino para hacer una afirmación silenciosa de que se encuentra con Dios.

No sienta que tiene que compartir su experiencia ni convencer a otros de que ha sentido a Dios en su interior. Limítese a reparar en cómo cambia de una creencia a un saber cuando la pizca de duda que albergaba desaparece.

• *Permita que el momento de revelación esté libre de cualquier crítica o duda.* Andrew Cohen lo expresa de la siguiente forma, en su libro *Enlightment Is a Secret* (*La iluminación es un secreto*):

> Cuando se produce una profunda revelación, se ha de adoptar una actitud muy seria respecto de la propia vida. En el instante en que reconoce que está viendo la verdad tal cual es, tiene que darse cuenta de la trascen-

dencia de lo que está siéndole revelado. Si no es traicionada ni una sola vez, su confianza en esa revelación sólo puede aumentar. Cuando más fuerte sea la confianza, más profunda será su sabiduría. Pero si ante esa revelación se permite entregarse innecesariamente a la duda, comienza a descender por un camino incierto y al hacerlo su confianza se verá minada.

• *Tenga siempre presente que la duda la origina su ego.* La duda no forma parte de su yo espiritual. Con esta conciencia puede aprender a observar su duda en lugar de atesorarla.

Usted está esforzándose por conocer al conocedor, y el conocedor es su invisible yo superior. Use su capacidad para distanciarse de la duda y haga que penetre en su mundo interior. Luego observe cómo la duda le obliga a actuar de una manera predeterminada y limitada. Este acto de observación hará por sí mismo que la duda se disipe.

• *Cuando la duda aflora en su interior y la reconoce, tiene que estar dispuesto a decir «no, ya no permitiré que estos pensamientos entren en mi vida».* Muchas personas y pensamientos intentarán apartarle de su búsqueda espiritual. Debe estar dispuesto a considerarlos sus pruebas y aceptar el consejo que les damos a nuestros hijos con respecto a las drogas: «¡Simplemente di no!».

• *¿Duda de su capacidad para conocer a Dios?* Puede que no tenga ninguna duda sobre la existencia de una realidad absoluta llamada Dios, pero puede que dude de su capacidad para conocer en plenitud a esa parte superior de usted mismo. De ser así, le sugiero que reexamine su lógica.

La duda de uno mismo podría ser una excusa para evitar cambiar. Si no tiene ninguna duda sobre la existencia de Dios, entonces ha llegado al dominio del saber. Al reconocer que sabe de forma incuestionable que existe un poder superior, ha desterrado las dudas internas. Si luego se da cuenta de que este poder superior está en todas las cosas, no puede dudar de que está en su interior.

Si está vivo, entonces usted tiene la fuerza vital de Dios dentro. Es tan sencillo como eso: el hecho de que esté vivo confirma la existencia de la conciencia más elevada dentro de usted.

• *Comience por cambiar el vocabulario que usa para describirse y para describir sus expectativas.* En lugar de usar palabras que reflejen sus dudas, cambie las palabras para indicar su saber y su fe.

Deténgase cuando use palabras y frases como «tal vez», «posiblemente», «si Dios quiere», «si tengo suerte», «quizá», «nunca se sabe»... Comience a usar palabras y frases como «desde luego», «por supuesto», «para conseguirlo», «sé que puedo hacerlo»...

Cuando utilice palabras y frases que demuestren ausencia de duda, conducirá su vida de la misma manera. Sus actos seguirán los pasos de sus palabras, y sus palabras derivarán de lo que es su mundo interior. Cambie sus palabras aunque todavía no las diga en serio, porque llegado el momento se convertirán en su realidad.

Los amigos y la familia sugirieron que no sería capaz de sentarme a escribir durante dos meses para acabar el borrador de este libro, porque no había escrito en varios años. Yo me limité a responder con una frase como «confío en que seré capaz de hacerlo. No estoy solo y se me proporcionará la guía y ayuda que necesito».

En ningún momento utilicé una sola palabra o frase que indicara duda alguna, aunque existiera algún cuestionamiento interno. Pronuncié esas palabras, dirigidas al exterior, empecé a escribir y, en efecto, la magia estuvo allí para prestarme ayuda divina.

Las palabras y frases que emplea le sugieren a su yo físico cuál es exactamente el rumbo que ese yo físico va a emprender. Tenga cuidado con lo que dice, y cuando hable hágalo con convicción y fe.

• *Cuando encuentre que en su vida surgen cosas que tienden a reforzar sus dudas, apártese de los viejos hábitos de pensamiento.* He aquí algunos ejemplos de viejas expresiones que podría tratar de cambiar: «¿Lo ves?, ya sabía yo que eso era sólo un montón de palabrería; a Dios, en realidad, no le importa». «Éste es un mundo cruel y hay que aceptarlo.» Examine la siguiente lista de declaraciones en busca de nuevas formas de expresarse:

• Si mi júbilo es divino y yo confío en un poder superior cuando las cosas van bien, entonces mi sufrimiento también tiene que ser divino.

• Me negaré a juzgarlo y en cambio sabré que de alguna manera que no entiendo en este momento, conoceré el porqué de que eso haya sucedido.

• Confiaré en Dios y en la energía que está en todas las cosas, y sabré que también esto está de acuerdo con el orden divino aunque en este momento no me guste.

• Sé que el alma es eterna y que todas las formas pasarán, así que, ¿por qué debería cuestionarlo cuando ocurre?

• Lloraré a la persona que ha muerto, pero no cuestionaré por qué él [o ella] ha regresado con Dios.

• El ahora, o treinta años a partir de ahora, son un punto diminuto en la eternidad.

Este tipo de afirmaciones le ayudarán a desterrar la duda y a dejar de juzgar los caminos del universo. Tenga presente que su júbilo es divino, su sufrimiento es divino.

• *Haga una lista de las creencias a las cuales todavía se aferra y que no le sirven.* Verlas por escrito le ayudará a identificar lo absurdo que es permanecer arraigado en las creencias de otros.

Al examinar sus creencias, fíjese en cuántas comienzan por «debería» y «no debería». Este tipo de frases fueron su primera formación y puede que aún ocupen un espacio tan grande dentro de usted que no le dejen espacio para nuevos conocimientos.

Busque frases como: Debería prestar atención a lo que piensan sus vecinos. Debería enfadarse cuando la gente le trata mal. Debería odiar a sus enemigos. No debería estar en desacuerdo con otros. No debería ser feliz cuando otras personas de su entorno sufren. Debería sentirse culpable de su éxito cuando otros tienen tan poco. No debería olvidarse de lo que siempre creyó su padre.

Hay una larga lista de «debería» que le impiden alcanzar el júbilo de la vida espiritual. Esas creencias deben reemplazarse por conocimientos que provengan de su propia experiencia.

• *Reeduque su mente.* Su mundo interior, su mente, es como una grabación que suena de forma constante. El sonido de la mente puede hacerse tan intenso como para que usted cree imágenes de desastre que se confundan con su realidad.

En *The Mistery of the Mind* (*El misterio de la mente*), Swami Muktananda cuenta lo absurdas que pueden volverse nuestras creencias y cómo pueden en realidad gobernar el mundo, sin tener ninguna base en la realidad. He aquí uno de sus ejemplos:

Había una vez un trabajador pobre llamado Sheikh Mahmoud. Un día, su patrón le dio un pote de arcilla lleno de nata líquida y le dijo que lo llevara a la población más próxima.

—Si lo haces —le dijo el patrón—, te daré dos rupias. Si dejas caer el pote, tendrás que pagar la nata.

Sheikh Mahmoud se colocó el pote sobre la cabeza y emprendió el camino. Mientras caminaba, comenzó a pensar: «Voy a tener dos rupias. ¿Qué haré con ellas?». En esa época todo era muy barato. Por una rupia, uno podía comprar veinticinco pollos. Sheikh Mahmoud se dijo: «Eso es, compraré pollos. Se multiplicarán, y pronto tendré cien pollos, quinientos pollos, mil pollos, diez mil pollos. Entonces venderé todos los pollos y compraré cabras. Tendré cabras y ovejas y una granja grande. Las cabras y ovejas se multiplicarán, y cuando las venda compraré mercancías. Me convertiré en un gran mercader. Luego me casaré y tendré una casa. Acudiré a una oficina y regresaré a casa para almorzar. Tendré un cocinero muy bueno que preparará platos deliciosos. Pero si el cocinero no tiene la comida a punto, me enfadaré y lo abofetearé. Después de todo, seré un gran mercader». Cuando pensó en abofetear al cocinero, alzó el brazo. En cuanto hizo esto, el pote de nata cayó al suelo.

Así que la nata no llegó a la otra población. Mahmoud no obtuvo sus dos rupias. No compró pollos. No compró cabras y ovejas. No se casó. No tuvo una casa. No trabajó en una oficina. No abofeteó a nadie. Se sentó y se cogió la cabeza entre las manos. Pasado un rato volvió a presentarse ante su patrón y confesó:

—Amo, he derramado la nata.

El patrón contestó:

—¿Cómo has podido hacer algo semejante? ¡Has perdido mis ganancias de la semana!

—Oh, amo —dijo Mahmoud—, tú has perdido las ganancias de la semana, ¡pero yo he perdido mis pollos, mis cabras, mi casa, mi esposa, mi oficina y mi cocinero!

No pierda lo que no tiene sólo porque no ha aprendido a disciplinar su mente y desterrar esas incesantes dudas que crea en sus fantasías.

• *Regrese a los sentimientos que están presentes en su interior y refuerzan las imágenes que crea en su mente.* Por ejemplo, si realmente le encantaría alcanzar prosperidad, pero tiene dudas sobre su capacidad para conseguirlo, primero fórmese una imagen de sí mismo en la abundancia.

Luego vaya más allá de la imagen y pregúntese: «¿Cómo me sentiría si alcanzara esa prosperidad que he imaginado?». Es probable que piense que se sentirá algo así como contento, satisfecho, agradecido, feliz o eufórico. Éstas son expresiones de sentimientos que puede generar mediante sus pensamientos.

Una vez que pueda llegar a las sensaciones que hay tras sus deseos y sepa que tiene la capacidad para crear esos sentimientos mediante su fe y la disciplina de sus pensamientos, se dará cuenta de que la necesidad de cualquier otra cosa para sentirse afortunado es sólo una creencia y algo que carece de autenticidad. Haga este ejercicio con todo lo que desee alcanzar en su vida. Primero imagine y después observe el sentimiento resultante. Luego trabaje para generar ese sentimiento y sentirá que sus dudas se disipan.

• *Tenga siempre presente que la duda es una experiencia mental.* Si quiere que un pensamiento se disipe, puede rechazarlo. Del mismo modo que en cualquier momento puede negarse a tener un pensamiento desagradable, porque usted domina esos pensamientos, puede erradicarse la duda cuando aparece.

Dígase a sí mismo, como si fuera dos personas (el que habla y el que escucha): «Tengo esta duda porque he permitido que la persuasión de otros se convierta en mis propias creencias. Ahora pensaré por mí mismo y sabré que no tengo por qué vivir con la duda».

• *El amor es el más cierto antídoto para el miedo y la duda.* Cuando siente amor incondicional por sí mismo, como creación divina que está aquí con un propósito, se despoja de todas las dudas y miedos con respecto a usted mismo y su lugar en el mundo. Por lo tanto, cuando experimente un momento de miedo y duda, dése una porción de amor y recuerde que es una creación divina.

A medida que se dé amor a sí mismo, eso será lo que usted podrá dar. Y también es verdad que cuanto más amor contiene uno, menos espacio hay para el miedo y la duda.

El destierro de la duda de su vida siempre le pondrá en contacto con un poder misterioso que antes había estado velado. Le insto a que abandone las dudas que le inocularon, y deje entrar un nuevo conocimiento. El famoso Toro Sentado describió este poder con las siguientes palabras:

> *Contemplad, hermanos míos, la primavera ha llegado;*
> *¡la Tierra ha recibido el abrazo del Sol*
> *y pronto veremos el resultado de ese amor!*

115

Cada semilla ha despertado y también toda la vida animal.
A través de este misterioso poder
también nosotros tenemos nuestro ser.

Fíjese en que Toro Sentado se refiere al poder del amor. Ese amor que se encuentra dentro de todas las cosas está también dentro de usted. Expulse la duda fuera de su conciencia y déle la bienvenida al saber que ha sido tema de este capítulo.

De la primera clave de acceso a la conciencia superior se habla también en la Biblia. (Deuteronomio, 30:14): «Porque muy cerca de ti está la palabra, en tu boca y en tu corazón, para que la cumplas».

Dejo el resto en sus manos. Sólo tiene que desterrar la duda.

116

5

Cultivar la condición de espectador

En verdad, es la vida la que da vida… Mientras que tú,
que te consideras un donador, no eres más que un testigo

Kahlil GIBRAN

Me doy cuenta
de que siempre estoy en libertad
para dejarme ir y observarme

Cultivar la condición de espectador es la segunda de las cuatro claves para acceder a la conciencia superior que le conducirá por el camino de la búsqueda espiritual. Hay muchos beneficios al asumir esta postura.

En el presente capítulo le pido que cambie la percepción de sí mismo y cultive un aspecto superior de usted: el de espectador comprensivo. En lugar de pensar en sí mismo como un ser humano que tiene pensamientos, sentimientos y hábitos, comience a salir de usted mismo. Estoy señalándole el camino hacia un nuevo tipo de libertad en la que usted será espectador de su vida y ya nunca volverá a danzar al ritmo que le marquen otros.

¿QUÉ SIGNIFICA SER EL ESPECTADOR?

Tómese un momento para reflexionar sobre cómo se ve a sí mismo. Mientras lo hace, piense en lo que significa decir: «Estaba diciéndome a mí mismo que...». Descubrirá que la frase da a entender que usted es dos personas.

Una persona es el «yo» que estaba diciendo. La otra es el que recibía las palabras del que hablaba. El yo le hablaba al mí mismo, cosa que, cuando uno examina sus diálogos internos, se hace centenares de veces al día. Cuando se cultiva la condición de espectador uno se aparta tanto de la posición del yo como de la del mí mismo.

Aquí, desde un espacio invisible, ajeno a su cuerpo físico, el espectador se desprende de todas las emociones, sentimientos y comportamientos. Desde ahí, el espectador observa amorosamente el acontecer de toda su vida.

Hace varios años traté un caso en el que la paciente sufría lo que ella llamaba tristeza terminal. Estaba siempre deprimida. Describía sus sentimientos con frases como: «Todas las partes de mi ser están deprimidas. Estoy deprimida cada día, en todo momento. Me despierto deprimida y me voy a dormir deprimida. Al parecer no puedo librarme de esta terrible sensación de depresión».

Un día le formulé una pregunta que se convirtió en el punto de inflexión de su tristeza.

—Dígame —le pedí—, ¿ha estado advirtiendo esta depresión con mayor frecuencia en las últimas semanas?

Ella respondió:

—Sí, he advertido que cada vez se expande más.

—Ahora piense con cuidado antes de responder —proseguí yo—. ¿La persona que advierte eso está deprimida? —Ella me pidió que repitiera la pregunta—. ¿La persona que advierte eso está deprimida? —repetí.

Quedó demasiado desconcertada como para responder. Pero por primera vez fue capaz de contemplar que existía otro aspecto de ella misma aparte de la depresión.

Ese aspecto era la parte de ella misma que advertía la depresión. Esta que la advertía era la testigo, la observadora, que no había sido atrapada por la depresión. Esa entidad invisible, sin fronteras, era su yo espiritual. Antes de aquella sesión, la mujer nunca había conocido esa parte de sí misma.

Pasé meses enseñándole a dejar de identificarse con los pensamientos y sentimientos deprimentes. Aprendió a desprenderse de ellos y observarlos desde la posición del espectador comprensivo, con independencia de sus pensamientos y de su cuerpo físico.

Convertirse en espectador supone un acto de amor. Nos saca del mundo de fronteras y formas y nos permite entrar en un espacio de amor puro.

Así pues, comience ahora a advertir realidades de su vida. Advierta lo plácido que se siente, o cuánta ansiedad tiene. Advierta su apariencia física. Cuánto pesa, lo en forma que se siente y el grado de fatiga. Advierta cuánto tiempo quiere pasar con su familia, en su trabajo, viajando, jugando y rezando. Déjese penetrar por todo lo suyo. ¡Sus uñas, sus hábitos de conducción, su jardín!

Ahora examine el número de veces que he usado la palabra «advierte». Recuerde que existe una actividad llamada advertir, y que incluye al que advierte y al que es advertido. Entonces, concéntrese en ser el que advierte y acostúmbrese a acudir a ese lugar de su conciencia durante su vida cotidiana.

«En mi mundo, nunca nada va mal.» Estas palabras fueron pronunciadas por Nisargadatta Maharaj en respuesta a una entrevistadora que, exasperada, le pidió a Maharaj que hablara de los problemas de su vida. Para mí, es la afirmación de mayor fuerza que haya oído jamás. La tengo presente cada día de mi vida y he hecho colgar una reproducción de la misma en un lugar estratégico de mi despacho como recordatorio de su supremo valor.

La entrevistadora insistió en que Nisargadatta tenía que tener problemas como todos los otros seres humanos. Nisargadatta le dijo:

—Usted no tiene ningún problema, sólo su cuerpo tiene problemas... En su mundo, nada perdura; en el mío, nada cambia.

¿Por qué diría este iluminado maestro que en su mundo nada iba nunca mal? Yo creo que se debía a que estaba hablando desde la posición del espectador comprensivo.

Dentro de todos nosotros existe la dimensión eterna e inmutable de nuestro yo espiritual. Éste es el yo invisible que le habla al yo físico. Es el pensador de los pensamientos. Este observador comprensivo no se revela con instrumentos científicos y no aparece en las autopsias.

Cuando uno es realmente capaz de creer en el dominio espiritual del espectador, entonces nada va mal porque el mal no carece de sentido para el observador. Todo tiene su orden. Nada se cuestiona desde esa perspectiva. Es como vivir en el paraíso, donde están la eternidad y el alma, al tiempo que uno se encuentra en el cuerpo físico. Pero en este espacio, el cuerpo no es el centro de la existencia.

No estoy sugiriéndole que se retire y se deshaga de todas sus posesiones materiales con el fin de hallar esa clave para la conciencia superior, aunque, desde luego, es una posibilidad. En cambio, quiero que considere cómo estas palabras de «nunca nada va mal», de «no tener problemas» y de «vivir en el mundo de lo inmutable» pueden aplicarse a su despertar espiritual.

Hay muchísimo que aprender de estas ideas. Cultivar la condición de espectador le pondrá en el sendero donde su yo superior comienza a influir sobre su ego físico en lugar de que suceda lo contrario.

Como dice Maharaj: «Dedícale toda tu atención, examínalo con amoroso cuidado, y descubrirás alturas y profundidades del ser con las que no has soñado, absorto como estás en la insignificante imagen de ti mismo». Estas palabras describen el poder y el valor de cultivar la condición de observador.

La manera de sentir y vivir nuestros apegos y sufrimientos puede cambiarse cuando se aprende a acceder a la actitud del espectador. He aquí las principales ventajas cuando uno traba conocimiento con su observador comprensivo:

1. *Cuando usted cultiva la condición de testigo comprensivo, adquiere conciencia de que es algo más que sus pensamientos, sentimientos y sensaciones cotidianos.* Usted aprende que es mucho más que un cautivo del conjunto de creencias y comportamientos adquiridos que ha practicado a lo largo de su vida. Adquirirá una visión más amplia de quién es, y esta nueva percepción le conducirá a niveles de vida más elevados.

Le pondrá en contacto con su alma eterna. Al conocer ese yo espiritual, usted será capaz de elevarse a alturas que sus creencias anteriores le impedían ver.

En las relaciones, comenzará a trascender su ego y abandonará la necesidad de tener razón. La simple observación de sí mismo le revelará hasta qué punto son limitadoras las antiguas formas de ser. El espectador comprensivo abrirá la puerta a la comunión espiritual con los seres queridos.

El aprendizaje de cultivar la condición de espectador añadirá nuevas dimensiones a su vida, y le conducirá a una existencia más espiritual y jubilosa.

2. *Cuando usted cultiva su condición de espectador comprensivo, adquiere conciencia de que usted es algo más que aquello que le molesta.* Al cultivar la condición de observador, la verdad de «en mi mundo nunca nada va mal» se hace evidente.

Uno desarrolla un saber que trasciende lo que llamamos nuestros problemas. El espectador no se identifica con ellos. Los ve como concernientes al cuerpo, y pueden ser resueltos sin desesperación. Distanciándose de ese modo, los problemas no pueden fijarse en su mundo interior.

Usted se volverá casi indiferente porque poseerá el conocimiento de que en ese mundo del cuerpo todo cambia, nada permanece igual. Los problemas también cambiarán. Llegarán y se marcharán. La frase «también esto pasará» adquiere un significado más personal y relevante.

Si aprende a ver las dificultades no como algo que se inscribe en su yo interno sino como manifestaciones pasajeras del mundo de lo físico, cultivará la condición de espectador en el sendero de su búsqueda espiritual.

3. *Cuando usted cultiva su condición de espectador comprensivo, emprende una acción que puede disipar los problemas.* En un punto anterior de este libro escribí brevemente acerca de la mecánica de la creación. La misma explicación es aplicable al cultivo de la condición de espectador.

Como breve recapitulación, he aquí dos frases que resumen el libro de Nick Herbert, *Quantum Reality* (*Realidad cuántica*): «No existe realidad en ausencia de observación. La observación crea la realidad». Por lo tanto, el acto de ser espectador —por sí solo, sin ninguna otra actividad que interfiera— creará su realidad.

Cuando usted presencia con actitud comprensiva, benevolente, los hechos problemáticos de su vida, manteniendo su atención en ello de una forma que ayuda a adoptar resoluciones, eso es lo que ocurre. El plantearse un problema a la manera del testigo crea la energía necesaria para avanzar. A mí me resulta muy satisfactorio hacer que los problemas se desvanezcan de mi vida mediante este proceso de observación.

Por ejemplo, en el pasado me ponía muy ansioso ante la presión de una fecha límite de entrega para acabar un escrito. La ansiedad se manifestaba en forma de malestar estomacal, fatiga, sensaciones de inquietud y malestar físico general.

Cuando aprendí a ser espectador descubrí que podía cerrar los ojos y negarme a identificarme con «el problema». Continuaba formando parte de mi cuerpo, pero estaba separado de mí. Al observarme a mí mismo en ese estado, comprensivamente despegado de mi cuerpo, pude notar que los síntomas de la ansiedad se disipaban. Me encontré con que me sentía calmo y confiado.

Cuando la urgencia de fecha límite volvía a entrar en mi mente, el malestar regresaba, pero era diferente. Ahora yo no era el pensamiento sino el observador del pensamiento. De modo gradual, el pensamiento desaparecía y era reemplazado por una sensación de calma.

Tras treinta minutos de ser espectador, observando cómo los pensamientos llegaban y se marchaban, y vuelta a empezar, toda la escena se disolvió. Abandoné literalmente mi ser. Entonces descubrí que era capaz de sentarme y escribir en lugar de estar apresado por las ideas derivadas de la fecha límite que imponían mi cuerpo y mi mente.

El acto de observar como testigo desde una perspectiva objetiva creó una nueva energía dentro de mí. La energía disolvió el problema y me permitió funcionar a un nivel más saludable y productivo.

4. *Cuando usted cultiva su condición de espectador comprensivo, lleva paz a su vida.* No sólo se pone en contacto con la parte espiritual de su ser, sino que también permite que la paz y armonía de esa presencia gloriosa sea una experiencia básica en su vida cotidiana.

Stephen Wolinsky lo describe de la siguiente forma en su libro *Quantum Consciousness* (*Conciencia cuántica*): «Si puedo comenzar a observar, a ser testigo de mis reacciones, me sentiré más libre y en paz. Mediante la identificación y fusión con un pensamiento o sentimiento me impido a mí mismo ser el observador y me convierto en la experiencia misma».

La capacidad para adoptar el punto de vista del espectador significa permitirle a nuestro yo superior observar de una forma que no comporte la formulación de juicios. Cuando puede observar su ego, usted ya no es su ego.

Su ego retrocede cuando su yo espiritual está más íntimamente integrado en su ser. Descubrirá que esta nueva paz le llevará por las tareas de su mundo material con una mayor eficacia y productividad.

5. *Cuando usted cultiva su condición de espectador comprensivo, da el primer paso hacia la liberación.* Cuando comienza a alejarse y observar, ya no está controlado por los hechos físicos de su vida.

Por ejemplo, cuando experimente enojo, dé un paso atrás y obsérvelo durante unos instantes. Advertirá que queda casi de inmediato liberado del dolor asociado al enojo. Los acontecimientos continuarán sucediendo, pero usted ya no será el que se identifique con esos hechos.

Ser capaz de observar los acontecimientos, incluidos los de su propio cuerpo, le libera de tener que experimentar el dolor que en otra época creyó que era la única opción. Mi esposa y yo hemos criado ocho hijos; si no hubiéramos mantenido la actitud del espectador, muchas veces podríamos habernos sentido muy turbados y desdichados.

Con una actitud de observador, podemos dar un paso atrás y contemplar nuestros pensamientos y sentimientos, así como los que tienen nuestros hijos. Sabemos que nos liberaremos si podemos desprendernos de vez en cuando del caótico mundo físico de nuestra numerosa familia. Desde el espacio del espectador comprensivo que no se identifica con el problema, el problema desaparece.

La solución proviene de nuestra habilidad y voluntad de confiar en que podemos ofrecer consejo y guía, sin identificarnos como padres fracasados o como padres perfectos.

El acto de observar nos libera. Y también le liberará a usted cuando cultive su condición de espectador.

6. *Cuando usted cultiva su condición de espectador comprensivo, entra en contacto con Dios.* Gracias al acto de cultivar la condición de espectador he llegado a conocer a Dios con más claridad. El acto de observación es lo máximo que he sido capaz de hacer para acercarme a la verdadera experimentación de otra dimensión, dimensión no estorbada por las limitaciones del mundo material.

Es una experiencia extracorpórea, en la que se ve el cuerpo y los pensamientos sin identificarse con ellos. Una práctica regular de la observación hará que pueda apreciar el comentario de Carl Sandburg: «Algo me originó y no tenía origen; algo me pondrá fin y no tiene fin».

Desde la posición de espectador, usted sabe que no es sólo eso que ve. Hay una realidad espiritual disponible cuando se separa de su yo material. La conexión con el plano superior de sí mismo la establece sólo desde esa posición.

La energía divina que tiene en su interior le envuelve en amor y paz mientras observa los pensamientos, sentimientos y sensaciones de su cuerpo. Este proceso de cultivar la condición de espectador es el proceso de conocer la verdad que anunció san Mateo: «...para Dios, todo es posible» (San Mateo, 19:26). Ahora, dígame si se puede decir algo más.

Usted sabe que todo no es posible en el reino de lo físico; por lo tanto, Dios viene a ser esa parte de usted que está más allá de lo material. Mediante la condición de espectador puede conseguir que esto sea su realidad.

Así pues, he aquí los seis beneficios que obtendrá al alcanzar la condición de espectador. Paulatinamente usted emergerá como un ser que sabe que existe fuera de sus pensamientos, emociones y sensaciones físicas, y por lo tanto éstos no desempeñarán el importante papel que han estado representando.

Con el fin de cultivar su condición de espectador, usted necesita desarrollar sus poderes de observación respecto de sí mismo y del mundo. Necesita aprender a observar sus reacciones, para superarlas. Es ese «ir más allá» lo que constituye la parte esencial de la búsqueda espiritual. He dividido los diferentes tipos de observación en cuatro categorías.

Observación de su cuerpo

Este tipo de observación lo hemos practicado la mayoría de nosotros de una u otra forma. En general, permitimos a nuestro cuerpo que funcione sin interferencias. Somos conscientes de que existe el cuerpo y de que existe un «espíritu» que hace que funcione la máquina.

Desde la primera vez que se miró en un espejo y vio que su rostro le devolvía la mirada, ha estado observando su cuerpo. El propietario u ocupante de su cuerpo es un ente misterioso.

Sin embargo, incluso como ocupante, a menudo se ha identificado con su cuerpo. A veces lo olvida y da por supuesto que usted es ese cuerpo. Pero, esencialmente, ha observado su cuerpo cuando realiza movimientos, y siendo consciente de que un yo invisible está en alguna parte del interior, observando.

A lo largo de su vida ha visto su cuerpo pasar por muchos cambios. No obstante, dentro de usted siempre ha habido un yo inmutable. Todavía hay un niño pequeño, que se ve a sí mismo en unos términos que desafían el tiempo y los límites. Él sabe que no es ese cuerpo, al mismo tiempo le preocupa que su innegable conexión con él causará su muerte cuando el cuerpo muera.

Cuando se mira al espejo y ve una nueva arruga, la parte incorpórea de usted que ve la arruga no ha cambiado, a pesar de que la piel se pliegue. ¡Me veo pelos que me crecen en las orejas y en la nariz, y me pregunto por qué están ahí ahora y dónde han ido a parar los que solían crecerme en la cabeza! Pero por dentro soy el mismo. Cuando usted ve canas donde solía ver cabello moreno, sabe que el yo real no es canoso, y si piensa en el asunto, sabe que el yo real tampoco era moreno. Se ve manchas en la piel y sabe que alguna parte de usted mismo es inmaculada.

Desde que tiene memoria, ha estado observando esos fenómenos de su cuerpo. También es cierto que sabe que la entidad que realiza la observación está desligada por completo de lo que está observando.

Mientras lee esta frase, está permitiéndole a su cuerpo que actúe sin intromisión por su parte. No está ocupado en hacer latir su corazón, ni en llenarse los pulmones, ni en oxigenar su flujo sanguíneo, ni en hacer circular sus fluidos vitales. Deja que su cuerpo funcione por su cuenta y le permite a otra parte de usted conocer cómo ser un observador espiritual. Esta forma de hacer las cosas le reporta un magnífico servicio.

Al observar su cuerpo y no participar mentalmente de su funcionamiento, éste trabaja con la perfección para la que fue destinado. Si estuviera constantemente comprobando e intentando controlar las funciones de su cuerpo, estaría en exceso ligado a él, e inhibiría sus funciones naturales. Las veces que durante su vida se ha preocupado por las funciones de su cuerpo o ha interferido en ellas, son aquellas en las que su salud se ha quebrantado.

Cuando no se deja llevar por los instintos de su cuerpo, se encuentra con que éste se desequilibra y quebranta de una u otra forma. Al adoptar el papel de intruso, usted crea disfunciones que en última instancia quebrarán los cimientos del edificio divino que alberga su alma.

Alimenta su cuerpo con los alimentos incorrectos y éste responderá con letargia y enfermedades. Deje de ejercitarlo y se volverá pesado y torpe. Haga caso omiso de sus necesidades de aire fresco y entornos saludables y se desmoronará. Déle sustancias narcóticas y reaccionará negativamente.

Cuando su cuerpo se encuentra en mal estado, lo cual va desde la obesidad a los dolores de espalda, el nerviosismo, la gripe, el cáncer o cualquier otra anomalía respecto del curso natural del cuerpo, entonces es imperativo que asuma la posición de espectador benevolente.

La verdadera conciencia es un estado de pura observación, sin ningún intento de reparar o cambiar lo que se está contemplando. Se trata de una especie de amor curativo que no establece juicios. Aun a pesar de que lo que esté observando sea «enfermedad», el espectador comprensivo advierte los puntos en conflicto y los observa con amor incondicional. La ausencia de enjuiciamiento del acto de observación contribuye con la apropiada energía de amor que la situación necesita.

Cuanto más pueda practicar la condición de espectador, más se encontrará con que el mero acto de observar hará que su vida continúe avanzando por el camino de la búsqueda espiritual. La mecánica de la creación es tal, que el lugar en que pone su atención y la mantiene es el lugar en que se origina el cambio de la nada al aquí y ahora.

Observación de su mente

Puede que se haya acostumbrado a observar su cuerpo. No parece difícil porque imagina que la observación del cuerpo la hace con la mente. Así pues, ¿qué utiliza para observar su mente? Aquí es donde abandonará sus viejas creencias y entrará en un nuevo mundo de la observación.

Trate de ver sus pensamientos como un componente de su cuerpo/mente. Piense que los pensamientos son cosas. Cosas que le permiten salir fuera de ellas y observarlas.

Su mente genera cada día millares de pensamientos. Llegan y se marchan como trenes de una estación: uno entra, otro ocupa su lugar; uno sale, y llega otro. Esto continúa durante todo el día.

Le han hecho creer que estos pensamientos no siempre están bajo su control. Usted suele creer que el proceso del pensamiento continúa y continúa incluso cuando le gustaría que se detuviera. No estoy pidiéndole que detenga sus pensamientos (el tema del capítulo sexto), sino sólo que sepa que tiene la capacidad para ser observador de sus pensamientos. El mero observar el flujo de pensamientos refrenará su mente hasta el punto de detención en el que podrá experimentar a Dios.

Primero necesita observar sus pensamientos. Luego necesita observarse a sí mismo observando sus pensamientos. Aquí está la puerta al espacio interior donde, libre de todo pensamiento, experimentará el júbilo y la libertad que le transportará hasta su yo espiritual.

El sencillo ejercicio de observar su mente conformando sus pensamientos llegará a hacer que los pensamientos no deseados, innecesarios, erróneos, se disuelvan. Al desarrollar la condición de espectador, aprenderá a acallar la mente, hacer inventario, y descartar o redirigir los pensamientos que generan reacciones derrotistas o egocéntricas. En este simple proceso, también llegará a conocer su yo espiritual.

Hace algún tiempo, el Congreso de Estados Unidos debatía las disposiciones para una reducción del déficit. Una de las propuestas clave era una disposición de aumento de los impuestos para las personas que se encontraban dentro de mi escala de ingresos.

Al tiempo que estaba estudiando el libro *I Am That* (*Yo soy eso*) y aprendiendo a introducir esta técnica de observación en mi vida, estaba.

siguiendo con gran interés cómo avanzaban los trámites de esa ley. Si era aprobada, mis impuestos aumentarían de modo considerable.

Las enseñanzas de Nisargadatta Maharaj me alentaban a aprender a observar mis pensamientos desde una perspectiva distanciada, si no incondicionalmente amorosa, y no dada a establecer perjuicios. Así que me senté y observé mis pensamientos a propósito del probable incremento de los impuestos. Lo que vi fue el más desnudo egocentrismo terrenal.

Los pensamientos generados por el ego desempeñan un enorme papel en la creación del mundo que el ego desea crear. Cada uno de mis pensamientos parecía exigir que lo considerara el más importante. A medida que aprendí a observar mis pensamientos, advertí que uno en particular reaparecía con frecuencia. Era el siguiente: «¿Cómo se atreven a decir que no pago lo que me corresponde? ¿No se dan cuenta de que sólo tengo un voto y que sin embargo le envío más dinero a la burocracia gubernamental que el 99 por ciento de la gente? ¿Cómo se atreven a acusarme de no ser un buen ciudadano?».

Luego, al cabo de unos momentos, otro pensamiento que lo rebatía hacía su aparición: «Hay un gran déficit, y yo he sido bendecido con unos ingresos abundantes. Mucha gente se beneficiará de que yo pague más, y puedo permitírmelo. Así que, ¿por qué tanto problema?».

A este pensamiento le seguía: «Espera un momento, ellos no tienen ningún derecho a hacerme pagar un porcentaje mayor de mis ingresos. No me importa entregarles más dinero pero, ¿por qué tienen que exigir a un ciudadano un porcentaje mayor de sus ingresos y castigarlo por tener éxito? Más dinero, sí. ¡Un porcentaje más alto, no!». Mi observador fue comprensivo y neutral.

De aquí para allá volaban estos pensamientos por mi mente mientras yo los observaba en lugar de poseerlos. A medida que practicaba la condición de espectador, advertí un fenómeno interesante. La ansiedad por el problema comenzó a disiparse. Ya no me importaba ni una cosa ni la otra, y me di cuenta de que ya no participaba de ese drama. Los hechos sucederían con independencia de mis pensamientos sobre ellos, y cuanto más me limitaba a observar los pensamientos, más tendían a evaporarse.

Entonces comprendí lo que Nisargadatta quiso decir cuando escribió que «el conocimiento de uno mismo es desapego... Cuando sabes que no careces de nada, que todo lo que existe eres tú y es tuyo, cesa el deseo... No perturbes tu mente con búsquedas... La mente está interesada en lo que pasa, mientras que la conciencia se interesa en la mente misma». Una vez que fui espectador de mis pensamientos, ya no estuve unido a ellos ni a su resultado. Quedé en libertad.

Esta posición de ser espectador de sus pensamientos no tiene relación con la cifra de sus ingresos. Sus pensamientos no influirán en el Congreso de modo alguno. Así que conviértase en observador y aprenda cómo evitar que sus pensamientos gobiernen su vida.

En verdad no tenía importancia si aprobaban o no aquel redactado de la ley, puesto que en mi mente tenía argumentos muy convincentes para defender una postura y la contraria. Lo que me quedó fue la libertad de escoger cómo deseaba sentirme respecto del asunto y/o dejarlo en las manos de Dios. En aquel momento aprendí que no pueden gravarme con impuestos a mí, sólo a mi cuerpo.

La capacidad para colocarse imaginariamente a sus espaldas y observar sus pensamientos ilustra muy bien la capacidad para mirar su interior y participar del acto divino de creación de su vida espiritual.

Los problemas empiezan con un pensamiento que uno pone dentro de su mente y al que se le permite enconarse hasta el punto de la ansiedad. La ansiedad comienza a manifestarse en su vida como síntomas físicos, a los que llamamos artritis, presión sanguínea alta y taquicardia.

La benevolente energía que recibimos del observador, del espectador, permitirá que esos pensamientos entren y salgan con toda naturalidad. Pensamientos que entran y pensamientos que salen. Aprenderá a ser espectador de sus pensamientos del mismo modo que observa la realidad exterior.

Ser testigo de sus pensamientos requerirá algo de práctica. Con el perfeccionamiento llega el milagro y el deleite. Los traumas se disuelven en la etapa del pensamiento y se les impide manifestarse en el mundo cotidiano. Proporciono varias sugerencias para ejercitarse en esta práctica en el apartado final del presente capítulo.

Observación de su energía vital

Todo en la vida es energía. Comprender el principio de la energía es de una importancia vital para aprender a cultivar la condición de espectador. Sus emociones son energía. La máquina de escribir que estoy usando es energía. Cuando uno conoce a otra persona, se produce un intercambio de energía. Cada uno de los hechos de la vida implica intercambio de energía.

Cuando usted decida ser espectador de toda su vida, comenzará a verla desde una perspectiva energética. Todos los conflictos en los que ha participado a lo largo de su existencia, de alguna forma le han extraído energía espiritual y le han dejado con energía letárgica.

Estos encuentros, desde la infancia, representan una energía almacenada que ha hecho que centrara su vida en su ego. Se ha identificado con los hechos y las personas que le han influido. Eso ha creado y alimentado la energía letárgica que le inhibe a la hora de conocer su yo espiritual.

Usted guarda en sí una gran cantidad de energía negativa, invisible, de la que sus sentidos no le informan en un idioma que le hayan enseñado a entender. Los naguales (maestros espirituales de América Central y México) tienen un entrenamiento ritual llamado la recapitulación, que puede disminuir la energía negativa, letárgica, e incrementar la capacidad de observar.

Taisha Abelar, en *The Sorcerers' Crossing* (*La travesía de los hechiceros*), describe el proceso de recapitulación como un «llamar de vuelta la energía que ya hemos empleado en acciones pasadas... Recapitular implica evocar a todas las personas que hemos conocido, todos los lugares que hemos visto y todos los sentimientos que hemos tenido a lo largo de nuestra vida —comenzando en el presente y retrocediendo hasta los más tempranos recuerdos—, y luego limpiarlos uno por uno».

Cuando por primera vez hice el esfuerzo de recapitular mi vida y limpiar la energía negativa que había acumulado, pensé que sería una tarea imposible. Pero no lo fue. Sólo entrañó utilizar mi atención para observar un hecho concreto y luego dejarlo tras de mí.

El proceso suena raro, pero cuando se lleva a cabo uno obtiene una poderosa sensación de dejar tras de sí los viejos condicionamientos y recargar de energía el presente. Lo que encontré casi pasmoso fue mi capacidad para evocar a personas y hechos aparentemente olvidados hace mucho tiempo.

Un día decidí recapitular mi clase de cuarto de básica. Por el simple sistema de ser un espectador benevolente de mi aula en la Arthur Elementary School de Detroit, fui capaz de ver a cada uno de mis compañeros de clase, el lugar en que se sentaba cada cual, el libro que leía la señorita Engel: *El jardín secreto*, la lección de quebrados, el globo terráqueo en un rincón, y los nombres de todos los de la clase.

Mientras me observaba a mí mismo en el aula, me di cuenta de que había consumido una enorme cantidad de energía teniendo miedo de no ser aceptado. Era mi primer año en esa escuela porque nos habíamos trasladado desde otro vecindario. Fui capaz de devolver a mi cuerpo energético la energía consumida. Me quedé sorprendido ante la capacidad de mi mente para evocar todos aquellos hechos y compañeros de clase en apariencia insignificantes y olvidados mucho tiempo atrás.

El proceso de recapitulación es un proceso energético. Todos los recuerdos, como todo lo demás del universo, son energía. Recobrar la energía perdida y despojarse de la energía negativa parece imposible de hacer, pero puedo asegurarle que el cultivo de la condición de espectador tendrá el espectacular efecto de aumentar su conciencia y hacerle conocer su más sublime yo.

Al penetrar en su interior y empezar a ser espectador, testigo de toda su vida, comenzará a sentir una abrumadora sensación de asombro y respeto ante la forma en que todo encaja. Aquello contra lo que luchaba cuando era adolescente, le condujo a un plano de existencia más elevado en la juventud, o en la edad madura. La energía que empleó luchando contra sus padres, o enfrentándose a reglas necias, puede ser recuperada y utilizada de una manera más provechosa.

Desde la perspectiva del espectador, uno no establece juicios sobre lo correcto o incorrecto de tal o cual hecho, de sus comportamientos o de las reacciones de los otros. Al ser un testigo de su propia vida, usted se libera de la energía atrapada en los prejuicios, enojo y vanidad que pueda haber experimentado en esa época, y que aún se encuentran dentro de su cuerpo. Mediante la observación, descubrirá que posee la capacidad de regresar a cualquier momento de su vida y actuar como si volviera a estar ante la misma situación.

Observar su vida y cambiar las pautas energéticas existentes implica alcanzar una enorme disciplina. Puede que prefiera no pasar por esta dura prueba. Sin embargo, si se convence de que tiene el poder para hacerlo, y que usted puede ser un testigo de su vida a voluntad y revivir esos acontecimientos desde una perspectiva distante, podrá desembarazarse de todos los bloqueos que le inhiben.

Cualquier energía que otorgue a los acontecimientos pasados y que no esté basada en el amor incondicional es una energía que le impide conocer a su yo espiritual.

Uno puede adoptar la postura del espectador ante todo lo que sucede. Esto incluye hechos ocurridos en el vecindario, así como acontecimientos de importancia mundial. Como testigo, uno se niega a identificarse con lo que ve; se es un observador distante, pasivo pero que advierte las cosas. Usted no se identifica con lo que sucede, pero lo advierte.

Cuando uno se convierte en testigo de los hechos que nos rodean, elimina la perspectiva egocentrista. Ya no lo verá en términos de cómo le afecta a usted. Se limitará a advertir lo que pasa. No está unido al bien o al mal de lo ocurrido. Sabe que, de alguna forma misteriosa, todo forma parte del orden natural. No cuestionará a Dios. Se limitará a observar.

La ventaja de adoptar esta posición es que uno comienza a ver cómo ese hecho afecta a toda la gente. Si es un problema, usted ve la solución con claridad. Siente que no debería estar sucediendo, pero no pregunta por qué y no juzga ni se enoja por ello. Usted es un testigo silencioso. Si el acontecimiento es un huracán o un terremoto, por ejemplo, no se siente desgarrado por dentro. Sabe lo que ha sucedido, sabe lo que es necesario hacer, y puede ponerse a hacerlo.

Aprender a observar el mundo desde la perspectiva del observador distante, sin embargo, no significa carecer de emociones. Sólo significa estar libre de emociones inmovilizadoras. Abraham Maslow definió a los más valiosos seres humanos como aquellos que se habían realizado, y especificó que la más alta cualidad que poseían era ser «independientes de la buena opinión de los demás».

Cuando uno ya no necesita ver los acontecimientos de su vida desde una perspectiva egocéntrica, o desde el punto de vista de cómo debería reaccionar atendiendo a los demás, ha conseguido una importante parcela de libertad.

Libertad es lo que ofrece la posición del testigo. Libertad de estar en un aeropuerto, por ejemplo, contemplando cómo los demás se trastornan por la cancelación de un vuelo, mientras usted observa en silencio el comportamiento ajeno a la par que el suyo propio.

Durante la época en la que estaba aprendiendo a practicar la condición de testigo, me encontré en un avión que se vio atrapado en una turbulencia increíble. Mientras caían las mascarillas de oxígeno, el avión se sacudía con violencia y los pasajeros gritaban de pánico, yo me encontré observando el acontecimiento, incluido mi comportamiento. Dejé que mi cuerpo se quedara allí sentado y fuera sacudido violentamente. No experimenté el más mínimo miedo. Estaba distanciado, y en consecuencia no era yo quien se hallaba en peligro, sino ese al que estaba observando. En mi corazón sabía que no podía morir, que era eterno, y desde esa eternidad observaba.

Ese testigo sereno evitó que fuera presa del pánico, y pareció aliviar el miedo también en la persona que tenía sentada a mi lado.

Usted puede aplicar la condición de testigo a todo lo perturbador. Las guerras continuarán y continuarán, con independencia de su torbellino interno. El que hubiera muchos espectadores del mundo podría ayudar a crear una energía colectiva de paz. Desde luego, no será su enojo lo que erradicará la guerra.

Lo mismo es verdad en el caso de la violencia, el hambre, la enfermedad y todos los problemas que padecemos. Al transformarse en testigo, no se vuelve pasivo ni indiferente. Se convierte en el observador que ve lo que sucede como lo que es, y que también ve las soluciones.

Si hace suyo el enojo de los violentos, usted se transforma en un violento más que altera la armonía del mundo. Como testigo, usted radiará la calma energía de la observación y el distanciamiento. Éstas son las metas que nuestro mundo alcanzará si los que observamos como testigos logramos llevar a término una revolución espiritual.

Éstas son, pues, las cuatro categorías de observación que usted tiene disponibles. Puede que le suenen un poco extrañas si cree que sólo actuamos sobre el mundo con nuestro yo físico o intelectual. Admito que es una noción nueva y quizá radical, pero póngala a prueba. ¿Quién sabe? Podría acabar transformando su vida y ayudándole a entrar en contacto con la fuerza y la sabiduría de su yo espiritual.

SUGERENCIAS PARA ALCANZAR LA CONDICIÓN DE ESPECTADOR

Las siguientes son algunas ideas para poner al testigo a trabajar en su vida.

• *¡Perciba al que percibe!* Mientras toma nota de sus mundos, el interior y el exterior, comienza a familiarizarse con el que percibe.

Si hace esto varias veces al día, comenzará a ver que es mucho más que su cuerpo, su mente y los hechos programados de su vida. Darse cuenta de la presencia de su verdadero yo como un observador le aportará nuevas dimensiones de creatividad y contento.

• *Mientras se familiariza con el que percibe, recuerde que no puede sentir dolor ni sufrimiento.* Su testigo benevolente le revela un rincón de libertad donde usted es inmune a la angustia.

Le sugerí a una camarera que estaba siendo importunada por unos clientes desconsiderados, que observara el comportamiento de ellos en lugar de ser la víctima. No lo entendió y me pidió que se lo explicara.

—Tiene tres protecciones entre el yo real y el mundo exterior —le dije—. Primero tiene el uniforme de camarera. Eso, desde luego, no es su verdadero yo, así que no se identifica con la camarera.

»En segundo lugar, tiene su cuerpo, pero no debe cometer el error de creer que es su cuerpo. Si lo hace, cualquiera puede hacerle daño con un comentario poco halagüeño sobre él. Usted posee un cuerpo, pero no es ese cuerpo.

»En tercer lugar, tiene la mente, pero advierta que se trata de su mente. Ahora bien, ¿quién es la dueña de su mente? Es quien observa y ésa es usted.

»No es la mente, ni su cuerpo, que siente ansiedad; tampoco su uniforme de camarera, que no es más que un vestido.

»No permita que nadie entre en su interior a menos que venga con amor. Con todos los demás, limítese a retroceder y observarlos, así como a usted misma, en el pequeño drama que esté desarrollándose. Una vez que ponga fin a la falsa identificación de sí misma, será libre. Ser el observador es su billete hacia la libertad. Vaya por él.

De esta manera obtuvo una nueva sensación de alivio y orgullo de sí misma, y supo mantener a distancia la desagradable energía de otros clientes desconsiderados.

Usted puede lograr algo semejante en cualquier momento de su vida por el sistema de convertirse en espectador.

• *Cuelgue esta afirmación en tantos sitios como le sea posible: «En mi mundo, nunca va nada mal».* Mírela cada día y recuerde que todo lo que le sucede obedece al orden divino y comporta una lección. Al mismo tiempo, le ayudará a vivir en el reino espiritual: el reino de lo inmutable y eterno.

Comenzará a identificarse, no con los problemas que bombardean su cuerpo, sino con el observador silencioso. Verá que las soluciones empiezan a surgir cuando adopte esta postura. Si sabe que sus problemas no son suyos sino sólo de su cuerpo, entonces el acto de observar evitará que quede inmovilizado en el interior. Esa serenidad le ofrecerá la solución para resolver el problema de su cuerpo.

• *Cuando se sienta trastornado por cualquier cosa, diga en voz alta: «Soy algo más que aquello que me molesta».* Sólo esta sencilla declaración que afirma que usted es algo más que un receptáculo de problemas evitará que permita a esos problemas prevalecer en su vida cotidiana.

Usted no es esos problemas, sino el que es consciente de la existencia de los mismos. Su conciencia superior puede proporcionarle un refugio cuando comienza a creer que usted es esos problemas, y que hasta que los resuelva sentirá dolor.

• *Intente este ejercicio: piense en algo que ha estado molestándole durante un largo período de tiempo.* Ahora váyase a un lugar tranquilo y cierre lo ojos. Limítese a ver el problema aflorando a la pantalla en blanco de su conciencia. Advierta todos los aspectos del problema. Qué apariencia tiene, cuándo aparece, qué siente cuando lo tiene en la mente, el dolor y miedo que experimenta cuando está presente, cómo se ha enfrentado a él sin éxito en el pasado. Piense en todo lo relacionado con el problema.

Luego distánciese del problema. Simplemente déjelo que permanezca allí, en la pantalla de la mente. Mírelo desde el punto de vista del espectador comprensivo que sin juzgar observa la pantalla. Contémplelo como una película, permitiéndole que cambie.

Verá que cambia y aparece y desaparece de la conciencia. Con cada cambio o movimiento que realice en la pantalla, usted continúa en la actitud del testigo benevolente que sabe que la energía hará lo que quiera y que también estará acompañada por la amorosa energía del testigo. A menudo, este acto de observación dará como resultado la sensación de que el problema se ha disipado. Si eso ocurre, obsérvelo también desde la posición del observador comprensivo.

Yo practiqué este acto de observación cuando me lesioné y no podía jugar al tenis. Al principio reaccioné ante el dolor que sentía en el pie con frases como: «Esta lesión no me dejará hacer lo que quiero, y eso me fastidia». Me encontré con que, independientemente de lo que intentara, el dolor persistía y yo era incapaz de girar sobre el pie y, en consecuencia, tuve que interrumpir una actividad que me encantaba.

Luego adopté la postura del espectador. Ya no me vi a mí mismo como alguien con una lesión. Atribuí el dolor sólo a mi cuerpo y no a mí. Presencié toda la situación y me limité a observarla. Observé amorosamente el dolor, la forma en que aparecía, mis sentimientos de frustración por él, el color de la hinchazón, todo. Pero me negué a pensar en él como mío. Era sólo el problema de mi cuerpo. El mismísimo día en que hice eso, todo el malestar desapareció.

Había concentrado mi atención en lo que ocurría, y me había distanciado de ello; y en lo que pareció unas pocas horas, ya no sentía el dolor y estaba jugando al tenis como si nunca hubiera tenido lesión alguna.

• *Con el fin de conocer los beneficios que depara el observar, tendrá que desterrar la duda.* Recuerde que le han enseñado a creer que su cuerpo es la esencia de su humanidad. Le han enseñado a abordar los problemas con sus recursos físicos e intelectuales, no con su yo espiritual.

Tenga presentes las palabras de Carlos Castaneda en *El poder del silencio*: «Lo que necesitamos hacer para permitir que la magia se apodere de nosotros es desterrar la duda de nuestra mente... Una vez desterrada la duda, cualquier cosa es posible».

Si no destierra la duda se encontrará con que sólo experimentará frustración, lo cual le conducirá de nuevo a la duda, y entonces verá los frutos de la duda manifestarse en su vida.

• *No se obsesione con la idea de tener éxito o fracasar en alcanzar la posición de espectador.* Emprenda esta aventura con total desapego de los resultados. Sólo tenga presente que dentro de usted hay alguien que conoce. Uno que percibe. Un divino espíritu silencioso que es omnipresente en su vida. No pida nada más.

No caiga en la tentación de evaluar sus progresos. Limítese a acoger en su vida a este nuevo fenómeno de observación como un regalo de su yo espiritual. Llegado el momento percibirá los resultados.

• *Practique nuevas frases para el monólogo interno a fin de reemplazar su antigua identificación con su cuerpo físico.* «Yo soy el que posee el cuerpo. No soy el cuerpo. No pueden alcanzarme si vienen con odio o enojo. No puedo preocuparme cuando me niego a ser el que se preocupa y me limito a observar al que tiene esas preocupaciones.»

Estas frases del monólogo interno le mantendrán centrado en su dominio espiritual. Descubrirá que muchas de las cosas por las que se preocupa o que experimenta de manera negativa comienzan a perder negatividad.

• *En lugar de trabarse en confrontaciones con los demás, intente ser un observador.* Elévese por encima de la tentación de demostrar que alguien está equivocado, y en cambio obsérvese a sí mismo y a su «oponente».

Pronto verá la necedad de trabarse en esta confrontación que provoca ansiedad, y cambiará a una reacción más espiritual. Tenga presente la siguiente frase; sirve para desactivar las confrontaciones y mejorar las relaciones: «Cuando tienes la elección entre tener razón y ser amable, escoge siempre la amabilidad».

Oí esa frase mientras estaba observándome a mí mismo en medio de la agitación por algo que mi esposa no entendía. Había estado tan ocupado en intentar demostrarle que estaba equivocada y convencerla de lo correcto de mi postura, que me sentía cada vez más angustiado. Entonces me llegó la frase. Me ha resultado muy útil para desactivar situaciones como ésa.

• *En un lugar tranquilo, observe sus pensamientos durante treinta minutos.* Limítese a acallar su mente y contemplar los pensamientos que van y vienen. Mientras hace esto, no deje de recordarse que los pensamientos no son usted.

Se encontrará con que un pensamiento aparece en su mente, y a los pocos instantes aflorará otro por completo opuesto. Advierta los pensamientos que llegan y luego obsérvelos al marchar. Esto resulta particularmente útil cuando uno se siente trastornado por algún hecho externo, como qué oferta de trabajo aceptar o si debe vender su casa.

Su atención se volverá hacia esos pensamientos que le proporcionen la solución. A menudo, lo que debe hacer se volverá claro como el cristal. Habrá desterrado la duda y creado un saber, todo mediante el acto de observar desde un punto de vista distante.

Resulta inevitable que tenga que llevar a término tareas que sean desagradables o que no tengan ni el más mínimo interés en absoluto. En lugar de quejarse por lo injusto que es, o por lo aburrido que le resultan esos trabajos, recuerde que no es su cuerpo, sino el que es eterno e inmutable, y que tiene la posibilidad de no sentirse víctima.

Puede desprenderse del cuerpo, observarlo pasar por el tedio, y negarse a identificarse con él. Entonces se encontrará en la posición de observarse sin identificarse con el cuerpo. Este proceso de observación destierra de inmediato el enjuiciamiento de la actividad y le proporciona un estado de contento.

Yo solía aplicar esta técnica cuando trabajaba para una gran cadena de supermercados. Una de mis tareas consistía en descargar un remolque lleno de pesadas cajas. A menudo tenía que hacer el trabajo en solitario. Era un trabajo aburrido, fatigoso. Entonces yo no sabía que lo que hacía para que fuera más llevadero era adoptar la posición del espectador, pero, al mirar ahora el pasado, veo que hacía eso.

Me observaba realizando todos los movimientos. Y las cajas ya no pesaban. Yo no las levantaba. Contemplaba a mi cuerpo hacer el trabajo. El tiempo pasaba volando y, antes de que tuviese siquiera ocasión de sentir aburrimiento o cansancio, el trabajo estaba acabado. Era capaz de transformarme y hacer esa tarea desde la perspectiva del observador.

He hablado con prisioneros que han usado esta técnica para soportar su condena, particularmente cuando se hallaban en condición de aislamiento. Algunos son capaces de observar la totalidad de la experiencia en lugar de aferrarse a ella, y descubren que sus sentimientos de aislamiento desaparecen. De hecho, los que han sobrevivido a la tortura en campos de prisioneros, a menudo dicen que se negaron a pensar en sí mismos como los que estaban siendo torturados. Consiguieron abandonar sus cuerpos y contemplaron cómo se infligía la tortura, apartando así el dolor de su conciencia.

En cualquier momento, en cualquier trabajo, puede encomendarle la tarea a su cuerpo, apartando de sí el cansancio, el aburrimiento o cualquier otro sentimiento.

• *Intente la recapitulación.* Puede recapitular su vida, hasta su nacimiento, si cree que puede ser útil. Este proceso implica imaginarse a las personas y los hechos que han formado parte de su vida.

Comience moviendo la cabeza de izquierda a derecha con mucha lentitud mientras trae a la conciencia a las personas y los hechos. Mientras mueve la cabeza de un lado a otro con mucha lentitud, empieza a recobrar la energía que ha perdido en esas circunstancias. Está recuperando la energía que ha disipado.

Algunas personas han pasado hasta dos años en este proceso de recapitulación. Cuando acabaron, se encontraron recargados de energía y capaces de acceder a su nueva energía, para transportarse al interior, hacia nuevas dimensiones de realidad: nuevos mundos internos que desafiaban todo lo que hasta entonces habían creído posible.

La práctica de la recapitulación proporciona un cuadro más claro de la necesidad de que todo lo que sucedió en su existencia tuviera lugar de la forma precisa en que lo hizo. La recapitulación hace trizas la creencia de que la energía, una vez consumida, no se puede recuperar. Usted puede acceder tanto a su cuerpo como a su cuerpo energético y conocer nuevos mundos. La recapitulación es una entrada a esos mundos.

Estas ideas de recuperación de energía, limpieza de energía e intercambio de energía entre las personas puede que le parezcan absurdas. De ser así, ello se debe a que ha llegado a confiar en sus cinco sentidos hasta tal punto que cualquier realidad extrasensorial le parece increíble.

Todo es energía en el universo. Usted no puede moverse sin influir en la energía. Usted es un conjunto de energía, y siempre lo ha sido. Vaya más allá de sus sentidos y experimente un nuevo tipo de energía que le pondrá en contacto con mundos que tal vez nunca ha imaginado.

El proceso de recapitulación es algo increíble. Usted puede redistribuir su energía normal e intensificarla de tal modo que dé un salto espectacular hasta el mundo de lo inimaginable. Le recomiendo que lea el libro de Taisha Abelar, *The Sorcerers' Crossing*, para obtener una descripción detallada del proceso de recapitulación.

Aunque le resulte difícil alcanzar la posición de observador, lleve a la práctica algunas de estas ideas. Más que nada, la perspectiva del espectador le hace conocer su yo espiritual. Le hace compartir el gran secreto: usted no es sus problemas, ni sus frustraciones, ni siquiera su vida física. Es el que percibe todo esto.

No puede aferrar ni examinar ese glorioso aspecto de sí mismo porque reside en el yo invisible. Sin embargo, es el núcleo de su búsqueda espiritual.

Usted ha de conseguir que sea su yo espiritual quien gobierne su vida. Necesita una experiencia más profunda y rica de la vida. Ésta le será esquiva si no llega a conocer ese aspecto superior de sí mismo. El ser un espectador le iniciará en este conocimiento. Nisargadatta Maharaj afirma en *I Am That*: «Es la idea de que yo soy mi cuerpo la que resulta tan calamitosa. Te ciega por completo ante tu verdadera naturaleza. Aunque sea por un momento, no pienses que eres el cuerpo. No te des ningún nombre, ninguna forma. La realidad se encuentra en la oscuridad y el silencio».

Al cultivar esta nueva conciencia se encontrará con que disfruta del silencio aún más que cuando solía buscar al bullicio por compañero. El cultivar la observación le hará reconocerse no como el que hace, sino como el que observa al que hace. Llegará a recibir de buen grado este reino como un respiro del ajustado mundo en el que ha estado viviendo.

La tercera clave de acceso a la conciencia superior le hará avanzar más en su búsqueda espiritual. Es un arte gemela de la condición de espectador.

6

Acallar el diálogo interior

Vacíate de todo.
Deja que la mente descanse en paz.
Diez mil cosas suben y caen mientras
el Yo las observa regresar.
Crecen y florecen y luego regresan a su origen.
Regresar al origen es inmovilidad, que es el camino de la naturaleza.
El camino de la naturaleza es inmutable.
Conocer la constancia es sabiduría.
No conocer la constancia conduce al desastre.
Conociendo la constancia, la mente está abierta.
Con una mente abierta, tendrás abierto el corazón.
Al tener abierto el corazón actuarás admirablemente.
Al actuar admirablemente, alcanzarás lo divino.
Al ser divino, serás uno con Tao.
Ser uno con Tao es eterno.
Y aunque el cuerpo muere, el Tao nunca desaparecerá.

LAO-TZU

Cuando más escucho,
más profundo
se hace el silencio

Los especialistas estiman que nuestra mente tiene sesenta mil pensamientos cada día durante las horas de vigilia. Sesenta mil veces cada día, algo hace que un nuevo pensamiento penetre en nuestra conciencia y luego salga para dejar paso a otro.

El problema de esto no radica en la enormidad del número, sino en que hoy tendremos esencialmente los mismos sesenta mil pensamientos que tuvimos ayer y antes de ayer. Nuestro mundo interior es una frenética colmena de actividad con los mismos pensamientos que se repiten interminablemente.

A este frenesí interno yo lo llamo diálogo interior. Es un zumbar omnipresente. La mayor parte de dicho diálogo interior es una suma de creencias que otras personas nos han transmitido. Esos pensamientos incluyen todas sus creencias sobre todo lo imaginable. No hay límites: la familia, las relaciones, el sexo, la política, la historia, el entorno, los delincuentes, Dios, todo. Los pensamientos llegan y se marchan, un día sí y otro también, en una repetitiva interacción de creencias.

Puede que recuerde lo que antes escribí acerca de las creencias. Expliqué que llevan en sí la duda porque las obtuvo de otras personas. Por lo tanto, su diálogo interior refuerza la duda. Duda respecto de uno mismo, de su capacidad para crear milagros, de su capacidad para las relaciones divinas, para curarse, para alcanzar prosperidad y, finalmente, duda sobre la capacidad para conocer el júbilo de la paz interior.

La forma de llegar a este lugar de paz interior, y en consecuencia lograr la conciencia superior, es acallar el frenesí interno.

LA PAZ Y EL DIÁLOGO INTERIOR

El sabio chino Seng T'san nos legó la siguiente muestra de sabiduría: «Deja de hablar, deja de pensar, y no habrá nada que no puedas en-

145

tender. Regresa a la raíz y hallarás significado. Mira al interior, y en un destello conquistarás lo aparente y la nada». Sólo nos aconseja que dejemos de hablar y dejemos de pensar. Ésta es la tercera clave para obtener la sensación de paz que forma parte de la búsqueda espiritual.

Quiero dejar claro que la paz no es la ausencia de conflictos. Siempre habrá conflictos porque siempre habrá otras personas que querrán que se comporte según sus dictados. Si tiene una arraigada percepción de usted mismo como un individuo único, siempre se le presentarán oportunidades para reforzar esa creencia. Los conflictos también se presentarán cuando consiga acallar su diálogo interno y aquietar su mente.

La paz no es la ausencia de conflicto. Paz es vivir la presencia de Dios. A medida que aprenda a acallar su diálogo interior y sentirse más en paz, comenzará a percibir la presencia de Dios en su vida. Esa paz la sentirá tanto en su cuerpo como en su mundo interior. Las creencias desaparecerán. Y su lugar lo ocupará el conocimiento.

Mientras me preparaba para escribir este libro, leí el Nuevo Testamento y me encontré con algo escrito por san Pablo, y que para mí resultó de una suprema importancia. En la epístola a los Filipenses 2, 5:6, escribió:

> Haya, pues, en vosotros este sentir que hubo en Cristo Jesús, quien siendo en forma de Dios, no tuvo por usurpación ser igual a Dios.

La razón por la que esto tuvo tanto valor para mí es que el primer discípulo de Jesús, san Pablo, acaba con la noción de Dios como ente separado del hombre. Me parece que rechaza la acusación de aquellos que creen que es blasfemia el hablar de Dios como parte de nosotros. Cuando usted acalla el diálogo interno, se encuentra en contacto directo con la amante presencia de Dios. «Dejad que esta mente esté dentro de vosotros... Dios reside dentro de vosotros.»

Para saber dar este primer paso, la frase de Melville citada anteriormente resulta tan apropiada que la repetiré: «El silencio es la única voz de nuestro Dios». Pero este silencio sólo vale lo que traigamos al regresar de él. La capacidad para penetrar en el interior, conocer a Dios y traer de vuelta algo de valor en forma de conciencia superior es alcanzable sólo cuando uno acalla el diálogo interno. Lo que se trae de vuelta es la paz.

En diferentes momentos de mi vida, tanto el alcohol como otras sustancias fueron parte de mi sendero vital. Mediante la meditación conseguí dejar el alcohol, y desde entonces no he vuelto a tocarlo. Pero con otras sustancias, creía que podía usarlas cuando quisiera para conseguir un efecto de recarga energética superior. Que tenía la capacidad de utilizarlas, disfrutar del incremento energético, y luego dejarlas durante largos períodos. Pero llegó un momento en el que me encontré recurriendo con mayor frecuencia a estas fuentes externas de energía. Llegó el día en el que supe que estaba tomando decisiones estúpidas y vacías de todo contenido espiritual, y que ello se relacionaba con el hecho de que buscara la ayuda de esas sustancias adictivas.

Mi reto se convirtió en librarme de esa adicción. Intenté librarme de ellas mediante la lectura, pero volví. Probé la acupuntura, los tratamientos con especialistas y las curas de hierbas. Pero volvía a caer. Estaba decidido a no continuar jugando con esas sustancias. Pero caía una y otra vez. Entonces tuve mi momento de iluminación.

A las 4.05 de una madrugada de un enero estaba meditando. En la quietud, en el silencio de esa meditación, el pensamiento de que nunca más recurriría a esa sustancia se hizo real. Fue mi primera vivencia de Dios. Se me «abrió el corazón», como dice Lao-tzu en la cita que da comienzo a este capítulo.

Toda la pantalla interna de mi conciencia se transformó en una brillante luminiscencia mientras oía una voz que decía: «Has intentado todo lo demás. ¿Por qué no intentarlo conmigo?». Nunca en mi vida he conocido una paz semejante, ni tal certidumbre de que Dios estaba dentro de mí y a mi alrededor. Me sentí abrumado por el júbilo.

Pensé que tal vez estaba muriéndome en ese momento, y no me importó porque el gozo lo abarcaba todo de modo absoluto. Podía ver mi cuerpo desde la distancia, como las personas que han descrito sus muertes. Luego vi una ventana que era lo más transparente que haya tenido delante de los ojos. Era como si alguien hubiese limpiado el cristal con una milagrosa disolución que me permitía ver la eternidad.

Nunca había estado tan seguro de nada en toda mi existencia. Sentí que comprendía de verdad el significado de «Al tener abierto el corazón actuarás admirablemente. Al actuar admirablemente, alcanzarás lo divino». Supe que el deseo de buscar algo exterior a mi propia persona desaparecería de mi vida. Ninguna sustancia me había provocado jamás este tipo de éxtasis.

Escuché esa voz, sentí la presencia de Dios, y desde entonces no he experimentado el más leve deseo de volver a consumir ninguna sustancia análoga. Esto es lo que yo traje al regresar de mi silencio interior:

147

la capacidad para librarme de una malsana adicción y el absoluto conocimiento de que «en vosotros este sentir que hubo en Cristo Jesús, quien siendo en forma de Dios, no tuvo por usurpación ser igual a Dios». Yo había alcanzado ese sentir.

Llegó a mí cuando hube acallado todo diálogo y renunciado a todos los otros métodos para expulsar a aquel monstruo malvado de mi vida. Por esto puedo escribir con convicción que la paz interior no es lo único que usted obtendrá al acallar el diálogo interior. Tal vez lo más valioso es lo que traerá de vuelta de esa experiencia.

Lao-tzu continúa diciéndonos que «al ser divino, serás uno con Tao». Tao es el nombre que él le da a Dios. Así pues, nos convertimos en uno con Dios al alcanzar la conciencia superior.

He discutido conmigo mismo sobre si incluir una historia tan personal como ésta en el presente libro. Es decir, mi ego discutió con mi yo. Gracias a mi yo espiritual supe que mi experiencia con las sustancias químicas implicaba también ayudar a otros a mirar a su interior, ayudarles a buscar la paz que yo experimenté.

Millones de personas están jugando con fuego cuando andan con esas sustancias, que amenazan a nuestros hijos y la estructura de la vida. Eso está robándonos nuestra esencia espiritual y carcomiéndonos los huesos. Si al relatar mi historia, una sola persona adicta a cualquier sustancia y que sabe que ha perdido el control sobre ella decide acallar el torbellino interior y buscar ayuda en su amante presencia interior, habrá valido la pena.

No es necesario que cuente con el reto de abandonar alguna droga para encontrarle valor a la conciencia superior. Funciona del mismo modo para todo aquello que desee superar. Consiste en llegar al silencio y dejar que Dios se haga presente en usted. Llegar al silencio requiere un esfuerzo consciente. Puede resultar útil saber cómo funciona su mente.

LOS PASOS PARA ACALLAR EL DIÁLOGO INTERIOR

Como he comentado en el capítulo anterior, los pensamientos entran y salen de su mente durante todo el día, y usted puede observar esos pensamientos en lugar de identificarse con ellos. No obstante, ha de recordar que los pensamientos se originan en usted.

Con el fin de entender mi mente, me sirvo de la metáfora de un estanque de profundidad ilimitada. No llamo «meditación» a esta metáfora ni al ejercicio derivado de la misma, porque hay incontables métodos de meditación. Prefiero pensar en ello como en una sencilla y eficaz manera de acallar el diálogo interior. En ese estanque hay cinco niveles.

Primer nivel: la superficie

En la superficie del estanque se encuentra toda la agitación. Es en la superficie donde el viento agitará el agua, caerá la lluvia y la henderá, las temperaturas frías helarán la superficie, y las temperaturas altas la devolverán a su estado líquido. Las tormentas harán que la superficie se muestre violenta. El tiempo plácido devolverá a la superficie a una calma lisa y cristalina. Las hojas y el polvo ensucian la superficie, la gente arroja piedras que perturban su calma, y todas las agitaciones son visibles.

La superficie de su mente es también el lugar en el que usted advierte todas las agitaciones. Éste es el que yo llamo nivel «de charla». Es aquí donde multitudes de pensamientos se abaten de forma constante sobre la superficie de su mente.

La charla va de economía, fechas límite, salud, hijos, citas, listas de compra, jubilación, vacaciones, violencia en el Próximo Oriente, conflictos en el trabajo, relaciones sexuales, el libro que está leyendo, el tráfico, las reparaciones del coche, su jaqueca, la gripe de su madre, lo que tiene miedo de decirle a su jefe, la esposa o el marido del que usted es víctima... Podría llenar un millar de páginas con estos pensamientos fugaces. Ésta es la realidad de su vida mental. Muchas agitaciones zumban en la superficie de su mente, todas relacionadas con la vida cotidiana.

Las tormentas de su vida se convierten en violencia en su mente. Los vientos de su existencia crean agitaciones. Todo ello adopta la forma de pensamientos. La mente queda así por entero poblada de pensamientos relativos a su vida externa.

Este tipo de existencia resulta extenuante. Pero más que cansarle, este nivel le impide experimentar la conciencia superior. Por desgracia, resulta probable que sea ésta la forma como se ha acostumbrado a utilizar su mente. Puede que incluso crea que la mente no es más que el receptáculo de todos estos pensamientos.

Y podría creer que no hay nada que hacer, que está condicionado para utilizar la mente así tanto por educación como por genética. Hasta que explore otras posibilidades, podría creer que los pensamientos vienen y se van según su propia voluntad, y que en realidad no hay mucho que pueda hacer al respecto. Si su mente está así ocupada, pues que así sea.

Le insto a reconsiderar esa postura. Préstele atención tanto al cuidado del nivel de superficie de su mente, como a la profundidad y anchura de tu mente, igual que si fuera el responsable de mantener limpio un estanque. La imagen de la superficie de un estanque azotada con violencia por una tormenta no recoge todo lo que sucede en el estanque. Algunos desperdicios que flotan en la superficie no lo degradan por completo.

Segundo nivel: justo por debajo de la superficie

Las agitaciones de la superficie tienen muy poco impacto por debajo de ésta. Se puede continuar observando una tormenta desde debajo de la superficie, pero su presencia no se siente de la misma forma que cuando uno se encuentra en medio de ella.

Del mismo modo, cuando usted puede descender por debajo de su mente, deja tras de sí el bullicio de la charla. Aquí, la constante entrada y salida de pensamientos la reemplaza una forma de pensamiento diferente. Usted tiene un mayor control sobre el proceso de sus pensamientos, aunque todavía se encuentra muy lejos del silencio.

No obstante, la actividad se encuentra ahora más concentrada. Si se queda quieto, descubre que sus pensamientos están ahora analizando. Es aquí donde busca razones para todo. Desmenuza cada pensamiento e intenta descubrir por qué sucedió esto o falló aquello. Se establecen diálogos burlones con las personas de su vida que no le apoyan como usted juzga que deberían.

Justo por debajo de la superficie tiene lugar el análisis. Puede sorprenderse analizando algo y realizar un esfuerzo para dejar de hacerlo, pero en este nivel existe un análisis constante.

Piense en una piedrecilla arrojada a la superficie del estanque. Llega un momento en que empieza a hundirse camino del fondo. Ha atravesado el nivel de la charla y está pasando a través de la parte analítica que se encuentra justo debajo de la superficie. Adopte la postura del espectador que aprendió en el capítulo precedente. Contemple cómo cae la piedrecilla y observe los pensamientos analíticos.

El análisis es la actividad mental a la que estamos dedicados cuando, de modo automático, nos hacemos silenciosos comentarios sobre todas las personas y cosas. Esos comentarios silenciosos insisten en analizar su progreso o ausencia del mismo.

La dificultad reside en pensar que existe algo más aparte de este momento y encontrar cómo llegar a la paz y el éxtasis. Ha de saber esperar. Llegarán por sí mismas. No juzgue ni se sienta frustrado. Deje que su mente analice, y tenga la seguridad de que antes o después la piedrecilla continuará camino hacia el júbilo. A medida que vaya cayendo, dejará tras de usted el análisis y llegará al tercer nivel.

Tercer nivel: muy por debajo de la superficie

La piedrecilla está ahora muy por debajo de la superficie de su mente. La charla disminuye y también lo hace la necesidad de analizar. Su mente ve el flujo de las cosas y cómo están todas conectadas entre sí. Sintetizar equivale a reunir; analizar a separar.

A este nivel se acerca más a su naturaleza espiritual. Usted puede sentir el flujo de la gratitud, el júbilo y la aceptación. Sabe que está conectado con toda la vida y se sirve de la mente para comprender su lugar en el estanque.

Cuando la «piedrecilla» llega a la síntesis, todavía se está usando la mente. Sin embargo, aquí uno ya no es víctima. Se ha aprendido a controlar los pensamientos que entran y salen.

En este nivel usted acepta que las personas son únicas y que no puede entender cómo ni por qué todos actúan de la forma en que lo hacen, incluido usted mismo. Uno se encuentra flotando en un nivel más profundo de la conciencia. Sentirá el fluir divino a través de todo y todos. Uno se siente más en paz.

La piedrecilla cae cada vez más lentamente hacia el fondo. Usted comienza a conocer en profundidad quién es sin que la mente tenga que entenderlo. Hasta ahora, usted ha estado convencido de que la iluminación implicaba ser un explorador a la búsqueda de algo en concreto. Ahora se da cuenta que no es así.

Se entrega al hecho de no entender y comienza a experimentar la iluminación. Sabe que Dios está dentro y fuera de usted. La piedrecilla cae más al fondo, en el centro de su ser, deja atrás la fastidiosa charla, el análisis y la síntesis, y llega al cuarto nivel.

Cuarto nivel: quietud y éxtasis

Ahora está llegando al lugar en el que le embargará el júbilo de acallar el diálogo interior. En este lugar, uno empieza a bloquear los pensamientos y es uno con la conciencia. Repara en el silencio de ésta.

Al aquietarse su mente, el júbilo comienza a destellar en las profundidades del cuarto nivel. El júbilo es una señal de la presencia de Dios. El júbilo es un rasgo de la búsqueda espiritual particularmente digno de mención, porque su presencia confirma que ha encontrado su sendero.

La sustancia básica de la vida es el júbilo, que surge del movimiento espontáneo del momento presente. Con esta espontaneidad llega el verse libre del egocentrismo y del enjuiciamiento de uno mismo y de los otros. Esta mente en calma flota en el mar del júbilo. Me encanta el siguiente pasaje del libro *A Gift for All Mankind* (*Un regalo para toda la humanidad*), de Tara Singh: «Creo que lo más esencial en la vida de uno es el silencio. ¿Qué es el silencio? Pensamos que si estamos callados, estamos en silencio. Pero tenemos que llegar al silencio sin deseo ni necesidad; en caso contrario no estamos en silencio... Avance hacia el discernimiento y el no querer nada. Inhiba todo estímulo. Es lo más beneficioso».

Este aquietamiento de la mente es una experiencia trascendental. Uno conoce el júbilo de no oír la interminable charla y de no necesitar a nadie para que confirme que uno está o no en la senda correcta. La quietud es una confirmación interior de que está experimentando una parte superior de sí mismo.

A medida que se acostumbre a la quietud, se encontrará con que la busca de forma regular. Sabrá que hay una presencia dentro de usted. Pasado un corto período de tiempo, la piedrecilla alcanzará ese lugar de quietud.

Un antiguo proverbio afirma: «Cuando el zapato te queda bien, te olvidas del pie». Éste es el estado mental al que le transporta el cuarto nivel: un gozoso olvido de lo que no encaja, porque la mente está en paz.

Quinto nivel: un espacio abierto a todas las posibilidades

Éste es el lugar definitivo de descanso. Está más allá del aquietamiento de la mente. Es el lugar interior en el que la mente se vacía de todo pensamiento y a uno le embarga la quietud. La mejor descripción que jamás haya leído de este nivel es del indio americano Alce Negro.

Lo expresa de la forma siguiente: «La primera paz, que es la más importante, es la que proviene del interior del alma de las personas cuando se dan cuenta de su relación, su identificación, con el universo y todas las fuerzas; y cuando se dan cuenta de que en el centro del universo mora el Gran Espíritu, y que este centro está realmente en todas partes, dentro de cada uno de nosotros».

Ésta es la esencia del espacio abierto a todas las posibilidades, al que se ha denominado con muchos nombres, incluidos los de espacio unificado, espacio de amor infinito y el lugar en el que todo es posible.

Imagine que dentro de usted hay un espacio, en lo profundo del estanque. Cuando uno es capaz de llegar a este lugar, mediante el poder que confiere la condición de espectador, se descubre que uno no es la ola sino el mar. Y recuerde que aquello que traiga al regresar de este ámbito es lo que resultará más significativo para su búsqueda espiritual.

El Gran Espíritu del que habla Alce Negro está en el interior de cada uno de nosotros. Es el espacio unificado. En el espacio unificado en el que la piedrecilla alcanza su estado de reposo, usted es uno con la vida. Usted es uno con Dios y con la energía de amor que se encuentra en el centro de todo. No logrará penetrarse de esta verdad mediante la lectura de estas palabras. Ha de vivirlo. Ha de conocerlo.

Yo conozco el espacio unificado. Si algo sé de la mecánica cuántica es que todas las cosas, cuando se las divide en sus más diminutos elementos, no son partículas sino espacio. Todos nosotros compartimos ese espacio unificado, y esa experiencia es lo que hallará en el núcleo de su ser.

En lugar de concentrarme en un solo pensamiento, soy capaz de fijar mi conciencia entre pensamiento y pensamiento. Este espacio es mental, carece de forma. Sólo su conciencia puede apartarse de un pensamiento concreto y centrarse en ese espacio.

Cuando comience a verse a sí mismo observando el espacio de los pensamientos en vez de los pensamientos mismos, tendrá la sensación de conocer a Dios. Al alcanzar el espacio unificado en su vida diaria, ésta se orientará según un propósito que ya no le será desconocido.

El espacio abierto a todas las posibilidades es a lo que se refería san Mateo al decir «...con Dios, todo es posible». Es un lugar mágico al que usted ha de acceder, y sólo lo hará si viaja por su interior. La frase «todas las cosas son posibles» no es una exageración. Dentro de este reino, uno puede lograr lo que antes creía imposible.

Ahora ya conoce mi metáfora de cómo funciona la mente y de lo que puede alcanzar cuando acalle el incesante, monótono diálogo interior. Las inclemencias continuarán en su vida, como lo hacen sobre el estanque. La serenidad ya no será definida como la ausencia de tormentas, sino como la paz que vivirá a pesar de la existencia de tales inclemencias.

Si le apetece, puede llamar a esto meditación. Puede llamarlo conciencia, o simplemente momento de quietud. Algunos prefieren llamarlo «plegaria de la serena experiencia interior». Cualquiera que sea el nombre que escoja, le recomiendo que, seriamente, se tome un tiempo cada día para dejar que esa piedrecilla llegue a descansar en el espacio unificado, el espacio abierto a todas las posibilidades.

LA PLEGARIA Y SU DIÁLOGO INTERIOR

Hace poco acabé de leer uno de los libros más notables con que me he encontrado. *Healing Words: The Power of Prayer and the Practice of Medicine* (*Palabras curativas: el poder de la plegaria y la práctica de la medicina*) está escrito por un hombre por el que siento un inmenso respeto. Se llama Larry Dossey.

El doctor Dossey es un médico en ejercicio que ha descubierto el poder curativo de la plegaria. Ha llevado a cabo una asombrosa cantidad de investigaciones y, tras éstas, defiende el valor científico de la plegaria. Las plegarias parecen ser una variable decisiva en los casos de enfermos que logran la curación. El tema de este magnífico y ameno libro es que, en el futuro, la ciencia y la religión pueden encontrar en la plegaria un terreno común para la exploración y el diálogo.

Cuando pensamos en la plegaria, por lo general suponemos que es una actividad que tiene lugar entre la persona que reza y Dios. Y por lo común ubicamos a Dios fuera de quien reza, no lo identificamos con él. Pero resulta que no es así.

Como remarca Larry Dossey: «No existe ninguna prueba avalada por ningún experimento de que al rezar se "envíe" algo, ni de que esté presente ninguna clase de energía... Lo que a todas luces sugiere que la plegaria no tiene que ver con ningún tipo convencional de energía, que no viaja desde aquí hasta allá, y que podría no ir a ninguna parte». Por supuesto que esto nos resulta muy difícil de entender si nos encontramos atrapados por nuestras viejas creencias.

Para entender el poder y valor de la plegaria tenemos que despojarnos de las viejas ideas, y mirar más allá de la causa y el efecto, así como del tiempo y el espacio. El reino de Dios no tiene ni principio ni fin. El reino del espíritu tiene que ver con la totalidad, donde todo existe en todo momento, en todas partes.

La cita que más me gusta respecto de este fenómeno es del legendario escritor Hermes Trimesgisto: «Dios es una esfera cuyo centro está en todas partes y cuya circunferencia no se encuentra en ningún sitio». Intente hacer encajar esta definición según sus patrones intelectuales y se encontrará confuso.

El centro de Dios (y también el de usted) está en todas partes, no conoce límites. Así pues, la plegaria le pone en contacto con su núcleo. Pero no se trata de algo que envíe fuera de su cuerpo, al interior de otro.

La conclusión de Dossey es: «Si la plegaria no va a ninguna parte, entonces podría estar presente simultáneamente en todas partes, envolviendo al que reza y al Todopoderoso a la vez». Es de una extrema importancia que entienda esto, porque le ayudará a acallar el diálogo interior mediante el uso de la plegaria.

La práctica de la plegaria le pone en contacto con la verdad que hay dentro de usted. Ese centro más interior es el campo unificado que antes mencioné. Es allí donde la verdad mora en su plenitud, y es el ámbito donde se halla al rezar. Se halla en la eternidad, que es un espacio mágico invisible dentro del cual puede tener lugar la curación y donde uno conoce la divinidad. La plegaria es un método fabuloso para acallar el diálogo interno. Proporciona un espacio para aquietar la mente y para comunicarse con Dios.

La esencia de la tercera clave de acceso a la conciencia superior es sencillamente alcanzar el silencio interno. Si quiere llamar meditación a esto, hágalo, pero llévelo a la práctica, conocerá un gozoso júbilo. Si prefiere llamarlo plegaria, y la ve como un diálogo con Dios que excluye los ruidos ajenos a su ser interior, hágalo, pero rece.

La clave no se encuentra ni en el método ni en la etiqueta que le ponga. La clave está en la práctica de dejar que la piedrecilla caiga desde la superficie de su mente hasta el espacio abierto a todas las posibilidades. Ahí es donde somos todos uno, y donde conocerá a Dios.

Sugerencias para acallar el diálogo interior

• *Cuando se dirija a su interior, recurra a la metáfora de la piedrecilla que desciende por los varios niveles de su mente. Mientras la piedrecilla cae,* adopte la condición de espectador. Observe con actitud benevolente todos sus pensamientos mientras desciende hasta el espacio unificado.

• *Cuando advierta que tiene la mente demasiado llena de pensamientos, intente no concentrarse en nada durante unos minutos. Necesita detenerse y llevar un poco de quietud a su charla interior.* Diga para sí: «Tengo la mente llena de los pensamientos. Voy a intentar pasar cinco minutos sin que me bombardee ningún pensamiento. Apartaré de mí cualquier pensamiento durante unos minutos».

• *Use la respiración como medio para evitar que su mente parlotee de forma incesante.* Puede hacerlo concentrándose en la respiración. Inspire profundamente al tiempo que excluye todo pensamiento. Luego exhale el aire con lentitud y del todo con la misma concentración. Cuando aparezcan los pensamientos, que lo harán, tenga presente que son avisos de que debe volver a concentrarse en su respiración.

También puede usar los latidos del corazón como punto de concentración. Vuelva a concentrarse en los latidos regulares de su corazón cuando advierta que los pensamientos se entrometen.

• *Cuando encuentre que sus pensamientos están justo por debajo del nivel analítico, piense en una rosa.* Al reemplazar el análisis por la belleza de una rosa, podría recordar estos versos de Rabindranath Tagore:

No le llevemos una rosa a nuestra amada
porque en ella ya hay encarnado un mensaje que
a diferencia de las palabras de nuestro idioma, no puede ser analizado.

Esto es un recordatorio de que el hábito de analizar puede impedirle conocer la verdad que es el centro de su ser. La rosa no necesita ser analizada. Simplemente es. Lo mismo es aplicable en su caso.

• *En el nivel en que se produce la síntesis, cuando esté sintiendo la belleza y unidad de la vida, podría descubrir que está dejándose llevar por pensamientos relativos al placer de esa paz espiritual.* Abandone también esos pensamientos. Necesita acallar todo diálogo interior que enturbie el camino que conduce al espacio abierto a todas las posibilidades.

A su ego le gusta decirle que es mejor que otros, porque es más espiritual y tiene un entendimiento más profundo. Él recorre su conciencia con tales pensamientos. Cuando lo haga, líbrese de él; ahora es un momento de meditación o plegaria.

- *Intente fijar su conciencia en el espacio de los pensamientos, en su entorno, no en ellos.* Puede que esto le parezca imposible, pero le aseguro que usted es capaz de hacerlo.

Cuando se encuentre en un pensamiento, deslícese por el intervalo que precedió a ese pensamiento y fije su conciencia justo en ese vacío. En su obra *Quantum Consciousness*, Stephen Wolinsky dice lo siguiente sobre el espacio de los pensamientos: «Experimentar el espacio que hay entre nuestros pensamientos acaba por conducir a la relajación de los límites que colocamos en torno a las cosas, ideas, personas y demás. Y a medida que estos límites se relajan, nuestro contento aumenta».

Ese espacio sin límites que existe entre sus pensamientos es un hueco que se encuentra más allá de sus percepciones físicas y mentales, es allí donde experimenta el éxtasis de la espiritualidad. Cuando, a propósito, fije allí su conciencia, le embargará una abrumadora sensación de contento. Cuando regrese a un pensamiento, lo cual resulta inevitable, no se juzgue. Con suavidad pero firmeza intente volver a deslizarse en el hueco que haya entre ese pensamiento y el siguiente.

- *Matricúlese en un curso de artes marciales que enseñe el arte de la concentración.* Hay muchas actividades de este tipo a su disposición. El taichi y el taekwondo no son más que dos de las muchas que disfrutan de popularidad debido a su eficaz combinación de disciplina física y espiritual. Le hacen conocer la concentración, que es otro término para definir el proceso de acallar el diálogo interior y ser uno con la presencia divina.

- *Póngase en contacto con un centro de meditación trascendental y matricúlese en un curso de introducción.* Resulta un magnífico primer paso para hallar la paz interior y acallar el diálogo interno.

El propósito de la meditación trascendental es el de enseñarle cómo llegar a ese espacio unificado y aprender a superar su resistencia. Se lo recomiendo vivamente. He practicado meditación trascendental durante muchos años.

- *En cualquier momento de estrés, diríjase hacia su interior y deje que la piedrecilla caiga, aunque sea sólo durante unos segundos.* Usted puede acallar el diálogo interior en cualquier parte. Esta técnica me ha resultado útil incluso en medio de un partido de tenis. Cuando he hecho esto he descubierto que algunos de los momentos más importantes de la competición atlética están entre punto y punto.

Ese espacio es como el espacio entre los pensamientos. En situaciones como un partido de tenis, usted puede concentrarse merced a la respiración entre golpe y golpe. De esta forma será inmune a las distracciones. Intente convertir sus actividades en meditaciones.

Acallar su diálogo interior no tiene por qué ser algo que practique en solitario, en un lugar silencioso. Puede hacerlo en cualquier parte, con independencia de las circunstancias externas.

• *Póngase delante de un espejo, mírese directamente a los ojos y diga en voz alta: «Te quiero, te valoro, y sé que hay mucho más en ti que aquello que me devuelve la mirada».* Luego cierre los ojos y repítalo otra vez. Se encontrará con que va más allá de su yo físico y se libera de muchos de sus pensamientos relacionados con demostrar su valor.

Usted es un ser precioso en la medida en que es una criatura divina. Punto. No necesita demostrar nada. Así que cualquier pensamiento que sea contrario a esto está impidiéndole llegar a conocer su yo espiritual conectado con la divinidad.

• *Cuando tome la decisión de rezar, en lugar de dirigir la oración al exterior y buscar una consideración especial por parte de Dios, realiza un intento de estar en la mente de Dios sobre la que escribió san Pablo en su carta a los Filipenses.* En lugar de hacer solicitudes, escuche la voz de Dios que está presente en el centro de su ser.

Si está orando por otra persona, haga que su observador se concentre en la energía divina que rodea a esa persona. No permita que sus pensamientos se aparten de esa divina luz curativa. Vea a Dios como su eterna guía divina, siempre a su disposición. Vívalo.

• *Imagine un gran reloj cuyo segundero haga una pausa muy leve cada vez que avanza un segundo.* Yo pienso en un viejo reloj Seth Thomas que había en el aula de mi colegio. Parecía detenerse cada vez que pasaba un segundo. Primero, concentre su atención en cada segundo, luego desvíe la atención al espacio existente entre los segundos.

O imagínese corriendo entre una gran multitud sin tocar a nadie. Imagine que está corriendo por los huecos que hay entre las personas.

Los huecos representan ese espacio existente entre sus pensamientos, espacio que simboliza el Tao. El silencioso e ilimitado vacío interior.

Marsha Sinetar, al escribir su obra *Ordinary People as Monks and Mystics* (*Personas corrientes como monjes y místicos*), resumió este proceso de la manera siguiente:

> Si las personas corrientes se tomaran el tiempo necesario para volverse hacia su interior, para desarrollarse a sí mismas tal como estamos comentando, su comportamiento, elecciones, actividades, también vendrían motivadas por su interior. Cada acto y elección tendría más significado. Dichos actos auténticos son el resultado de un proceso de conversión que todos podemos experimentar, seamos o no dependientes de una tienda de comestibles, un fracasado escolar, un científico nuclear, o un vago. Este proceso, por fortuna, es el gran igualador, tiene poco que ver con dónde o cómo viva una persona.

Todos somos personas corrientes, y todos somos también místicos.

Tómese un poco de tiempo cada día para volverse hacia su interior y dejar que esa piedrecilla caiga a través de los niveles de su mente hasta que se pose en el espacio abierto a todas las posibilidades. El ruido interior le impide conocer el silencio, que es la voz de Dios.

Usted puede conocer esta tercera clave de acceso a la conciencia superior si está dispuesto a reconocerse como una criatura divina. Su búsqueda espiritual se inicia en los momentos de silencio celestial.

Al reunir la energía espiritual que tiene en los jubilosos momentos de silencio, usted hará que su ego quede relegado. Esta última clave de acceso a la conciencia superior le está aguardando.

7

Libera al yo superior del ego

Yo no vengo a entreteneros con placeres mundanos sino a despertar vuestras dormidas memorias inmortales

Paramahansa YOGANANDA

Sé que mi yo superior
está siempre dispuesto
a elevarme más allá del mundo
que percibo con mis sentidos

La pequeña palabra de tres letras «ego» ha tenido varios significados. En el sistema freudiano, el ego, o el yo, es el aspecto consciente de la psique que decide entre los instintos básicos del ello y la moralidad del superyo. Una persona con un «problema de ego» se considera que está centrada en el yo. Se considera que es jactanciosa, egoísta, desdeñosa, vanidosa y en general desagradable. El estereotipo suele ser varón.

Existen muchas otras interpretaciones de la palabra «ego». Algunos lo consideran la parte inconsciente de nosotros mismos, principalmente dedicada al odio, la malicia y la destrucción. El ego se ha descrito también como algo que siempre está dentro de nosotros, controlando nuestra vida cotidiana, y que poco podemos hacer para cambiarlo. Otros definen al ego como el aspecto exclusivamente físico de nuestra realidad, como opuesto a la parte espiritual o superior que definimos como alma.

Cuando yo hablo de ego, no me refiero a ninguno de estos conceptos. Yo considero al ego como la idea que cada uno de nosotros tiene de sí mismo. Es decir, que el ego no constituye más que una ilusión, pero una ilusión que ejerce una gran influencia.

ANÁLISIS DEL EGO

Nadie ha visto nunca el rostro del ego. Es como un fantasma que aceptamos que controle nuestra vida. La razón por la que nadie ha visto al ego es porque se trata de una idea.

El ego es una idea invisible, incorpórea, ilimitada... No es otra cosa que la idea que usted tiene de sí mismo: su cuerpo/mente/alma/yo. El ego como realidad tangible no existe. Es una ilusión. Mantener esa ilusión puede impedirle conocer su verdadero yo.

En mi opinión, el ego es una disposición del pensamiento errónea

163

que intenta presentarle como a usted le gustaría ser en lugar de como es. En esencia, el ego, la idea de uno mismo, supone una forma distorsionada de afirmar y vivir la existencia.

Es probable que haya visto la palabra AMBULANCIA escrita al revés en la parte frontal de tal vehículo, de forma que la persona que la vea por su espejo retrovisor pueda leerla. Piense en ello. Cuando usted se mira al espejo se ve al revés. Su mano derecha es su izquierda. Usted sabe que lo que tiene delante es una visión inversa, y realiza los ajustes pertinentes. No confunde la realidad con la imagen del espejo.

El ego, esa idea de uno mismo, se parece muchísimo al ejemplo del espejo, pero sin los ajustes. Su ego quiere que busque su interior en el exterior. La ilusión externa es la principal preocupación del ego. La misión de su yo superior es reflejar su realidad interna y no la ilusión exterior.

La descripción presentada por Sogyal Rinpoche en la obra *The Tibetan Book of Living and Dying* (*El libro tibetano del vivir y del morir*) explica a las mil maravillas este descubrimiento: «Dos personas han estado viviendo en ti durante toda tu existencia. Una es el ego, charlatana, exigente, histérica, calculadora; la otra es el ser espiritual oculto, cuya queda y sabia voz has oído o atendido sólo en raras ocasiones». Luego Rinpoche continúa hablando de lo que él llama el sabio guía.

Dentro de usted hay un guía sabio, una parte de su verdadero yo que camina a su lado mientras avanza por la senda de su búsqueda espiritual. Rinpoche concluye: «La memoria de tu verdadera naturaleza, con todo su esplendor y confianza, comienza a regresar a ti... Te encontrarás con que has descubierto dentro de ti mismo a tu propio guía sabio. Porque él o ella te conoce hasta los tuétanos, dado que eres tú».

Este guía sabio es usted, no la idea que tiene de sí mismo. Piense en este guía interior como en su verdadero yo y escúchele. En lugar de prestar atención al discurso del ego, oirá inspirados mensajes de sabiduría. Y se liberará de las exigencias del ego.

No estoy sugiriéndole que conquiste, derrote ni desprecie al ego. Es importante honrar y amar todos los aspectos de nosotros mismos. Esto incluye al mundo visible de la percepción sensorial y al mundo invisible del espíritu divino.

Esta cuarta clave de acceso a la conciencia superior tiene que ver con su liberación de la ilusión creada por el ego de que el significado y la gratificación definitivos de su vida los hallará fuera de usted mismo. La doma del ego es una forma de invitar a los aspectos superiores de uno mismo a obrar según su designio natural, amoroso e integrado.

A Course in Miracles deja claro este punto: «Tu misión es muy sencilla. Se te pide que vivas de modo que demuestre que no eres un ego».

Si no tiene una profunda y rica percepción de usted mismo y de su
propósito en el aquí y ahora, es probable que se deba a que cree que usted es su ego.

SIETE CARACTERÍSTICAS DEFINITORIAS DEL EGO

Librarse de las ilusiones del ego resulta más fácil cuando se conocen
sus rasgos definitorios.

1. *El ego es su yo falso.* Su yo verdadero es eterno. Es la fuerza de Dios
que habita en usted y le proporciona la energía necesaria para que ande
por ahí arropado por lo que llamamos cuerpo. Creer que usted es sólo
su yo físico, el cuerpo que contiene la energía, es una creencia falsa.

No es necesario repudiar al ego cuando se reconoce como un yo falso. Lo que en realidad se está reconociendo es que el ego representa una
idea de su yo que no concuerda con su verdadera identidad espiritual.

Estamos más acostumbrados a pensar que somos un cuerpo con un
alma que a darnos cuenta de que somos un alma con un cuerpo. El que
usted se vea según el ego —haciendo hincapié en usted como un ser
físico— es una forma de amnesia, que se cura cuando reconocemos quiénes somos en verdad.

Tagore hace referencia a la falsedad del ego en este elocuente pasaje:

> Ese al que encierro en mi nombre está llorando en esa mazmorra.
> Estoy siempre atareado construyendo un muro alrededor; y a medida
> que este muro asciende hacia el cielo día a día, pierdo de vista a mi ver-
> dadero yo en su sombra. Me enorgullezco de este gran muro, y lo enluz-
> co con polvo y arena por miedo a que pueda quedar en mi nombre un
> mínimo agujero; y a pesar de todos los cuidados que tengo, pierdo de
> vista a mi verdadero ser.

El muro es el ego que construimos. Nos encarcela en la mazmorra
de la frustración. Fíjese en que Tagore usa la expresión «verdadero ser»
para describir a aquel a quien el ego le impide alcanzar su conciencia.
El ego es lo opuesto de ese verdadero ser. Es el ser falso.

Esta idea ha estado en nosotros desde que empezamos a pensar. Nos envía mensajes falsos respecto de nuestra verdadera esencia. Cuando la escuchamos sin adoptar la posición del observador, penetramos en las tinieblas. Hacemos suposiciones en torno a lo que nos hará felices y acabamos frustrados. Nos esforzamos por hacer valer y acrecentar nuestra propia importancia, cuando lo que anhelamos es una vida más profunda y rica. Caemos repetidamente en el vacío del egocentrismo, sin saber que lo único que necesitamos es bloquear la falsa idea de quiénes somos.

2. *El ego le quiere aislado.* El ego quiere convencerle de que crea en la ilusión de que está aislado. Con cada dolorosa experiencia de soledad, el ego se hace fuerte. Esta falsa creencia la refuerza de manera constante nuestro entorno cultural.

Convencidos de nuestro aislamiento, vemos la vida como una competición. La competencia aumenta la sensación de estar aislado de los demás y fomenta la ansiedad por lo que hace a nuestro lugar en el mundo. Incapaces de vernos conectados con la suprema inteligencia, la energía de Dios, nuestra ansiedad aumenta y nuestra sensación de soledad nos impulsa a buscar conexiones externas.

La sustitución de conexiones externas por conexiones internas es lo que intentamos hacer mediante la demostración de que somos mejores que otros. La necesidad de demostrar mejor aspecto, conseguir más cosas, juzgar a los demás y encontrar defectos, son todos síntomas de la creencia errónea de que estamos desconectados y solos.

La idea de que estamos solos comienza en un momento temprano de la vida. Sin alguien que nos presente un modelo de vida interior más rica, crecemos experimentando el dolor de la soledad, las heridas y las censuras de nuestros iguales, todo lo cual intensifica la sensación de estar aislado.

El ego se hace cada vez más fuerte en la medida en que integramos en nuestro ser la creencia de que somos seres aislados. Llegamos a convencernos de que la vida física es lo único que hay; pasamos muchísimo tiempo creyendo que somos mejores que otros; nuestra filosofía al relacionarnos es la de ser los primeros en obtener lo mejor de la otra persona. La falta de propósito y significado en la vida se suple con la creencia de que uno nace, compra, sufre y se muere. Puesto que esta ilusión del ego es lo único que existe en la vida, luchar por lo que uno quiere y derrotar a los otros configura el eje de nuestras vidas.

La asunción del aislamiento es tan profunda que convencer a alguien de lo contrario constituye una empresa de grandes proporciones. No obstante, usted, en su fuero interno, sabe si lo que acaba de leer le describe o no. Y puede tomar la decisión de no continuar permitiendo que su ego le mantenga apartado de su yo espiritual.

Cuando uno abandona las creencias de su ego, se está en el camino de convertirse en una de esas personas a las que Jean Houston, en una entrevista para la New Dimensions Radio, describía: «Apenas si eran narcisistas, apenas egoístas. Apenas si reparaban en su individualidad. Sencillamente no malgastaban tiempo preocupándose por sus aspectos externos. Estaban enamoradas de la vida. Se encontraban en un estado de compromiso constante con todas las facetas de la vida, cuando la mayoría de las personas son pellejos que transportan pequeños egos». Si quiere ser como esas primeras personas tiene que conjurar la ilusión de que está aislado de los demás.

La idea que tiene de sí mismo se dará a conocer una y otra vez cuando intente conjurar la ilusión. Y cuando sepa que no está aislado, y la idea de usted mismo se haya desvanecido, experimentará un contento jamás vivido.

Ya no tendrá que competir ni ser mejor que nadie. Ya no necesitará acumular, ni perseguir honores. Habrá dejado atrás una idea que ha cultivado durante la mayor parte de su vida. En lugar de verse como algo distinto de Dios y del universo, vivirá su vida como conexión, no como separación.

El aspecto eterno de su yo podrá entonces influir en su vida. Sentirá su conexión consigo mismo y con toda la existencia.

3. *El ego le convence de que usted es alguien especial.* El ego no puede reconocer que esa suprema presencia vea a todo el mundo como digno de amor. La idea de «nadie es especial» es algo que el ego no se toma a bien. Nuestro entorno sociocultural tiende a estar de acuerdo con el ego en que hay personas especiales y situaciones especiales.

Esta actitud es la que explica el que se mantenga artificialmente la vida, lo cual es una burla del significado de la vida.

Decir que alguien es especial significa que algunos son más valiosos que otros. Como si Dios tuviera favoritos. Cuando le presentamos esta creencia a nuestro yo espiritual, al punto vemos que es absurda. Sin embargo, permitimos que nuestros egos creen categorías y les pedimos a los demás que se guíen según las mismas.

La idea de lo especial niega la perfecta igualdad de la creación.

También niega el amor de Dios. Puede que su ego insista en que Dios le ama más que a otra persona, negando así el amor incondicional que ofrece Dios y que usted guarda en su interior. La insistencia de su ego en esto también implica sentir miedo de no ser especial.

Ese miedo de no ser especial le impide conocer la paz de Dios, la armonía con el todo que conduce al júbilo que atesora su yo espiritual. La idea de ser especial impide la percepción de que usted es una criatura divina. La propia estima, que le es dada porque usted es un ser espiritual con una experiencia humana, pasa a depender de que crea que es especial, o virtuoso, ante los ojos de Dios.

Su verdadero yo no es especial. Es eterno, invisible y espiritual. La propia estima no es algo que tenga que ganarse. Una persona realizada ni siquiera piensa en ella porque no puede dudar de su propio valor. Sabe que hacerlo sería dudar del valor de Dios.

El apego a la idea de que usted es especial crea enormes impedimentos para despertar a su verdadera identidad. Cultiva el miedo y el resentimiento e impide conocer el amor incondicional.

Descubrir su yo espiritual es abandonar cualquier apego que le tenga a la idea de que es especial o a la identificación con su ego. Esos apegos simbolizan lo que usted ha llegado a considerar como éxito. El ego le alienta a acumular, creyendo que eso aumentará su felicidad.

Pero usted sabe que la felicidad no se encuentra en el cuanto-más-mejor. Sabe que algo externo a usted no puede proporcionarle paz interior. Sabe que eso es una percepción distorsionada de la realidad.

Déle la vuelta a esos pensamientos. Mire hacia la senda interior, donde se ve conectado con Dios y con la vida.

4. *El ego se ofende con prontitud.* Siempre que usted se siente ofendido, está a merced del ego. Establecer reglas de cómo se le debe tratar es una forma de garantizar convertirse en un ofendido crónico. Así funciona el ego.

Una de mis historias favoritas está relacionada con Carlos Castaneda y su maestro espiritual, el nagul don Juan. Tras haber sido perseguido durante varios días por un jaguar en las montañas, y estar convencido de que ese jaguar iba a desgarrarlo miembro a miembro y comérselo, Castaneda por fin consiguió escapar de la feroz bestia.

Durante tres días había vivido con el miedo de que iba a ser destrozado y devorado por el jaguar. Cuando su maestro le preguntó por esta experiencia, Castaneda, según consta en su obra *El poder del silencio*, respondió:

> Lo que quedó en conciencia fue que un león de las montañas —puesto que no podía aceptar la idea de un jaguar— nos había perseguido montaña arriba, y que don Juan me preguntó si me había sentido ofendido por que pudiera arremeter contra mí aquel gran gato. Yo le dije que era absurdo que pudiera sentirme ofendido, y él me respondió que debía sentirme igual respecto a las arremetidas de mis congéneres humanos. Debía protegerme, o apartarme de su camino, pero sin la sensación de ser tratado de un modo moralmente incorrecto.

Todo lo que le ofende representa su sentido del egocentrismo. La persona que le ofende no ofende a su verdadero yo, sino a la idea que usted tiene de quién es. En el mundo de su yo eterno, nunca nada va mal, así que no hay nada que pueda ofenderle.

Pero en el mundo de su ego, se ve de inmediato arrancado de la gozosa paz de su conciencia superior y arrojado a un mundo en el que usted determina cómo piensan, sienten y se comportan los demás. Cuando no son como usted cree que deberían ser, se siente ofendido.

Cuando haya refrenado a su ego lo suficiente, será capaz de tratar las arremetidas de otras personas de la misma forma en que a Castaneda le enseñaron a pensar con respecto al jaguar. Es obvio que no tiene sentido «ofenderse» por el ataque de un jaguar, porque sólo está haciendo lo que hacen los jaguares.

Tanto si le gusta como si no, sus congéneres humanos, en algunos sentidos, son como el jaguar. Están comportándose de manera natural. Si puede aceptar eso sin sentirse ofendido, habrá colocado la idea que su ego tiene de quién es usted en el lugar que le corresponde. Entonces recibirá la motivación para hacer del mundo un lugar mejor, sin sentirse ofendido.

Cuando ha domado a su ego, ya no se siente ofendido por sus congéneres humanos. Libre de las ilusiones del ego, ve a sus iguales como son en lugar de como cree que deberían ser. El camino de su búsqueda espiritual queda más despejado.

5. *El ego es cobarde*. Su ego gana fuerza convenciéndole de que usted es distinto de Dios. Para arraigar esta creencia, fomenta la ilusión de su culpa y pecado, en un cobarde intento de evitar el rostro de Dios, que es su verdadero yo.

El ego cobra fuerza convenciéndole de que está separado de Dios y hará cualquier cosa para que conserve esta actitud mental. Incluso tratará de someterle al miedo alentando su creencia de que es un indigno pecador.

El yo espiritual conoce la verdad. Esa divina esencia sabe que en el núcleo de su ser hay un espíritu divino, bañado por la luz del amor y el gozo. Cuando se encuentre con que de forma continua le abruman ideas de culpabilidad, sepa que son los actos cobardes del ego que tiembla de miedo ante la idea de que comprenda que usted es una extensión de Dios.

Pero del mismo modo que el miedo a la oscuridad desaparece al encender una luz, también la cobardía del ego desaparece ante la luz interior. El comportamiento cobarde no es más que un síntoma de miedo. El antídoto del miedo es la valentía.

Puede enfrentarse con valentía a los miedos y cobardía del ego si sabe que la parte de Dios que hay en usted no está separada de la energía divina. Ese conocimiento le proporciona el coraje para encender la luz del amor interior. Así, la idea del ego —su ilusión de que usted forma parte exclusivamente del mundo físico— se desvanece ante la luz.

6. *El ego crece al consumir.* El falso yo le bombardeará constantemente con la idea de que tiene que tener más con el fin de obtener la paz. El ego le empuja hacia los signos externos del valor y se siente amenazado por la noción de que usted pueda hallar paz en su propio interior. Este impulso a mirar hacia el exterior es lo que yo he llamado «mirar en la dirección equivocada».

El ego intenta mantenerle mirando hacia el exterior en busca de la sensación de paz y de una sensación de amor más profunda y rica. Su posición se vería debilitada si usted conociera el amor y la riqueza que atesora dentro. El ego le consagra, pues, a mantenerle mirando en la dirección equivocada.

Al mirar hacia el exterior en este vano intento de hallar paz, usted se convence de que las posesiones le traerán la paz y la satisfacción que anhela. El ego ha tenido éxito al dirigir su vida al exterior y se regocija cuando centra toda su energía en las adquisiciones.

Con la atención concentrada en lo que sabe erróneo, usted intenta corregir esos errores mediante más adquisiciones. Lo cual le distrae del conocimiento del poder de su mente para tomar la decisión de escoger la paz y el amor. Así es cómo el sistema del ego permanece intacto. Es imperativo que recobre el poder de su mente con el fin de superar las falsas creencias del ego.

Es imposible consumir el camino hacia la paz. Usted no puede comprar amor. No existe paz en el cuanto-más-mejor. Esa manera de actuar sólo conduce a una vida de lucha carente de sentido. El ego se siente amenazado y atemorizado de que usted llegue a darle sentido a su vida. Quiere verle abocado cada vez más a consecuciones de mayor complejidad.

Cuando usted deja de perseguir lo que no se puede obtener en el exterior, infunde sentido a su vida y se sume en la placidez. Su falso yo ha sido domado.

7. *El ego es un demente.* Mi definición de persona demente es alguien que cree que es algo que no es y que actúa en el mundo según esa creencia. Esto es precisamente lo que cree el ego. Y a todas horas intenta convencerle de que también lo crea usted.

La demencia persiste porque el ego teme a la muerte. Podríamos decir que el ego tiene la delirante creencia de que morirá si usted comienza a conocer su verdadero yo. A medida que esta locura se apodera de su vida, usted llega a identificarse con esa falsa idea de sí mismo. Sin darse cuenta se suma involuntariamente a la masa que también padece esa locura.

Tenga presente la siguiente cita del libro *A Course in Miracles*: «Éste es un mundo demente, y no subestimes la extensión de dicha locura. No existe aspecto alguno de tu percepción que no esté afectado». Sin embargo, el mundo está lleno de gente convencida de que el Espíritu Santo es algo separado de ellos. ¡Y se pasan la vida intentando convencer también a otros de esta locura!

Toda la violencia humana es un reflejo de la creencia de que somos seres aislados. Si supiéramos que somos todos uno y que Dios está dentro de nosotros, sabríamos que cualquier daño infligido a otra persona es una violación de Dios. No seríamos capaces de comportarnos como lo hacemos los unos con los otros. Pero la demencia del ego nos ha convencido de nuestro aislamiento, de nuestra separación y nos ha alentado a llevar a término nuestras venganzas.

Pierre Teilhard de Chardin, el teólogo y paleontólogo francés, escribió: «Somos uno solo, al fin y al cabo, tú y yo; juntos sufrimos, juntos existimos, y eternamente nos regocijaremos el uno con el otro». Esto es cordura: saber que somos uno con Dios.

Para el ego, éste es un postulado peligroso porque amenaza su importancia. La capitulación total ante los miedos del ego es una locura. Por ejemplo, a Teilhard de Chardin su orden, los jesuitas, le prohibió publicar sus trabajos filosóficos. Tuvo que sentir el dolor en lo más profundo, pero su cordura no se vio alterada por un ego incorregible. Su conocimiento era más fuerte que su ego y que las autoridades de la Iglesia. En la actualidad, los trabajos que se han publicado de él son tratados ya clásicos.

Una de las ideas más insensatas de su ego es que usted es moral y espiritualmente superior a otros que no están buscando su yo espiritual de manera consciente. Esta idea de superioridad espiritual es hija de la creencia de que estamos solos y desconectados del universo.

Según dicha creencia, las personas espirituales son un grupo aparte de aquellas ligadas a su ego. Se trata de otro truco del ego para intentar satisfacer el anhelo que usted tiene de conocer su yo superior, creando una dicotomía en la que usted es mejor que otros. La realidad es que no existe ninguna dicotomía inherente del tipo superior/inferior en la condición humana.

Cada uno de nosotros tiene su propia senda que recorrer, y cada uno de nosotros será puesto a prueba de muchas formas. Su conocimiento de Dios no le hace superior a nadie: sólo le aporta un sentido más profundo y rico. Los que aún no han visto su luz interior continúan siendo parte de usted. Son usted en otras manifestaciones: diferentes siluetas con conductas diferentes.

La esencia de usted y de ellos continúa siendo la única fuente de vida: la luz celestial de Dios. Es una locura permitir que el ego le convenza de adjudicar etiquetas de superior e inferior a la amorosa esencia divina que hay dentro de todos nosotros.

Las siete características del ego antes mencionadas son sólo una introducción al tema. Exponen cómo el ego se entromete en nuestras vidas.

Experimentará un despertar espiritual a medida que adquiera conciencia de la influencia del ego en su vida. La verdadera libertad es resultado de la liberación del poder del ego. Sin embargo, el ego tratará de tentarle con muchas falsas libertades a lo largo de la senda de su búsqueda espiritual.

Recordará que en un comentario anterior describí la libertad como despreocupación por uno mismo. Cuando se ha conseguido dominar al ego, la libertad, en este sentido, resulta accesible desde el momento en que su mundo interior no está obsesionado con sentirse ofendido, aislado o especial. Liberarse del egocentrismo es la auténtica libertad.

Lo contrario de la auténtica libertad es la falsa libertad. Esta última es la libertad que el mundo externo intenta vendernos. Es tan ilusoria como la existencia del ego en cuanto entidad independiente. La falsa libertad, al igual que el ego, no es más que una idea engañosa.

La idea es alimentada por el ego cuando le convence de que para ser en verdad libre tiene que «obtener» algo externo. Ésta es la libertad que ofrece la sociedad y que su ego persigue con el fin de reforzar la ilusión y enseñorearse de su vida.

Para llegar al júbilo de la auténtica libertad, primero tiene usted que examinar el tipo de libertad que persigue. Necesita ver qué tipo de libertad le alienta a perseguir el entorno cultural en que vive. Es necesario que reconozca las libertades de las que cree que disfruta y que no son auténticas.

He aquí varias de esas libertades que le ofrecen. Fíjese en cómo se diferencian de la auténtica libertad, la que se obtiene de superar el ego y conocer a Dios.

La libertad de la química

El uso de una sustancia química para sentirse libre es el ego en el peor de sus aspectos: una ilusión que alimenta una ilusión. El uso de sustancias químicas genera alucinaciones y delirios en la vida cotidiana. El coste de esta forma de abordar la libertad es la libertad misma.

El precio de las breves experiencias de libertad fundadas en el consumo de drogas lo pagan demasiados seres humanos. Nacen bebés adictos a la cocaína; adolescentes que se prostituyen para pagarse la droga; se destruyen familias y vidas; hay una escalada en la delincuencia; la productividad disminuye; la pobreza aumenta; las condiciones de vida se convierten en inhumanas.

La búsqueda de la libertad mediante el uso de sustancias químicas ha atrapado a los consumidores en una vida en la que no se tiene nunca lo suficiente. El ego le dice a tal consumidor: «Serás libre cuando experimentes el éxtasis que se consigue con esta sustancia química».

Pero el placer no pasa de ser físico. Dura sólo un momento. Y luego vuelve a presentarse el ego, exigiendo más. Nunca se llega a la libertad por ese sendero. Uno acaba haciendo cualquier cosa por conseguir aquello que ha acabado despreciando.

¿Es auténtica libertad esto? Si lo fuera, uno sentiría que ha llegado al punto de la satisfacción. Uno diría: «¡Esto es! No necesito nada más».

Cuando se supera el ego, de modo simultáneo uno traba amistad con la amorosa presencia divina que reside dentro de todos. Entonces el sujeto se dirá: «Esto es. No necesito nada más. Quiero más amor, más vida, más propósito; todo lo cual parece alcanzable gracias a mi yo espiritual y el conocimiento de mi senda. Quiero autenticidad; no necesito una dosis de droga ni una resaca, ni empobrecerme para alimentar mi hábito».

La idea de que una sustancia química proporciona libertad es falsa. Lo único que obtendrá de una idea falsa es la necesidad de más e insuflar vida al falso yo, al ego.

La libertad sexual

La práctica de la libertad sexual ha producido exactamente lo contrario a la libertad auténtica. La idea de libertad sexual ha creado una falsa libertad que tiene un inmenso atractivo para el ego.

La libertad sexual ha deshecho muchas vidas. No estoy adoptando una postura moralista respecto de la promiscuidad sexual. Estoy señalando que es obra de su falso yo el convencerle de que este tipo de actividad sexual tiene algo que ver con la libertad. Una prueba clave de si se halla en la senda de su yo espiritual o en la senda externa de su ego es la cantidad de paz y armonía que sus metas le aportan a su vida.

Nuestra búsqueda de tal libertad ha traído el mayor incremento de enfermedades de transmisión sexual de la historia de la humanidad. Está claro que la libertad sexual ha producido grandes daños. Dios es paz. El ego es dañino. Una súplica de las que aparecen en la Biblia: «Dios, líbrame de mi ego».

La sexualidad impulsada por el ego es un reflejo de nuestro anhelo por conocer nuestro yo espiritual. El ego nos convence de que esa libertad sexual nos aportará la paz, el gozo y el éxtasis que sabemos que nos aguardan en alguna parte. Cuando aceptamos las soluciones del ego, obtenemos una falsa libertad.

La auténtica libertad proporciona la libertad de conocer y sentir el amor de Dios dentro de usted mismo, y de compartir esa experiencia en el mundo físico, como una afirmación de ese amor, no como un fin en sí. Esta libertad se encuentra mirando en la dirección contraria a la del ego, donde su yo superior espiritual está esperándole. Compartir tanto su yo físico como su yo espiritual es la verdadera libertad sexual.

El placer es una experiencia gloriosa y le insto a que tenga una vida lo más placentera posible. Pero no confunda el placer con la libertad. La libertad inspirada por el ego siempre se basa en una falsa sensación de seguridad porque el ego mismo es una idea engañosa.

La libertad del dinero

Recuerde que el ego crece con el consumo. La falsa creencia es que cuanto más tenga, más adquirirá y en definitiva de mayor libertad disfrutará. Usted puede comprar la libertad, le dice el ego, y es libre de gastar incluso el dinero que no tiene todavía. El ego insiste en que lo único que tiene que hacer es quererlo y que el ser especial le da derecho a ello. Ni siquiera tiene que ganarlo, sólo quererlo.

Cualquier libertad entendida de esta manera es falsa y por lo general requiere de tarjetas de crédito. Uno no es libre; de hecho, se es esclavo del crédito. Se acumulan deudas a un interés usurario; hipoteca su futuro y su felicidad; emponzoña su vida con preocupaciones y miedos; todo esto no aporta auténtica libertad, en ningún sentido.

Los objetos no pueden darle la libertad. Eso es una trampa preparada por el ego para mantenerle en una búsqueda consumista, alimentando siempre esa falsa idea. El ego insiste en que encontrará lo que busca, siempre y cuando continúe esforzándose por incrementar su éxito económico.

Pero ¿qué es lo que busca? Cuando yo era niño pensaba que era estar en el equipo de hockey. Conseguí entrar en él y vi que no era eso. Más tarde pensé que una cita con Penny, lo sería. Ella era maravillosa, pero tampoco era eso. Pensé que tener mi propio coche lo sería. Luego que lo sería estar en la Armada. Y luego que entrar en la universidad. Después pensé obtener una licenciatura. Pero con cada logro, no conseguía alcanzar lo que buscaba.

Así que pensé que mi esposa lo sería, luego un hijo, o varios. Todos fueron acontecimientos maravillosos en mi vida, pero no eran lo que yo buscaba. Más tarde pensé que sería mi primera plaza de profesor, después mi primer libro, y más tarde mi primer *bestseller*. Mas la meta seguía siéndome esquiva. La auténtica felicidad no puede comprarse ni hallarse fuera de uno mismo. Usted no hallará esa esquiva meta en el dinero, la fama, el prestigio, las posesiones, ni siquiera en la familia.

Éstas son tres de las metas que el ego le propone en su esfuerzo por venderle su idea de la libertad. La auténtica libertad es la de saber quién es usted, por qué está aquí, cuál es su propósito en la vida y adónde va cuando se marcha de aquí. Es saber que su identidad no se halla en el mundo físico sino en el mundo eterno, inmutable, de Dios.

La autorrealización es la auténtica libertad. La autorrealización no es algo que uno adquiera sino una comprensión que, una vez conseguida, no puede perderse. Todos los frutos de la falsa libertad pueden perderse antes o después, y se perderán. Todos le exigen que sea especial y esté aislado, y todos se convertirán en polvo

La auténtica libertad es permanente. Está más allá de todo ese trajín. Y llega como un conocimiento, no como una creencia. Una vez que sepa en su fuero interno que esta experiencia interna de su yo superior es la fuente de su libertad, la poseerá. Se verá libre de enojo, odio y amargura. En esencia, será libre para amar. Su vida se colmará de júbilo porque habrá logrado la autorrealización.

El yo de la autorrealización no es el ego. Así que ha de saber que la pérdida de la falsa libertad no supone una pérdida. La libertad auténtica no deja lugar al ego. Uno deja de ser un egocéntrico.

Libre del egocentrismo, disfrutará de la auténtica libertad. Esta nueva libertad le proporcionará un conocimiento que excluirá para siempre cualquier incertidumbre. En cambio, vivirá la libertad como una conexión interna con lo divino.

Sugerencias para superar el ego y alcanzar la conciencia superior

Las siguientes sugerencias le ayudarán a ponerse en contacto con el ego y superarlo. Los siete capítulos que vienen a continuación le ofrecerán estrategias más concretas para librar su yo sagrado del poder del ego.

• *Intente conocer su ego.* Trate de determinar cuándo es el ego la influencia dominante de su vida. Pregúntese: «¿Estoy escuchando a mi falso yo o a mi yo espiritual?».

Cuando más conciencia tenga de la presencia del ego y de cómo le manipula, menos influencia tendrá sobre usted. Por ejemplo, si está pavoneándose ante otra persona, o sintiéndose en cualquier sentido superior por su aspecto, capacidades o posesiones, reconozca que es su ego quien está obrando, quien está intentando convencerle de que está separado de Dios, y de su superioridad respecto de otros seres humanos.

A medida que vaya adquiriendo conciencia de su ego, podrá librarse del egocentrismo y entrar en la conciencia superior. Como dijo Cicerón: «En nada se acercan más los hombres a los dioses que haciéndoles el bien a sus iguales». Saber cómo obra su ego es el primer paso para domarlo.

• *Comience a llevar la cuenta de con cuánta frecuencia usa el pronombre* «yo». El egocentrismo es un hijo del ego. Le impide alcanzar la gozosa libertad interna que caracteriza la búsqueda espiritual. Al sorprenderse cuando usa de forma persistente el pronombre «yo» y tomar luego la decisión de no centrarse en su propia persona estará superando el ego.

Se asombrará de la frecuencia con que utiliza esta referencia a usted mismo. Cuando más pueda contenerla, más libertad experimentará.

• *Comience a considerar a su ego como una entidad que le acompaña y que tiene un propósito.* Este compañero invisible está siempre a su lado. Trata de convencerle de que está separado de Dios, de su superioridad respecto de otros, y de que es especial. Cuanto más escuche a esta entidad, más se apartará de su senda espiritual.

A medida que vaya reconociendo los signos de la presencia del ego, dígase con amabilidad: «Ya estás otra vez. Has dejado que mordiera el anzuelo y he caído en la trampa de creer en mi propia importancia». Descubrirá que la mayoría de sus pensamientos y actos los provoca esa entidad invisible que le acompaña.

Él quiere que usted se sienta ultrajado cuando recibe un trato incorrecto, cuando le insultan, cuando no le acarician; ofendido cuando no se sale con la tuya, herido cuando pierde una competición o discusión. Al reconocer y dar nombre a esta entidad, acabará por ser capaz de hacer caso omiso de ella. Al final, ya no representará el papel dominante que desempeña.

Primero la reconoce. Luego se percata de que está obrando. Por último, se libra de ella.

• *Escuche a los demás y no se centre en sí mismo.* Durante las conversaciones, concéntrese en lo que la otra persona está diciendo y en lo que siente. Luego responda con una frase que empiece por «tú, usted».

Por ejemplo, si alguien está hablándole de una determinada experiencia, no responda con una historia sobre una experiencia semejante que usted ha vivido. Responda con algo que parafrasee lo que ha dicho el otro, o que le convenza de que ha estado escuchando de verdad, que ha entendido tanto sus palabras como sus sentimientos. Podría decir: «Pasaste por una experiencia increíble, ¿eh?».

Esto se denomina escucha activa. Se sorprenderá agradablemente de cuánto aprenderá y de lo imbuido de propósito que se sentirá. Es una manera de contener al ego y permitir que participe el yo espiritual.

• *Resista el hábito de permitir que su ego domine su vida.* Nisargadatta Maharaj le respondió lo siguiente en uno de sus diálogos a alguien que le formuló una pregunta: «Resiste los viejos hábitos de sentir y pensar; no dejes de decirte, "no, así no; no puedo ser así; yo no soy de esta manera, no lo necesito, no lo quiero", y con toda seguridad llegará un día en que toda la estructura de error y desesperación se derrumbará y quedará libre el terreno para una vida nueva».

Cuanto más se resista a permitir que su ego sea quien controle su vida, más pronto llegará el día en que su yo espiritual llenará el espacio que antes ocupaban las exigencias de su falso yo.

• *Practique la meditación diaria o el acallar su mente para deshacer la ilusión de que está separado del universo.* Cuanto más tiempo pase acallando el diálogo interior, más cuenta se dará de que no está separado de Dios ni de los miles de millones de almas, todas ellas extensiones de la energía de Dios.

Comenzará a tratar a los demás como le agradaría que le tratasen a usted. Se sentirá conectado con todo. La meditación, más que cualquier otra práctica, rompe la ilusión de estar separado.

• *Trate de borrar la palabra «especial» de su mente.* Especial implica mejor que, o más importante que. Niega que Dios habite en cada uno de nosotros. Todos somos especiales: por lo tanto, nadie necesita la etiqueta de «especial».

Usted es una criatura divina, eterna, y tiene un propósito, y cuando reconozca esto, no necesitará compararse con nadie ni malgastar tiempo en comprobar qué trato reciben otras personas. Esto es el constante trabajo del ego. No deja de azuzarle para que demuestre que usted es especial.

Abrace la verdad de que el supremo espíritu habita en todos nosotros. Cuando uno sabe esto, se siente seguro y sereno, sin necesidad de halagos ni de que le aseguren que es especial o distinto de otros. Somos todos hijos de Dios. No hay favoritos. No se relega a nadie. Todos somos uno.

• *Escriba un diario.* En él, describa lo que le ofende de otras personas. Trate de descubrir en qué le beneficia sentirse ofendido. Si usted es objetivo, si lo contempla desde la perspectiva del espectador, descubrirá que lo que en realidad le ofende es cómo estima usted que deberían comportarse los demás. Sin embargo, por sí mismo, el sentirse ofendido no altera los comportamientos desagradables.

Así que intente tomar un caso en el que se sienta ofendido y limítese a observarlo. Repare en que se siente ofendido y observe cómo eso se manifiesta en usted. A medida que vaya haciéndose diestro en observar a su ego en acción, descubrirá que este acto de observación desactivará su ansiedad.

Mediante la técnica de observarse a uno mismo, usted llegará a ver que lo que le ofende es obra de su ego, que le machaca una y otra vez que el mundo debería ser diferente, que la gente no tiene ningún derecho a tratarle de forma desconsiderada. Su ego insiste en que tiene derecho a sentirse ofendido, herido, desdichado.

Estos juicios derivan de una idea falsa de usted mismo, la cual no deja de esforzarse por convencerle de que el mundo debería ser como usted es y no como en realidad es.

• *Dé más de sí mismo y pida menos a cambio.* Ésta es una forma maravillosa de domar el ego. Por ejemplo, León Tolstoi, hacia el final de su vida, pasó de ser un egocéntrico a ser un servidor de Dios, tras haber aprendido muchas de las lecciones de la senda de la búsqueda espiritual. Y escribió lo siguiente: «El único significado de la vida es servir a la humanidad». Así de sencillo. Así de profundo.

Cuando servir a otros se convierta en una prioridad, una pregunta acudirá a su mente una y otra vez, como un mantra: «¿Cómo puedo servir?». Habrá hallado la iluminación espiritual y conocerá el júbilo. Por ejemplo, done parte de su tiempo a un hospital infantil y ayude a esas pequeñas almas a luchar con sus enfermedades. Fíjese en si su ego quiere vanagloriarse de ello.

Abandone la idea de usted mismo como una entidad aislada necesitada de caricias especiales. Sea quien acaricie. Cuando uno es el primero en dar cariño, sabrá cómo es ser querido a través de sus propios actos desinteresados. Trate de no hablarle a nadie de sus acciones filantrópicas, ni siquiera cuando su ego le empuje a poner de manifiesto sus actividades.

• *Recuérdese cada día que el más alto culto que puede rendírsele a Dios es servir a la humanidad, y que mediante ese acto su yo espiritual se sentirá realizado.* No necesita convencer a otros ni convencerse a sí mismo de que usted es una criatura divina. Dé fe de ello en sus actos. Su despertar interior al júbilo y al éxtasis será recompensa suficiente.

• *Ponga fin a la búsqueda externa de libertad y conozca el sabor de la auténtica libertad que es la comunión con su yo espiritual.* Cada vez que se sorprenda buscando algo más con el fin de sentirse libre, pregúntese en voz alta: «¿Será esto lo que finalmente me liberará?».

Imagínese en posesión de eso que tanto ambiciona. Sienta que ya tiene el coche, la casa, la droga, el ascenso o cualquier cosa que crea que es su billete hacia la libertad. ¿Es libre? ¿O está un paso más alejado de la auténtica libertad?

El ejercicio de imaginarse con lo que desea, y luego preguntarse si se es libre, le pondrá en contacto con lo que significa ser auténticamente libre. La auténtica libertad no necesita nada para demostrar su existencia. La falsa libertad exige que tenga en la mano algo que dé fe de su existencia.

Saber esto le liberará de las directrices de su falso ego, el cual teme a esa luz interior celestial que brinda la auténtica libertad.

La conciencia superior exige una nueva relación con la realidad. Hasta ahora ha leído sobre el destierro de la duda, el cultivo de la condición de espectador, la manera de acallar el diálogo interior y la liberación de su yo espiritual del ego. Puede practicar estas cuatro claves de acceso a la conciencia superior en cualquier parte y cualquier momento. Le garantizo que si así lo hace, comenzará a ver que un milagroso despertar tiene lugar en su vida.

Al aplicar estas claves de acceso a la conciencia superior, tenga presente que su búsqueda en realidad consiste en hacer que su yo espiritual tome las decisiones cotidianas de su vida.

En la tercera parte expondré los principales conflictos que surgen de la dicotomía entre el espíritu que nos habita y la falsa idea del ego. Le proporcionaré ideas claras para permitir que el yo espiritual aflore como potencia dominante en su existencia.

Cuando sienta que está alcanzando su yo espiritual, ya no vivirá conflictos. Conscientemente despertará a su misión divina. Conocerá a Dios, tal vez por primera vez desde que abandonó la nada y llegó al aquí y ahora.

Trascender las identidades del ego

La flor se desvanece por sí misma al crecer el fruto.
Así se desvanecerá tu yo interior al crecer el divino dentro de ti

VIVEKENANDA

TERCERA PARTE

Trascender las identidades
del ego

8

De la agitación a la paz

Todo lo que Dios quiere del hombre es un corazón en paz

Johann Eckhart

*Sé que puedo conectar mi mente
con la mente divina y garantizarme la paz
en cualquier momento*

La pregunta que más a menudo se me formula con respecto al papel del yo espiritual y el ego es: «¿Cómo sé si es mi ego o mi yo espiritual el que me llama en un determinado momento?». La tercera parte, que comienza con este capítulo, ha sido escrita para guiarle hasta la respuesta a esta pregunta.

En cualquier momento de su existencia usted escoge entre dos imágenes de sí mismo. Las opciones son la que le ofrece su alma o yo espiritual, la voz de Dios, y la que le ofrece el ego o la falsa idea de usted mismo. Decida cómo se ve a sí mismo y cómo ve también a los demás. En esencia, acepta la imagen que su ego tiene de usted y de los demás, o bien la de su yo espiritual.

La primera respuesta a la pregunta antes planteada es: «Si le aporta una sensación de paz, entonces el que está en acción es su yo espiritual». Su yo superior le impulsa siempre a resolver los conflictos con los que se encuentra, con el fin de que haya sitio en su vida para la serenidad y la armonía. Le insto a que preste muchísima atención a esos sentimientos.

La única paz de su mundo, de su vida personal, es la paz de Dios. Si está viviendo sumido en la agitación, peleándose de forma constante consigo mismo y sintiendo ansiedad, está permitiendo que el ego domine su vida. Si se siente sereno, el ego ha sido desbancado por su yo espiritual.

Pregúntese siempre: «¿Esto me traerá paz o agitación?». Si la respuesta es agitación, ya sea en sus pensamientos como en su mundo físico, debe examinar cómo y por qué está permitiendo que el ego domine su vida. Si la respuesta es paz, sabrá qué hacer y cómo pensar. Y sabe que su yo espiritual está trabajando en su beneficio.

En todos los momentos de su vida, usted tiene la opción de escoger la paz. Su falso yo se crece en la ansiedad porque cree que eso es lo que necesita para continuar con vida. El ego fomenta pensamientos como éstos: no puedo ser feliz ni sentirme contento; tengo que ser un malvado pecador; si me sintiera en paz me limitaría a vegetar; tengo que fijarme de modo constante en cómo viven y actúan los demás con el fin de valorarme. Este continuo estado de comparación mantiene la agitación con vida.

El ego quiere que esté en un constante estado de agitación para impedirle ser uno con su yo espiritual. Le convence de que si no está siempre con los nervios de punta usted no puede desarrollarse. Pero debe tener presente que la experiencia de esta agitación es una elección que usted ha hecho, al permitir que su falso yo domine su existencia. Cuando escoge la paz, está dejando entrar a Dios en su vida. En lugar de vegetar, descubrirá que puede estar ocupado, tener un propósito y sentirse contento, tener paz.

Todos ansiamos la placidez de vivir sin agitación ni angustia. Tenemos una sensación de iluminación interna cuando sabemos que estamos dentro de nuestro curso natural, en la senda espiritual. Así pues, ¿por qué a menudo elegimos emociones, pensamientos y creencias que nos apartan de este camino, que agitan nuestra mente, enturbian nuestra percepción y dificultan nuestras relaciones?

Es necesario que examine con cuidado aquellas elecciones que le alejan de la paz, de Dios. Saber que la paz es siempre una opción a nuestro alcance ya es un paso significativo. Esto le ayudará a domar el ego cuando insista en que usted es un ser aislado y especial.

Reemplazar la agitación que tan a menudo escoge es, pues, una simple cuestión de permitir que su yo espiritual se haga cargo en cualquier circunstancia en la que esté a punto de sumirse en la agitación. El ego le empujará a la lucha... alejándole de la paz. Usted tiene que estar dispuesto a verlo cuando está a punto de suceder, e invitar a su yo espiritual a que no le permita actuar a su ego.

Me gusta mucho la siguiente cita de *A Course in Miracles*, que yo veo a propósito del reemplazo del ego: «No hallarás paz excepto la paz de Dios. Acepta este hecho, y ahórrate la agonía de más amargas decepciones, pura desesperación, y sensación de completa impotencia y duda. No busques más. No hay nada más que encontrar que no sea la paz de Dios».

Considere estas profundas palabras mientras lee el resto del presente capítulo. Sólo retenga que, en su interior, siempre tiene esta opción, y que cuando opta por la ansiedad y la agitación está permitiendo que su ego sea quien gobierne. No lo acepte, puede ser la morada de la paz.

ALGUNOS COMPORTAMIENTOS QUE NOS ALEJAN DE LA PAZ

Cuando carezca de paz, recuerde que es su ego, la falsa idea de sí mismo, el responsable. He aquí algunos de los comportamientos más comunes y aceptados que contribuyen a la ausencia de paz.

• *Enfrentamientos y discusiones.* Nada provocará con mayor rapidez una sensación de agitación que el que usted participe en una pelea o discusión. Siempre tiene una alternativa. ¡Siempre! Discutir o no discutir. Enfrentarse o no enfrentarse.

Cuando opta por la discusión o el enfrentamiento, está permitiendo que su ego relegue a su yo espiritual. He ahí a su ego hablándole: «Tú eres un ser distinto de tu cónyuge/ese dependiente/esos burócratas. Necesitas demostrarles lo especial que eres y que no pueden imponerte las cosas. Diles lo que piensas y no les escuches».

En la raíz de este punto de vista de la vida está la siempre presente necesidad de tener razón. Cuando uno no lo necesita, ya no hay lugar para la agitación.

• *Competiciones y comparaciones.* Cuando se compara con otros como forma de medir su actuación, está a merced de su falso yo. Ha aceptado la errónea idea de que Dios tiene favoritos, y que usted será mejor cuando esté por delante de alguna otra persona.

El ego le dicta mensajes que probablemente le han enseñado a creer que son importantes para su éxito en la vida. El ego le dice: «Si él/ella puede, tú también puedes. Tú eres mucho más inteligente/guapo/fuerte/más espiritual que él/ella. Tienes que hacer valer tu superioridad y demostrarle la verdad. Eres el mejor. Ahora sal ahí afuera y demuéstraselo a todos. Tienes que comprarte algo que ellos no puedan permitirse, para demostrar el éxito que tienes».

Este diálogo interior, originado en el ego, garantiza que esa paz y armonía interiores no se encontrarán a su alcance.

• *Persecución y lucha.* Las escenas cinematográficas de persecución tienen eco en una parte de nosotros. Cuanto más intensa es la persecución, más éxito tiene la película. Escaleras arriba, en lo alto de barrancos; coches, aviones, trenes; armas de fuego, aparatos robóticos, violencia y escenas de choques; por encima de cercas y a través de bosques, ... siempre vamos hacia el ego. Éstas son también las escenas de su vida interior cuando el ego está al mando. Esa carrera tras un éxito y tras otro, le demuestra que usted es mejor que todos esos haraganes que están esperando algo a cambio de nada.

Vaya tras los ornatos del éxito y los símbolos del mérito por luchar y su recompensa serán más oropeles, una búsqueda sinfín de ornatos y un vacío interior allí donde podría residir la paz.

Así funciona su falso yo, así le habla: «Eres especial. La forma de demostrarlo es acumulando éxitos. Eres diferente de todos los demás. Ahora demuéstralo obteniendo ese ascenso, no tengas en cuenta tus sentimientos. Tienes que sentirte ofendido cuando alguien te supera. ¿Quieres que la gente piense que es mejor que tú? Persigue esos incentivos. Cuando los hayas obtenido, serás el mejor. Recuerda, si no sabes adónde vas, ¿cómo lo sabrás cuando hayas llegado?».

Al ego le encanta verle luchar. No quiere verle satisfecho, que esté en paz y conozca a Dios en su interior. En ese caso podría no necesitar al ego, así que él le azuza para que olvide esas zarandajas y continúe luchando. El ego le dice que no cese de correr, que hay un ataúd esperándole para cuando acabe la carrera.

• *Preocupaciones.* Cuantas más preocupaciones aflijan su mundo interior, menos tiempo tendrá para gozar de la paz. La preocupación es la ausencia de paz, y al ego le resulta extraordinariamente fácil eliminar la paz mediante las preocupaciones.

El ego está programado para sembrar preocupaciones, de ahí que le diga: «Deberías preocuparte. Hay muchísimas cosas por las que preocuparse. Podrías enfermar. Uno de tus seres queridos podría sufrir un accidente. Tú podrías perder el empleo. Podrías divorciarte. Podrías arruinarte. Podría caérsete el pelo. Podrían hacerte una inspección de Hacienda».

El ego se crece con estos pensamientos, es feliz cuando usted utiliza toda su energía en preocuparse, sin dejar lugar para esa zarandaja de la paz.

- *Decir «¡Fíjese en mí!»*. Todo el tiempo que dedica a repetir de una forma u otra esta frase, es tiempo que pasa apartado de la paz y la armonía. La necesidad de que se fijen en ellas y les den aprobación es un trabajo casi de jornada completa para algunas personas.

El ego utiliza de forma eficaz esta táctica para relegar al yo espiritual, se sirve de frases como las siguientes: «Si no se fijan en ti, es que hay algo malo en tu persona. Eso demuestra que eres inferior. Pregúntales a los demás si piensan que eres especial. Si no reconocen que lo eres, haz algo para atraer su atención. Tienen que fijarse en ti, y lo harán si dedicas una gran cantidad de tu energía vital a asegurarte su aprobación. Implórala, róbala, llora si no la obtienes, siéntete inseguro y ansioso si te la niegan».

Cuando necesite que se fijen en usted y le aprueben, le embargará la agitación y ansiedad. La armonía no puede convivir con los actos que dicta el ego.

- *Imponerse fechas límite y aceptar presiones*. Cuando siente las presiones que usted mismo ha aceptado, renuncia a su potencial de paz y permite que su ego tiranice a su yo espiritual. Éste es el constante trabajo de su falso yo para impedirle conocer su amorosa esencia divina.

Lo hace con las siguientes frases: «Tienes que demostrar quién eres, no sólo haciéndolo mejor que todo el mundo sino también haciéndolo más rápido y sin tacha. Ponte multitud de fechas límite. Acepta esas presiones por alto que sea el coste. Cuanto más se aproxime la fecha límite, más ansiedad deberías sentir. Es bueno. Mantendrá tu atención centrada donde corresponde: en tus éxitos, en tu calidad de especial y aislado, en lugar de en esa tontería de la serenidad. La serenidad es para los perdedores. Tienes algo que demostrar y tienes que hacerlo ahora».

El ego es un maestro en la tarea de convencerle de que necesita sumirse en el trabajo, hacer mucho y conseguir mucho dinero.

- *Acumulación y adquisición*. Cuanto más tiene, más especial es usted, según el ego. Cuanto más especial es usted, más se confirma que es alguien que no tiene nada que ver con todos los otros que tienen menos.

No hallará paz midiendo su valor según sus adquisiciones. Por lo tanto, el ego le convence de que no es paz lo que necesita. El ego quiere hacerle creer que las cosas son más importantes. Le dice: «Acumula tantas posesiones como puedas, y siéntete apegado a ellas. Tendrás una sensación de orgullo y logro cuando des lustre a esos trofeos y acaricies a todas esas cosas de tu valiosa colección. ¿De qué otra forma sabrás que has tenido éxito si no posees algo tangible que lo demuestre? Ahora sal ahí afuera y consume, colecciona, adquiere y acumula tanto como puedas. Ésas son las verdaderas pruebas de que eres especial».

• *Parlotear con uno mismo.* «Olvídate de todo eso de la meditación. Sólo te pondrá en la peligrosa situación de verte seducido por malos espíritus que constituyen la esencia de tu personalidad. Mantén la mente ocupada. Piensa en tantas cosas como puedas. Haz que esos pensamientos no cesen, aunque el anterior no tenga relación con el siguiente.»

Éste es el mensaje del ego, mantener su mente charlando durante todo el día, perturbando incluso su sueño. Cuanto más charle su mente y se mantenga ocupada, menos lugar habrá para la paz y la armonía. Una vez más, esto es obra del falso yo.

El falso yo está ocupado en convencerle de que usted es algo que no es. Para mantener esta ilusión, no quiere que conozca nada que se parezca al silencio y la paz interiores. El ego le empuja de modo constante hacia el ruido y las interrupciones, con la esperanza de evitar que conozca su yo espiritual, que crece en la armonía y el silencio.

• *Regocijarse con los problemas de los demás.* Cuando usted encuentra alguna felicidad en los sufrimientos ajenos, incluidos los que padecen aquellos a los que consideramos enemigos, el ego ha hecho presa en usted. Quiere que piense en usted como en alguien sin conexión con los demás. Cuando otros tienen problemas, el ego dispone de una oportunidad para cimentar esas creencias.

Toda cháchara, parloteo, chismorreo que entretienen a la gente son obra del ego. Ocuparse de las desdichas de otros demuestra que usted no quiere ayudarles sino sentir placer o diversión ante sus dificultades y humillaciones.

Su ego le dice: «Esas personas se merecen lo que tienen. No son tus amigas. Obviamente son malas porque no están de tu lado».

Su ego alimenta la idea de su aislamiento. Ocuparse de los chismorreos, creer que los malos están recibiendo su merecido, y el horror de la vida diaria recogido por los medios de comunicación como si fuera un entretenimiento... Todo ello confirma que usted está solo en el mundo.

Éstas son algunas de las creencias, actitudes y conductas cotidianas más típicas que alimenta el ego para evitar la paz. Si encuentra dichos elementos en su vida, es muy probable que advierta que este tipo de comportamiento se manifiesta también en lo físico.

Si es consciente de que cada pensamiento tiene una contrapartida física, puede ver que estos hijos del ego se materializan en su cuerpo. La presencia de este constante estado de tensión derivado de demostrar quién es, ir a la carrera, parlotear con uno mismo, preocuparse, perseguir, adquirir y competir, produce los mismos resultados en su cuerpo. La tensión concomitante que aparece con todos estos pensamientos engendrados por el ego genera tensión en el cuerpo.

Presión sanguínea alta, úlcera, trastornos cutáneos, jaqueca, dolor de espalda e incluso enfermedades graves como el cáncer, la apoplejía y los trastornos hepáticos son los dividendos que produce el dominio del ego. Estos trastornos se manifiestan porque usted permite al ego crear agitación para evitar la paz que se encuentra en su interior. Saber que así funciona el ego debería ayudarle a dominarlo y conocer su yo espiritual.

LOS DIVIDENDOS QUE OBTIENE EL EGO AL FOMENTAR LA AGITACIÓN

El ego —la falsa idea que todos tenemos de nosotros mismos—, quiere mantener este persistente estado de enfrentamiento interno por unas razones muy sólidas. Cuando uno entiende su ego, tiene mucha más capacidad para dominarlo. Cuando sepa por qué el ego se comporta como lo hace, será capaz de llevar a cabo los ajustes necesarios para que su yo espiritual posea una mayor influencia sobre su existencia.

He aquí algunas de las razones por las que el ego le mantiene en ese estado de agitación interna:

• *Lo más importante, el ego ha estado con usted desde la infancia.* Casi todas las personas que usted ha conocido lo han alimentado. Los antepasados de estas personas también se vieron dominados por su ego.

Su ego quiere sobrevivir. Si consigue mantenerle en un estado de agitación impedirá que conozca su yo espiritual. Desde la perspectiva del ego, Dios es una enorme amenaza. Así que hará todo lo que pueda para impedir que goce de esa placidez interna donde la voz de Dios es tan hermosamente clara.

• *Su ego no quiere que cambie.* Verse a uno mismo como un ser importante y especial nutre al ego y lo mantiene funcionando a pleno rendimiento. A pesar de que el ego es en sí mismo una ilusión que lleva consigo, se comporta como si tuviera vida propia.

Su ego realizará todos los esfuerzos del mundo para convencerle de que no necesita cambiar. De hecho, si está preguntándose por qué no debería sentirse especial, podría estar escuchándolo en este mismo momento. Ése es el tipo de pensamiento que le ha impedido realizar los cambios que conducen a la paz interior. Cuanto más le asalten tales ideas, más feliz será el ego.

• *El ego se crece con el miedo.* Cuando usted tiene miedo, está a merced del ego. El miedo le impulsará a comportarse de maneras que minan su yo espiritual.

Su yo superior le dice que no hay nada que temer, que el amor es la respuesta a todo y que Dios es amor. Su amorosa esencia divina le asegura que no tiene necesidad de sentirse culpable ni temeroso, y que si se siente así eso desaparecerá cuando alcance paz interior.

Pero el ego quiere que mantenga la sensación de miedo. Vivir en el miedo es una manifestación de que no confía en la energía divina ni en su sabiduría interna. Esta presencia del miedo confirma la abdicación de su yo espiritual y la creencia de que Dios no sabe lo que está haciendo. Lo opuesto del miedo no es la valentía: es el amor.

Cuando siente amor dentro de sí, usted no siente ni culpabilidad ni miedo. Sabe que todo lo que está experimentando tiene su razón, incluso sus aflicciones, que son sus más grandes maestros, y la muerte de su cuerpo, destino de todo lo manifiesto. Usted sabe que la muerte es una recompensa, no un castigo. Por lo tanto, no tiene nada que temer a menos que escuche a su ego cuando alienta el miedo y aparta a Dios de su lado.

• *Su ego quiere que no cese de buscar más cosas que consumir y más posesiones que tener.* Cuanto más acelerada sea su vida, menos tiempo tendrá para conocer su esencia espiritual. El ego le alienta para que permanezca ocupado, para que se mantenga en movimiento y evite la búsqueda espiritual.

• *Su ego quiere que mire hacia fuera.* Quiere que continúe mirando en la dirección equivocada para que no note la presencia de Dios en su vida. Al mirar al exterior uno alienta la presencia del ego.

Las consecuencias serán que de modo constante sentirá la presión de compararse con otros; la necesidad de derrotar a otros con el fin de sentirte poderoso o importante; de tener más y mejores juguetes; de acumular más trofeos. Todo este mirar al exterior es obra del ego. Siempre que se niegue a escuchar, él gritará que tiene que sentirse molesto cuando otros le superan; que no vale nada cuando pierde; que ser el número uno es más importante que nada; que conformarse con menos es admitir que se es un perdedor.

Todas estas creencias están profundamente arraigadas en usted. Le resulta muy difícil imaginar siquiera el no tenerlas, porque los esfuerzos de su ego y de los egos de muchos otros han estado trabajando duro para convencernos de que es la única manera de ser. Mirar al exterior provoca una sensación interna de conflicto y agitación que hará que continúe persiguiendo las pompas que le ofrece el ego.

Una sensación de paz desafiaría esas arraigadas ideas, y podría significar la muerte de su falso yo. Su ego está en lucha con su deseo de paz, y no aflojará la presa de buen grado. Gritará más y más fuerte, pero recuerde que se acobardará cuando se encare con la luz de Dios.

Éstas son algunas de las estrategias de su ego para mantenerle alejado de la paz. Le he proporcionado algunas opciones para las tácticas persuasivas del ego. Tenga presente que usted puede dominar ese ego mediante su voluntad. Lo único que hace falta es la determinación de vivir según los dictados de su yo espiritual.

ALGUNAS IDEAS PARA LLEVAR LA PAZ A SU VIDA DE MODO PERMANENTE

• *Recuerde, tiene que ofrecer paz para tenerla.* Tiene que ofrecer paz para conocerla. Intente ofrecer paz en tantos ámbitos como le resulte posible.

Pensar en uno mismo como una persona de paz es el primer paso, pero sólo el primero. El pensamiento debe traducirse en acción. Esfuércese para refrenar su tendencia a provocar enfrentamientos y trastornos en las vidas de otros.

Detenerse y preguntarse si quien está a punto de actuar es su ego, que adora la agitación, o su yo espiritual, que adora la paz, le ayudará a enviar al exterior la respuesta adecuada aun en las situaciones en las que se sienta impaciente o incomprendido.

En esas situaciones, será capaz de decirle sencillamente, por ejemplo, a un dependiente agresivo: «Hoy tiene usted un día malo, ¿verdad?», en lugar de «he estado esperando durante quince minutos y la verdad es que me siento muy mal tratado». Ofrezca paz al exterior por el sistema de contenerse y consultar luego a su amorosa esencia divina.

• *Recuerde que su pasado le ha enseñado los mensajes incorrectos si éstos no le aportan paz y felicidad.* No tenga miedo de abandonar esas creencias si no le proporcionan una sensación de paz.

Por ejemplo, si le han enseñado a ganar las discusiones y debates a toda costa pero ese comportamiento no le ha procurado una verdadera sensación de paz, pruebe a abandonar esa postura y alentar a los demás a experimentar júbilo. Mire si su júbilo le proporciona una sensación más plena de paz que salir triunfante de la discusión.

• *Expulse las emociones de miedo y culpabilidad y reemplácelas por amor, perdón y bondad.* Gozará de paz cuando abandone esas respuestas emocionales. Si se siente culpable por su conducta anterior, recuerde que de ese modo está invitando a la agitación a su interior.

Deshágase de la culpabilidad perdonándose a sí mismo y haciéndose la promesa de evitar ese tipo de conducta en el futuro. No necesita sentirse culpable, a menos que quiera que su ego continúe dominando su vida.

Por ejemplo, haga una lista de todo lo que le impide amarse a sí mismo. La lista podría incluir tener sobrepeso, ser celoso, nervioso, adicto a algo, incompetente o desorganizado. Luego, con independencia del esfuerzo que requiera, afirme que se ama a pesar de estar gordo, ser adicto, etc.

Esto le ayudará a sentirse en paz con la decisión que ha tomado, y a darse cuenta de que no es ese cuerpo ni esos deseos. Usted es el ser invisible que decide. A medida que se sienta más en paz con el que decide, el espíritu del amor comenzará a reemplazar las elecciones perjudiciales para alcanzar la paz.

Examine todo lo que le ofende y mire si puede conseguir que su ego haga mutis por el foro. Si el hambre y la inanición del mundo le sacan de sus casillas, intente cambiar a una nueva conciencia.

De algún modo que yo no comprendo, estas cosas ocurren según un orden divino, y también mi deseo de cambiarlo existe según un orden divino. Despójese de lo negativo y varíe su rumbo.

Cuando uno se siente molesto o indignado, en realidad está pensando: «Esto es horrible, no debería estar sucediendo. ¿Cómo puede Dios permitirlo?». Líbrese de su ego, y luego actúe según eso que defiende. No hay necesidad de cobijar sentimientos de violencia.

De modo similar, si el comportamiento de alguien le resulta ofensivo, es porque está interpretando esa conducta desde su egocentrismo, el cual sostiene que esa persona no debería actuar como lo hace. Es usted quien escoge sentirse ofendido, herido o enfadado por su comportamiento.

Pero esa persona está actuando según es. El que se sienta ofendido es obra de su ego, que quiere mantenerle en la ansiedad. Si no se lo toma como algo personal, y si juzga el comportamiento por lo que es, podrá erradicar los males del mundo sin que el ego le ponga impedimentos por el sistema de encresparle.

- *Tenga presente que los agravios acarrean agitación, mientras que la comunicación trae paz.* Si quiere paz en su vida, olvídese de los agravios.

La manera de desestimar estos agravios es abandonar el egocentrismo y practicar el perdón, no la venganza. Al abandonar el egocentrismo, le sobrevendrá una sensación de paz. Si está enfadado con alguien, por muy difícil que pueda resultarle, esfuércese por comunicarle sus sentimientos al respecto.

Su resistencia a comunicarse es una consecuencia de la estrategia de su ego. Si permite que se encone, mantendrá viva la agitación y nunca le embriagará el éxtasis que la paz aporta. Cuando se resista a comunicarse con alguien, recuerde que ello es obra de su ego, y que usted está decidido a tener paz. Unos minutos de conversación e incluso de perdón, alejarán la agitación y debilitarán la influencia de su ego.

Su indignación o angustia por ser tratado de manera injusta es precisamente lo que su ego pretende, puesto que eso le mantendrá apartado de la búsqueda espiritual y en las garras de su ego.

- *Tenga esta pequeña frase a mano: «El enjuiciamiento y la paz son antitéticos».* El libro *A Course in Miracles* nos dice: «La tensión del enjuiciamiento constante resulta prácticamente intolerable. Es curioso que una práctica tan dañina sea tan seguida».

Usted tiene que realizar un esfuerzo para mirar a los demás sin condenarlos. Cada enjuiciamiento le aparta de su meta de paz. A su ego le encanta que usted juzgue, dado que con esos juicios usted permanece en un continuo estado de angustia y remordimiento. Tenga presente que nadie queda definido por sus juicios, sino que se define a sí mismo como alguien que necesita juzgar.

El juzgar a los demás de modo condenatorio le niega la posibilidad de que experimente amor. Si puede permanecer neutral, en lugar de condenar, llegará al júbilo sobre el que estoy escribiendo. No tiene que fingir que le encanta algo que aborrece. Limítese a permanecer neutral y dejar que sus juicios se desvanezcan.

La paz no se halla en tener razón o sentirse herido o enojado. Por supuesto, esfuércese para corregir aquello que percibe como negativo, pero hágalo sabiendo que cualquier sentimiento de enojo le impide conocer a Dios.

La paz llegará cuando usted sea un reformador, no un juez.

• *Hágase el regalo de un retiro en silencio cada día.* Aunque sólo sea unos momentos. Regrese a esa clave de acceso a la conciencia superior, acalle el diálogo interno y conozca la diferencia entre el parloteo y el júbilo del espacio unificado. Cuando comience a disfrutar regularmente de momentos de silencio, los codiciará e insistirá en que sean una parte de su vida, con independencia de lo atareado que esté. Ésta es la forma más segura de librarse de la férula del ego y alcanzar la visión interna de paz que es su legítimo derecho.

• *La mejor de las técnicas para traer paz a su vida es recordar que siempre debe escoger la amabilidad ante la alternativa de tener razón o ser amable.* Éste es el método más eficaz que conozco para tener una sensación de paz. Y recuerde, siempre tiene esa alternativa.

• *Tenga como algo predominante en su mente el hecho de que existe un lugar dentro de usted donde hay una paz perfecta y donde nada resulta imposible.* Si ora de forma regular, llegará a ese punto. La paz será suya con que sólo la pida.

Su yo superior siempre alienta la paz. Si tiene la duda de si es su ego o su yo espiritual el que le impulsa a algo, la respuesta se torna evidente cuando uno se pregunta: «¿Esto me traerá paz o agitación?».

En el libro *Yoga Vasistha*, se nos recuerda la necesidad de paz:

> *Esta vida mundana no conduce a la verdadera felicidad,*
> *así que busca el estado de ecuanimidad*
> *en el que experimentarás paz, júbilo y verdad.*
> *Si permaneces en la incertidumbre,*
> *no habrá paz, no habrá felicidad.*

Esta idea de la incertidumbre le resultará útil. La incertidumbre se traduce en agitación; la ecuanimidad, en paz. Dicho estado de ecuanimidad es inalcanzable mediante el ego. Debe poner su yo espiritual al timón de su nave.

Si continúa al timón el ego, permanecerá en la incertidumbre eternamente. Su yo espiritual —y sólo él—, alienta la paz. Él quiere, desesperadamente, que conozca el júbilo de ese estado interno de ecuanimidad.

9

Del engaño a la verdad

La verdad os hará libres

SAN JUAN, 8:32

Sé que me hago más fuerte
al intentar convertir
en verdad mi propia realidad

Las palabras de san Juan son enormemente significativas para mí. Cada día me esfuerzo por que mi yo espiritual se haga con el timón de la nave que mi ego ha pilotado durante años. Cuando lo consigo, no sólo soy capaz de decir la verdad, sino de pensar la verdad y ser la verdad. Entonces siento júbilo y la plenitud de hallarme en mi camino espiritual.

La intención de este capítulo es ayudarle a llevar la verdad a su vida mediante la identificación de comportamientos y razonamientos que le mantienen apartado de la divina verdad. Un compromiso con la verdad es un paso gigantesco para dominar el ego, el cual se crece en el engaño y la falsedad.

En esencia, abrazar la verdad es darle la bienvenida a su yo espiritual y llegar a conocer a Dios. Todo lo que no sea auténtico le alejará.

Su ego trabaja con ahínco para convencerle de que está solo y de que es mejor que los demás, y ya sabe que no le agrada que usted amenace su existencia. Pero recuerde que se trata de su falso yo, carente de autenticidad. El engaño va a representar un importante papel en su vida cuando acepte a su ego como guía.

Por lo tanto, con el fin de abandonar su confianza en ese falso yo, tendrá que establecer una nueva relación con la verdad. Le insto a que defina ese nuevo marco en el que incluya la verdad como compañera de sus pensamientos, de sus conversaciones y de su vida.

Esto supone un gran reto y tal vez le resulte difícil. Pero está garantizado que le conducirá a su yo espiritual. Comience por mirar con honradez y sin miedo su verdadero ser, ese que esconde bajo la superficie de oropeles con los que se ha revestido.

LA VERDAD BAJO LA SUPERFICIE

Su vida tiene un argumento, como lo tienen todos los que han vivido en este planeta. El argumento empieza con su concepción, continúa a lo largo de su infancia y sigue con todos sus éxitos y tribulaciones, hasta este preciso momento.

Su ego le dice que éste es su reino, su verdadera identidad, y que por lo tanto debe hacer todo lo necesario para conseguir que sea un buen argumento. Pero usted ya sabe, por haber leído hasta este punto, que eso no es así.

Existe una voz divina en su interior que le susurra que ésta no es su morada definitiva y que las cosas que aquí se ofrecen son insatisfactorias para una parte de usted. Siente que su yo verdadero no valora la apariencia, ni las posesiones, ni los éxitos, ni la fuerza, ni el talento, porque llega un momento en que todas estas cosas se atrofian y desaparecen. Sabe que bajo esta superficie hay una faceta eterna, y que para ella sólo la verdad bastará.

Es algo similar a lo que sabía Miguel Ángel cuando esculpió el *David*. Dijo que la estatua ya estaba dentro del bloque de mármol. Una parte de su vida artística la pasó apartando lo superfluo para revelar la creación de Dios. Intente imaginar su vida interior de esta manera.

Lo que existe en su interior no es una monstruosidad sobre la que hace falta mentir. No hay nada imperfecto en usted que requiera que cree todo un mundo de engaño con el fin de hacerse valioso a ojos de los demás. Hay una presencia amante que reside dentro de usted. Es tan perfecta como el *David* de Miguel Ángel, y sólo quiere que usted le permita emerger.

SU EGO DESPRECIA LA VERDAD

He trabajado con mucho ahínco en esta cuestión de la verdad a lo largo de mi vida. Durante una gran parte de ella, he mantenido sólo una relación muy casual con la verdad. Nunca tuve la intención de ser malicioso ni herir a nadie, pero adopté el amplio repertorio de engaños de mi ego. Esta relación casual con la verdad me impidió conocer mi yo superior.

Había aprendido a escuchar a mi ego siempre que resultaba conveniente para explicar mis propias debilidades e incapacidades. Si quería tener una aventura amorosa, me era más fácil explicarla como mi derecho a los placeres del momento. Mentir para proteger ese placer era sencillamente lo que mi ego dictaba. Y el ego era muy fuerte.

Un amigo me contó que una vez había llegado a casa a las cinco de la madrugada, todavía borracho después de una noche de juerga. Su esposa había echado la llave, así que volvió a marcharse de juerga, y por fin volvió a su casa a las ocho de la mañana. Le dijo a su esposa que se había quedado dormido en la hamaca del jardín durante toda la noche. Cuando su esposa le dijo que habían quitado la hamaca hacía tres días, él, siguiendo los dictados de su ego, contestó: «Ésa es mi historia, y la mantengo».

Ése es el ego en acción, fomentando una identidad falsa con mentiras y engaños si es necesario para mantener la imagen.

Yo me encontré en la senda espiritual como resultado de una vocación más que como una elección consciente. Cuando esto sucedió, me di cuenta de que en lo profundo de mí mismo no me aceptaba como una criatura divina. Estaba a merced de mi falso yo, que me decía que protegiera una imagen ante el mundo y no quería que yo conociera a Dios ni la verdad encarnada en ese conocimiento. Consecuentemente, yo me engañaba a mí mismo para mantener ese falso yo.

De modo gradual, se volvió intolerable vivir con las mentiras, incluso con las pequeñas tergiversaciones. Al principio, la verdad aterrorizaba a mi ego. Luego, a medida que dominé mi ego, la verdad se transformó en una placentera sensación de libertad. La verdad nos hace libres, como nos dice san Juan en el Nuevo Testamento.

La verdad le hace libre porque ya no está centrado en sí mismo ni preocupado por el tipo de imagen que está proyectando o protegiendo. De hecho, usted ya no es de este mundo a pesar de hallarse en él. Usted se identifica con el mundo que hay más allá, con lo que es eterno.

He tenido muchas conversaciones sobre este tema con mi buen amigo Stuart Wilde. Me ha dicho que le hicieron falta ocho años de esfuerzos para apartarse de las mentiras y vivir la verdad absoluta. Ocho años de esfuerzos y aprender a ser independiente de la opinión de otros. Su ego no dejaba de decirle lo que otras personas creían más importante. Esto significaba que él tenía que representar una obra, pues sentía que «ellos» lo querían así.

Yo hacía lo mismo. Las mentiras que yo creía pequeñas y veniales o exageraciones insignificantes eran obra del ego, que me recordaba de manera constante que necesitaba protegerme dándole al mundo lo que el ego decía que ese mundo quería. ¿Por qué? Porque en el fondo, según el ego, yo era monstruoso. Todo eso ha cambiado de forma espectacular desde que prometí a Dios que la verdad sería mi camino.

Mi experiencia de este cambio queda recogida por las palabras de Stuart en *Whispering Winds of Change* (*Los susurrantes vientos del cambio*):

> A lo largo de los años, al aumentar tu energía espiritual, las mentiras pasan de constituir una parte de tu vida cotidiana a ser tristes necesidades, luego experiencias desagradables, cargas en extremo dolorosas para librarte de las cuales harás lo que sea. Si has emprendido la senda espiritual sabrás a qué me refiero... La trascendencia es en parte el proceso de pasar de la falsedad a lo real.

Confío en que al recorrer la senda de su búsqueda espiritual tendrá una experiencia similar. La transformación se producirá en usted al tiempo que será testigo de ella y hará balance de sus experiencias personales. Comenzará a encontrar demasiado pesada incluso la más pequeña mentira. Entonces sabrá que su yo superior está venciendo al ego.

PASAR DE LA FALSEDAD A LA AUTENTICIDAD

Vemos y oímos mentiras en todo momento. Los medios de comunicación están llenos de anuncios que muestran toda clase de hechos y objetos que nada tienen que ver con la realidad. Según los anuncios, usted puede recobrar la juventud si conduce un determinado coche, encontrar amor si lleva la fragancia anunciada, cobrar nuevas energías si come ciertos cereales, y seducir si usa un desodorante en concreto. Nuestro gobierno defiende su política con mentiras y gasta dinero que no tiene. Distorsiona las cifras del paro mediante declaraciones tergiversadas. Los senadores estadounidenses nos dicen que no podemos tener asistencia social porque el Estado no puede permitírselo, y sin embargo han aprobado para sí mismos atención médica total. Se supone que tenemos que creer que no hay dinero disponible para ayudar a los pobres y enfermos, y sin embargo financiamos guerras en lugares remotos.

Todos nos hemos habituado a las mentiras. Puede que incluso se haya convencido de que contar mentiras merece la pena. Cuando se acoge a las mentiras, a la falsedad, el problema reside en que siempre necesitará más de lo mismo para mantener cubiertas las espaldas. Lo mismo es cierto en el caso de nuestra sociedad. Pero a medida que avancemos hacia unas bases más espirituales, las mentiras disminuirán, tanto en nuestro entorno como en nuestra vida.

Al principio, cuando uno deja de mentir, escuece. Es como un remedio sobre una herida abierta. Su voluntad de pensar, sentir y actuar de modo veraz dejará al descubierto algunas verrugas. Las verrugas son usted mismo. Los errores son usted mismo. No son únicos y no dicen nada desagradable de usted. El escozor se aliviará a medida que abandone la necesidad de engañar.

El ego sufrirá todas las ansiedades que quiera, pero usted se bañará en la cálida luz de la verdad.

Quiero compartir con usted una carta que recibí hace poco. Ilustra cómo la verdad puede entrar en su vida de maneras que no podría imaginar si consulta con su yo superior.

Querido doctor Dyer:

Apenas creo que esté escribiéndole esta carta. Acabo de comenzar por segunda vez a leer su libro *Tus zonas mágicas*. Muchas de las ideas que hay en él ya las conocía, pero su obra ha despertado en mí —de hecho me empujó— el deseo de salir de mí misma y comenzar a hacer realidad algunos sueños. Le agradezco el trabajo que ha invertido en ese libro en beneficio de todos.

Le escribo con un propósito determinado. Tengo una pregunta. Ahora bien, la verdad es que no creo que pueda prestar atención a todas las cartas que le llegan, pero si tiene una respuesta para mí estoy segura de que la obtendré.

Tras un par de semanas de poner en práctica algunos de los consejos de su libro —afirmarme a mí misma, afirmar mi vida, afirmar incluso mi propósito, e imaginar, imaginar con amor—, una noche, justo antes de dormirme, me llegó la idea de que la respuesta a mi anhelo, de que mi milagro llegaría en el correo del día siguiente. Este conocimiento era absoluto, y me dormí con una sensación de gran placidez. Ahora bien, soy una madre soltera con dos hijos; es un puro milagro que lleguemos a fin de mes, pero tenemos el sueño de ver un mundo en paz y yo tengo intención de cambiarlo.

A la mañana siguiente mi milagro llegó en el correo, un crédito por valor de 7.500 dólares. Imagínese, mis preocupaciones económicas temporalmente solucionadas y la posibilidad de comprar lo necesario para comenzar una pequeña industria familiar. (Queremos fabricar ropa de niños y juguetes, todo con productos naturales y sólo de la región.) Y allí estaba: el crédito necesario para hacer un catálogo. Sólo existía un problema: el crédito no era para mí. Había abierto por error una carta dirigida a un ocupante anterior del dúplex. Lo único que tenía que hacer era firmar con su nombre y enviarlo de vuelta.

Eso hice. Eché una firma falsa y cerré el sobre antes de tener tiempo para pensarlo. Me encaminé a la oficina de correos. No puedo expresar cómo me sentía al pensar en que nuestros sueños iban a hacerse realidad. Y no creía que mi engaño fuera muy inmoral: después de todo, el anterior ocupante nunca se enteraría y, por supuesto, yo pagaría los vencimientos.

Durante el viaje en autobús hacia correos, sin embargo, algo comenzó a bullir en mi mente. Mi conciencia, por supuesto, pero algo más. De alguna forma se me hizo muy claro que negarme a llevar a cabo este acto contrario a la honradez significaba que no sólo estaba haciendo lo correcto sino algo más profundo: enviarle un mensaje de confianza a mi subconsciente. Que yo no necesitaba realizar ese acto para llevar a cabo mi milagro, que podía confiar en mí misma para hacer lo que era necesario. Ahora bien, puede que esto no le parezca nada del otro mundo, doctor Dyer, ¡pero darme cuenta de que podía confiar en mí misma es para mí una victoria tan grande como lo fue llegar a la Luna! Rompí aquella venenosa carta y me marché a casa. Pasé el resto del día con una embriagadora sensación de victoria.

Pero ahora han pasado los días y comienzo a sentir una vaga duda. Continúo imaginando cosas e intentando confiar, pero en ocasiones pienso que quizás aquel crédito era un regalo de Dios, y que debería haberlo aceptado. Doctor Dyer, ¿cree usted que hice lo correcto? De ser así, ¿puede ver en qué estoy equivocándome ahora?

Gracias por el tiempo, energía y esperanza que aporta para transformar el mundo.

Paz,

Rebecca ROBERTS

Saint Paul, Minnesota

Muchas veces, lo que creemos necesitar no es lo que Dios está intentando enseñarnos. Rebecca necesitaba conocer el valor de la verdad en su vida, y recibió ese mensaje al escuchar a su yo superior. En este caso, al guiarse por su yo espiritual, permitió que la verdad reinara en su vida.

Me sentí tan conmovido por su honradez y por las estrategias de su ego (sentimiento de culpa por haber sido tan estúpida, presentar la falta de honradez como voluntad de Dios), que hice las gestiones necesarias para que Rebecca obtuviera una línea de crédito libre de intereses.

Como ya sabemos, Dios sigue caminos misteriosos, pero el yo superior sabe cuándo no está siendo sincero. La revelación que Rebecca había tenido la noche anterior —que sus sueños recibirían respuesta en el correo del día siguiente— resultó ser cierta. Pero tuvo que pasar la prueba de la verdad antes de que su sueño fuera realidad.

El movimiento de pasar de la falsedad a la autenticidad comienza por uno mismo. Usted —la presencia invisible que ha estudiado las cuatro claves de acceso a la memoria superior—, en el silencio de su ser, establece una nueva relación con la realidad.

Usted escucha la presencia amante que le dice que es una criatura divina y que no necesita ocultarse presentándose como algo diferente de lo que es. Se vuelve capaz de amar a cualquier persona incluso las que obran ocultándose, y no tiene que cambiar porque sabe que en lo profundo de usted está ese espacio unificado abierto a todas las posibilidades. Reconoce su espiritualidad.

Por otra parte, al adquirir esta visión de usted mismo también adquiere conciencia de que usted no es su cuerpo físico. Ya no necesita mostrar nada más que su plácida divinidad ante los amigos, la familia, incluso ante los desconocidos. Ha realizado la transición de lo falso a lo cierto. Ha reconocido su espiritualidad y está dispuesto a perdonarse por todos y cada uno de los errores que ahora considera lecciones. Se ha instalado en la verdad.

Saber que ya no tiene que mentir para obtener la aprobación de otros o para elevarse a ojos de los demás es la libertad que la verdad aporta. A Stuart le hicieron falta ocho años para llegar a ese punto. A mí me ha hecho falta más tiempo para entender el valor de la verdad en todas las circunstancias, pero ha llegado a mí gracias al *satori*.

Imagino que si Saulo de Tarso, un ladrón, un asesino, puede transformarse en un momento de revelación y convertirse en el apóstol san Pablo al dejar que entrara en él la verdad y vivirla, también Wayne Dyer puede admitir sus errores y vivir la verdad, y también puede hacerlo usted. Como dice Thomas Merton: «Tenemos que obrar con verdad dentro de nosotros mismos, antes de poder conocer una verdad que está fuera de nosotros».

Pasar de la falsedad a la verdad comienza por la verdad interior y sigue con la vivencia diaria de la verdad. Al comenzar a vivir estas verdades, no sólo le da la vuelta a su propio mundo, sino que también aborda la transformación del mundo que le rodea. La verdad no sólo le hace libre a usted, también hará libre al mundo.

El ego del mundo no puede resistir la luz celestial de la verdad más de lo que puede resistirla su ego personal. Los engaños, las mentiras, el robo y los asesinatos que vea a su alrededor comenzarán a desaparecer cuando nos volvamos hacia el interior de nuestros yos y superemos el ego.

Las acciones contrarias a la paz y la verdad que crea el ego son numerosas. En los párrafos siguientes encontrará algunas de sus manifestaciones más comunes.

CÓMO EVITA LA VERDAD EN SU VIDA

Este apartado no está dirigido a los creativos publicitarios ni a los que mienten en su propio provecho, cometen delitos de perjurio o practican infames engaños. Lo que aquí expongo es cómo el ego nos convence de que consultemos a nuestro falso yo en la vida cotidiana.

No estamos ante un caso en que nos engañamos a nosotros mismos, sino más bien de comportamientos e ideas heredadas que hemos adoptado. He aquí algunas de las formas más comunes de evitar la verdad.

• *Jactancia o fanfarronería.* Una inclinación a atraer la atención sobre usted y a exagerar sus éxitos para que los demás le vean de una forma positiva, como alguien especial y distinto de los demás.

• *Tergiversación de los hechos.* Contar los hechos como le gustaría que hubiesen ocurrido en lugar de como sucedieron en realidad. Estas mentirijillas veniales o exageraciones insignificantes, cuando uno se obstina en mantenerlas, se convierten en un estilo de vida.

• *Engaño para salvar la fachada o evitar la vergüenza.* Argumentar con el propósito de convencer a alguien de que usted es inocente de alguna mala acción. Este tipo de engaño obliga a llevar la cuenta de lo que se dijo, a quién y cuándo. Se van sumando más tergiversaciones para que la línea argumental se sostenga.

• *Creación de un futuro imaginario.* Mentir sobre las perspectivas de su futuro para ocultar la verdad. Uno vive su porvenir basándose en una idea falsa. Su vida es una mentira en el presente y en el futuro.

• *Exageración de los hechos para atraer atención.* Un ejemplo de lo difícil que resulta abandonar estas tergiversaciones lo es esta breve historia del libro *Illustrations Unlimited* (*Ilustraciones ilimitadas*), editado por James S. Hewitt:

Una niña desarrolló un mal hábito. Siempre estaba mintiendo. En una ocasión, cuando le regalaron un San Bernardo para su cumpleaños, salió a la calle y les contó a todos sus vecinos que le habían regalado un león. La madre se la llevó aparte y le dijo:

—Te pedí que no mintieras. Vete arriba y dile a Dios que lo lamentas. Prométele que no volverás a mentir.

La niña subió al piso superior, rezó sus oraciones, y volvió a bajar. La madre le preguntó:

—¿Le dijiste a Dios que lo lamentas?

La niña respondió:

—Sí, lo hice. Y Dios me ha contestado que a veces también a él le resulta difícil distinguir entre mi perro y un león.

La práctica de cambiar los hechos con el propósito de impresionar a otros puede ser encantadora cuando lo hace un niño. Para los adultos, es una manera de dejarse llevar por el ego para que mantenga viva las ilusiones. Este proceder le impedirá conocer su yo superior, el cual no necesita exageraciones para sentirse importante a ojos de los demás.

• *Pasar algo por alto en beneficio propio*. Esta historia ilustra cómo puede funcionar esto:

A un hombre le dieron el cheque de su sueldo y advirtió que le habían pagado veinticinco dólares de más, y no le dijo nada al cajero. El cajero se dio cuenta de su error, y al siguiente día de pago dedujo los veinticinco dólares del cheque del sueldo del hombre. El hombre acudió de inmediato a ver al cajero y le dijo que en la cifra del cheque faltaba dinero. El cajero replicó:

—No dijo ni una palabra la semana pasada, cuando recibió dinero de más.

El hombre contestó:

—No me importa pasar por alto un error, pero cuando sucede dos veces es el momento de decir algo.

Ser honrado requiere que uno diga algo con independencia de si uno se beneficia o no del error.

• *Hacer trampas deliberadas en beneficio propio.* La práctica de cobrarles de más a los otros o alterar los costes y luego incluir cargos falsos parece ser una práctica normal para los que permiten que su ego les gobierne la vida.

Se ha estimado que los hospitales de Estados Unidos añaden cargos excesivos y cantidades erróneas en el 99 por ciento de sus facturas. Imagínese: ¡noventa y nueve de cada cien facturas contienen errores que favorecen al hospital!

Esta práctica es demasiado corriente en muchos negocios, así como también en la vida de muchos ciudadanos. La idea de que está bien engañar a los demás conforma una manera de ser que le mantendrá apartado de la senda de su búsqueda espiritual. Lo que se encontrará es que también los otros le engañarán a usted.

• *Comportamiento machista y bravucón.* La necesidad del ego de aparecer como mejor o más importante crea un comportamiento que manipula a otras personas, cuando no las asusta. La prepotencia, la fanfarronería, el pavoneo, las argucias y cosas por el estilo, son actos de engaño que el ego cree que convencerán a los demás de que usted es único y especial.

• *Diálogos internos sobre lo peligroso que es el mundo.* El ego se sirve de los diálogos internos para convencerle de lo peligroso que es el mundo. Cuanto más se convenza de que el mundo es peligroso, menos capaz será de conocer a su yo espiritual. Al evitar el contacto con este yo, usted no sabrá que no corre ningún peligro y que es una criatura divina.

• *Autoengaño.* El ego le convence de que otros son especiales y de que usted no tiene apenas valor porque es un ser inferior. Cuando se deprime con frases en que se desprecia a sí mismo y se acobarda ante los riesgos, usted está haciendo propias las afirmaciones del ego de que es débil y carece de importancia. Esta valoración negativa e irreal le aleja de la verdad y es una estrategia del ego destinada a mantenerle apartado de su búsqueda espiritual.

Para abandonar la tendencia al engaño tiene que entender por qué permite que este argumento rija su vida. Y siempre hay consecuencias derivadas del comportamiento y los pensamientos, incluso de los basados en la falsedad.

• *Su ego se siente atraído por aquello que lo convierte en especial.* Cuando usted crea una ilusión que cumple con ese objetivo, falsa o no, su ego obtiene un beneficio. Cuanto más atractiva hace esa ilusión mediante tergiversaciones, más recompensado se ve su ego. Recuerde que su ego es una falsa imagen de sí mismo. No es su verdadero yo.

El falso yo se crece en la falsedad. Cuanto más se entregue a este pensamiento y conducta sustitutivos de la realidad, menos probabilidades tendrá de llegar a su yo superior y de hallarse en su búsqueda espiritual.

• *El fraude y el engaño son formas de asegurar la supervivencia del ego.* La presencia de su yo auténtico hará que el ego haga mutis porque no tendrá propósito ninguno de ser. Cuando uno está en sintonía con Dios, viviendo su existencia espiritual, no se tiene necesidad de nada que no sea auténtico. Su ego necesita el engaño para asegurarse la supervivencia.

• *Cuando usted se entrega al engaño, es víctima de la búsqueda de aprobación externa.* Su falso yo es lo que usted quiere que otros vean, así que proyecta una imagen que no se basa en la realidad. Es lo mismo que decir: lo que vosotros pensáis de mí es más importante que lo que yo pienso de mí mismo.

Con esta actitud, su ego evita todo riesgo, incluyendo el de realizar un cambio espiritual en su vida. Cuanto más permanezca con las mismas máscaras, más éxito tendrá el ego en mantenerle apartado de su yo superior.

• *«La verdad le hará libre» es una idea que atemoriza al ego.* Al mantenerle esclavizado por todas esas tergiversaciones, la verdad resulta inalcanzable. Cuando la verdad es inalcanzable, también lo es la libertad. A ningún esclavista le gusta la idea de libertar a sus esclavos. El ego le esclaviza y esas tergiversaciones son sus cadenas.

• *El ego puede convencerle de su carencia de valor.* Usted es una criatura divina y eterna que crece a partir del amor y la paz. Pero el ego le persuade de lo contrario.

Esa falsa idea de sí mismo le convence de que no vale nada, así que oculta ese yo carente de valor tras la fachada del ego. De no hacerlo, su carencia de valor quedaría al descubierto ante el mundo.

El ego se mantiene como tendencia dominante por el sistema de convencerle de que no es una amorosa criatura, pacífica y perfecta, de Dios. Y le alentará a decir o hacer cualquier cosa que refuerce esa falsa creencia.

• *Al ego le encanta verle dudando de sí mismo.* Usted puede apartar al ego de su vida cotidiana si tiene certidumbre, respecto de su auténtico valor y no permite que la duda se infiltre en su mundo interior. La certidumbre acerca de usted y de su conexión con Dios socava los principios del ego.

La permanencia en la incertidumbre y la inseguridad es lo que su falso yo le insta a hacer. Continuará enviándole mensajes tergiversadores con el fin de garantizar su existencia.

Éstos son los beneficios que usted recibe cuando permite que el ego maneje su vida y le convenza de aceptar su falso yo. Una vez que usted tiene una idea de lo que recibe a cambio de este comportamiento, puede comenzar a adoptar nuevos métodos para abrazar la verdad y librarse del engaño.

ALGUNAS SUGERENCIAS PARA LIBRARSE DEL ENGAÑO Y ABRAZAR LA VERDAD EN TODO MOMENTO

• *Adopte el compromiso de establecer una nueva relación con la verdad.* La manera de hacer esto es interrumpirse cuando está exagerando o engañando a alguien, incluido a usted mismo. Luego reconocer ante uno mismo que estaba a punto de vanagloriarse. Tome la decisión de contar con exactitud lo sucedido —ni más ni menos—, y fíjese en la sensación que ello le produce.

Descubrirá, al detenerse justo antes de la mentira, que ya está recurriendo a su yo superior, que florece con la verdad, en lugar de ceder a las exigencias del ego. Y entonces, disfrutará de una vida más profunda y rica, que le proporcionará una refrescante sensación comparada con la falsa imagen que da de sí mismo al buscar aprobación.

• *Repare en el diálogo interno que le convence de que el mundo es un lugar peligroso.* Use alguna técnica para trabar diálogo con la parte temerosa de su persona. O busque a un amigo o familiar, o un grupo de apoyo en el que pueda ser sincero acerca de sus miedos. Ese diálogo interno temeroso es un aspecto de usted mismo que también necesita ser amado y oído.

Al permitirle expresar su verdad a ese temeroso diálogo interior, tendrá la posibilidad de reemplazar esos pensamientos por la divina esencia que es su yo superior. En lugar de formular pensamientos que insisten en el miedo, su diálogo interior le recordará que Dios está con usted y que se encuentra en un universo divino, extensión de la divina verdad.

Con menos pensamientos que alertan sobre el peligro y producen miedo, menos necesidad tendrá de recurrir a la tergiversación o el engaño.

• *Permanezca alerta ante los diálogos interiores que hacen hincapié en sus éxitos y no en su misión.* Hace poco di una conferencia a un grupo de locutores de radio, y me sentí muy complacido con mi actuación. Después, mientras corría para hacer ejercicio, reviví la experiencia.

En el mismo momento en que estaba viendo con la mente al grupo que se ponía de pie y me aplaudía, doblé en una esquina y me golpeé el codo contra una pared con tal fuerza que me produjo un agudo dolor en el brazo que tardó varias semanas en desaparecer. Cada vez que sentía el dolor me recordaba que apartara al ego del camino y dejara de centrarme en mí mismo. Se me recordaba cuál era mi propósito, y mi misión, y que no me dejara seducir por los aplausos.

Casi siempre el diálogo interior que le halaga es la cháchara del ego, la cual puede hacerle perder el rumbo. El diálogo interno sobre su misión le mantendrá en la senda.

• *Fórjese una disciplina mental.* Pegue esta cita de Stuart Wilde en un espejo:

> Al controlar al ego tiendes a disolverlo. Se siente muy amenazado por su pérdida de poder. Pero tienes que perderte a ti mismo con el fin de redescubrirte. Una vez que la seguridad de espíritu te imbuye, ves cómo la disciplina mental mejora tu vida. Llega un momento en que el ego se relaja al ver que el nuevo rector de tu existencia es tan firme como una roca.

La disciplina mental es lo que usted está buscando. Supere la tendencia del ego a empujarle hacia el engaño. O no diga nada o deje que brote la verdad. Pronto se convertirá en un hábito y habrá destronado al ego.

• *Guarde silencio.* Cuando esté inseguro respecto de si decir la verdad o tergiversarla porque tiene la impresión de que la verdad será en exceso dolorosa, entonces no diga nada. No está obligado a revelar cada aspecto de su vida. Tiene derecho a guardar silencio y aprender, en silencio, su lección.

De esta manera se esfuerza por hacer tornar la verdad que quiere abrazar. No hacer nada es más gratificante para el espíritu que mentir. Si nadie está obligado a declarar contra sí mismo según la legislación vigente, también esto rige para lo espiritual.

• *Establezca una verdad personal que sea inexpugnable para las fuerzas exteriores.* Sencillamente, comprométase a practicar la verdad y a no tener en cuenta la buena opinión de las otras personas.

Una manera de no temer al rechazo es saber que siempre se encontrará con alguna desaprobación, con independencia de cuál sea su posición; entonces, uno es libre para ser quien es en realidad, según Dios le creó.

No deje de recurrir a la santa naturaleza de su amorosa esencia divina siempre que se sienta tentado de recurrir al fingimiento. No necesita aprobación exterior. Lo que necesita es la verdad para estar en armonía con su yo superior.

• *Resista la necesidad de jactarse.* Esfuércese por tener un propósito en lugar de ser interesante. Ésa es la manera de actuar del yo superior. Conviértase en el que escucha —el que se interesa por los éxitos y las actividades de otros—, y no necesitará jactarse ni tergiversar la realidad.

• *Si se sorprende exagerando, deténgase.* Sólo deténgase y corríjase. No tiene que explicar que está corrigiendo su tendencia a la exageración. Limítese a corregir lo que estaba diciendo. Si destierra las tergiversaciones más insignificantes, traerá la verdad a sus conversaciones. Al obrar así le hace saber a su ego lo innecesarias que son sus tergiversaciones.

• *Escriba un código de honor.* Con sus propias palabras, describa sus intenciones de hacer de la verdad el camino de sus pensamientos y acciones y cesar de engañarse a sí mismo y engañar a los demás. Luego asuma su código de honor por el sistema de leerlo regularmente.

Llegará a irradiar su espiritualidad y habrá descubierto una forma gozosa de vivir.

* *Tenga la seguridad de que carece de importancia que le concedan mérito.* Por último, recuérdese que cuando está cumpliendo con la misión de su vida, los méritos y los halagos no tienen importancia.

La paradoja de esto es que cuanto más busca aprobación, menos recibe. Nadie aprueba a quien busca aprobación. El hecho de abandonar la necesidad de la aprobación externa le deja en libertad para abrazar la verdad.

El viaje de la búsqueda espiritual implica abandonar al ego. Su ego estaba presente en muchos de los comportamientos descritos en este capítulo. E incluso el admitir que le son propios a usted, supone un paso en dirección a su yo superior.

Las palabras de Rumi lo resumen:

> Cuando por fin veáis a través de los velos cómo son las cosas en realidad, no dejaréis de decir una y otra vez: «Desde luego, esto no es como pensábamos que era».

Los velos son las tergiversaciones. Use su código de honor para desprenderse de ellas. Entonces estará de acuerdo con Rumi: «Esto no es como pensaba que era». Será más de lo que jamás hubiera podido imaginar cuando el ego le apartaba del camino de su búsqueda espiritual.

10

Del miedo al amor

He visto la verdad.
No es como si la hubiera inventado con la mente.
La he visto, VISTO,
y la imagen viviente de ella
ha llenado mi alma para siempre...

Si en un día, una hora,
todo pudiera arreglarse a la vez...
lo más importante es amar

Fiódor DOSTOYEVSKY

Sé que la esencia misma de mi ser,
y la forma de transformar mi vida,
es el amor

Puede que crea que lo contrario del amor es el odio. Yo no veo estas dos emociones como opuestas. De hecho, el amor y el odio con frecuencia se encuentran muy próximos. Para mí, lo contrario del amor es el miedo.

El amor y el odio son poderosas emociones que pueden darse de manera simultánea. Hay cosas que amamos. Hay cosas que odiamos. ¿Por qué fingir que no es así? Hay momentos en que amamos lo que odiamos y momentos en que odiamos lo que amamos.

Pero cuando uno tiene miedo, no tiene amor. El ego usa el miedo como medio para mantener el amor auténtico fuera de su vida. Cuando el amor no está presente en su vida, usted ha sucumbido ante el ego y permitido que el miedo entre donde el amor reside. Ha permitido que el ego reemplace a Dios.

El amor, como dijo Dostoyevski, es lo más importante de la vida. Constituye la esencia del universo. Es el vínculo que mantiene juntas todas las cosas. Es la sustancia de tu yo superior. «Dios es amor» es una tautología, la frase tiene exactamente el mismo significado cuando se la lee hacia delante o hacia atrás.

El ego intenta mantenerle desconectado de su amorosa esencia divina, porque el interés del ego se ha concentrado en el mundo exterior. El ego tiene miedo de morir si usted comienza a desarrollar una relación con la parte interna de sí mismo. Ser capaz de amar a su ego, basado en el miedo, incluso mientras fomenta el miedo —como técnica de supervivencia—, podría constituir uno de los más difíciles retos de su búsqueda espiritual.

Provocar miedo es una táctica del ego, ya sea de su propio ego como del ego del mundo. El ego del mundo es un reflejo del poder del ego individual y de la cantidad de miedo existente. El miedo está presente cuando no sabemos que formamos parte del designio divino de Dios. El ego hace que transmitamos la energía del miedo en lugar de la energía del amor. Y esta energía del amor está presente en todos nosotros durante nuestra breve estancia en el aquí y ahora.

Aprender a gozar de amor auténtico significa abandonar la insistencia del ego de que tiene mucho que temer y de que nos encontramos en un mundo hostil. Para aprenderlo primero hay que examinar su reticencia a abrazar el amor.

Así pues, ¿qué debe no gustarle?

La madre Teresa de Calcuta dice que el amor es el tema central de nuestra existencia. Ella escribió: «Con este propósito hemos sido creados: para amar y ser amados». Estas útiles palabras le recuerdan que comience a dominar su ego, pues usted está aquí con el propósito de amar y ser amado.

Si no está viviendo en amor, ello se debe a que tiene miedo. Necesita examinar con honradez sus miedos, y con amor. Cuando lo haga, transformará sus miedos, mediante el amor, en amor. Abrirá dentro de usted un espacio que sólo puede ser ocupado por el amor. En este espacio tiene un propósito, recorrer el camino del yo espiritual. Pero primero tiene que ver cómo sustituir el miedo por amor.

Su ego fomenta de manera constante el miedo porque teme al auténtico amor. Este falso yo ayuda a convencerle de que, de alguna forma, usted está incompleto. Ésa es la fuente de todos los miedos. Así que usted, como mucha gente, intenta llenar ese vacío con las soluciones del ego.

Temeroso de que su vacío, su ser incompleto, quede al descubierto, dedica una gran cantidad de tiempo a crear una falsa imagen de felicidad. Pero si se detuviera y llevara a cabo una valoración realista, podría percibir que el sentimiento de ser incompleto es la llamada que le hace una parte de usted mismo que ha repudiado.

¿Qué puede no gustarle de la inteligencia universal que fluye a través de usted? Darle la bienvenida al ser espiritual que usted es, tener una experiencia humana y sentir el amor que hay en ella... ¿qué puede no gustarle de eso?

El miedo a dejar al descubierto su vacío hace que busque de forma constante relaciones que el ego le dice que satisfarán el anhelo que hay en su interior. Lo que sucede es que cuando se entra en una relación se está hambriento del amor que supone el yo superior. Su anhelo se encuentra enmascarado, finge ser otra cosa. No es de extrañar que tanta gente piense repetidamente que ha encontrado el amor, y repetidamente declare haberlo perdido.

Qué diferente es cuando se puede detectar el vacío interior y pensar: «¿Qué puede no gustarme? Este anhelo forma parte del ser humano y del conocimiento del amor». Entonces le hará saber al ego que el miedo no es lo que prefiere. Imagínese cómo podría ser nuestro mundo si la gente supiera que ya está completa.

¿Qué necesitaría comprar? ¿Qué tendría que poseer? ¿A quién debería impresionar? ¿A quién necesitaría llevar del brazo? Las respuestas le darán una idea de cuán a merced estamos del miedo de que somos incompletos, inaceptables, y lo inconscientes que somos de nuestra conexión divina.

El miedo que sustituye al amor no es nada más que un miedo a que nos rechacen. A la práctica totalidad de los miedos puede seguírseles la pista hasta la propia estima. Si se ama a sí mismo, será capaz de transformar sus miedos mediante el amor, y no permitirá que dirijan su vida.

Si tiene una sensación interna de estar completo, de conocer la esencia divina, el miedo se convierte en una amorosa invitación a saber más o a cambiar algo en su vida. El miedo ya no le amenazará como hacía cuando no conocía su yo superior.

Hace poco, mi esposa pasó una semana de meditación silenciosa en un monasterio de California del Norte. Acudió allí para tener una experiencia de Dios más profunda; para trabajar en su libro sobre la forma espiritual de abordar el parto y el cuidado del bebé; y para vivir toda una semana de silencio, oración y meditación. Se sintió hondamente afectada por el contento y amor que halló dentro de aquella comunidad de personas que habían vivido allí durante décadas. Dijo no haber sentido ninguno de los miedos que tan a menudo son una parte aceptada de la vida.

Cuando se conoce íntimamente el yo superior, uno tiene a su disposición una profunda sensación de amor, y el miedo, tal y como se conocía, se convierte en un imposible. Con esto en mente, la respuesta a la pregunta retórica «así pues, ¿qué debe no gustarme?», es que no hay en absoluto nada que no deba gustarle. No hay nada que temer cuando uno sabe que es una criatura divina y está completo, y que no tiene que hacer nada para demostrarlo.

No tiene por qué ingresar en un monasterio y vivir en silencio para llegar a esta respuesta. Sólo tiene que hacer el voto de reemplazar el miedo por amor. Cuando sea capaz de hacer esto, estará escuchando a su yo espiritual.

CENTRARSE EN EL MIEDO Y CENTRARSE EN EL AMOR

Cuando dedica tiempo y energías a preocuparse por cómo le ven los demás, está en las garras de su ego. El miedo será su constante compañero. Concentrarse en el miedo es el vehículo que usted usa para expresar su condición humana. El vehículo es el transporte que ha escogido, las ropas que viste, las posesiones que ha acumulado, el dinero que tiene...

Estos vehículos pueden convertirse en el centro de su vida. Son intentos de hacerle saber al mundo y hacerse saber a usted mismo lo importante que es, y de satisfacer la insistencia de su ego en su reconocimiento.

Centrarse en el amor no requiere preocuparse por impresionar ni necesita de los símbolos externos de la condición social. El amor se expresa siempre mediante el servicio de Dios y el servicio a los otros. No le importa cómo viste, en qué lo envuelve para entregarlo, ni lo que piensan los demás. Sólo está preocupado por dar y compartir. El amor no pide nada a cambio. El amor está seguro en su interior, así que no le importa cómo le perciban.

El miedo afirma que lo que puede dar nunca es suficiente, porque procede de las carencias. El amor afirma que fue creado por Dios y que es perfecto. Lo que puede dar siempre será repuesto en una relación no desequilibrada o insana.

Cuando se abandona el miedo, el centro de su vida cambia y cambian los vehículos de su expresión —la búsqueda de aprobación y el evitar el rechazo— a su yo divino y a lo que el auténtico yo expresa.

Su ego, movido por el miedo, intentará convencerle de que el amor no es la respuesta. Detectará pensamientos tendentes a demostrarles algo a los demás, con comprar y posesiones imponentes, o con facturas que no pueden atenderse con amor. Estos diálogos internos que mantiene consigo mismo son el ego que le dice que abandone sus inclinaciones superiores. Está tratando de que usted quede prisionero de las carencias, donde reina el miedo.

Cuando tenga este tipo de pensamientos, ha de recordarse a sí mismo que no debe aceptar esta falsa imagen. Es una ilusión pensar que la forma de evitar la pobreza y el rechazo es dejar que sea el miedo quien dirija su vida. Cuando se tiene un propósito, cuando se concentra uno en expresarse por medio del amor, y se despreocupa por la manera en que se manifieste, el universo comienza a hacerse cargo de los detalles. Se es guiado, y la abundancia afluye a la vida. Las relaciones se convierten en espirituales.

Cuando su vida está basada en el miedo, usted tiende a creer que su valor se fundamenta en sus actos. Si actúa bien, usted es digno de aprecio; si fracasa, no vale nada. Así pues, el miedo le impulsará a actuar cada vez mejor para hacerse valer.

El ego se desarrolló en la infancia para proporcionarnos una sensación de seguridad. En la infancia, el miedo a no ser amados se traduce en peligrosa inseguridad. Su ego asumió la tarea de hacer que se sintiera seguro, enseñándole la manera de hacerse querer.

Así que si le elogiaban y decían que le querían sólo cuando obtenía buenas notas, o cuando guardaba los juguetes, su ego decidió actuar, como forma de estar a salvo o ser querido. El ego le amenaza todavía hoy con el miedo a no estar a salvo si no es querido.

De lo que el ego no se da cuenta es de que ese miedo era válido entonces porque no tenía la capacidad de supervivencia del adulto. Eso fue entonces y esto es ahora. Usted es un adulto en el aquí y ahora, y su supervivencia no depende del amor externo. Pero el ego puede llevarle a creer que su supervivencia está amenazada, como sucedía durante la infancia, sin esa seguridad del afecto externo. Ese miedo puede hacer que se pase la vida intentando conseguir los premios equivalentes en la vida adulta, los cuales representan el amor y la seguridad. Aunque esto sólo será cierto si continúa permitiendo que el ego, impulsado por el miedo, dirija su vida aunque la realidad ahora haya cambiado.

Cuando el amor es el centro de su vida, no temerá que sus actos tengan valor. En el corazón, usted sabe que es mucho más que sus actos. Al crecer, ha superado el miedo y entrado en el amor. Sabe que su valor no está nunca en tela de juicio.

Este conocimiento le permite avanzar con el yo superior al timón. El yo superior no requiere que actúe para obtener amor. Los miedos son tomados como vienen, del mismo modo que lo son las tormentas en el mar. No constituyen más que una parte del viaje.

Cuando el miedo es el centro de su existencia, se sentirá decepcionado y ofendido si no recibe cuando da, porque hace lo que hace a cambio de una retribución. Si no es reconocido ni apreciado por los demás, vivirá con la posibilidad de que eso se deba a que es un incompetente o no es querido.

Cuando el centro de su existencia es el amor, no tiene expectativa ninguna respecto de cómo deberían los demás responder ante sus actos de amor. Usted está dedicado a dar y servir, porque eso es el amor. Su yo superior le invita a servir y dar sin expectativas de recompensa. Me agrada sobremanera lo que el psicólogo Rollo May dijo a propósito de esto. Lo llama la esencia de la vida: «Pero la esencia de ser humano reside en que, durante el breve momento en que existimos sobre este planeta en rotación, podamos amar a algunas personas y algunas cosas».

Cuando usted está centrado en el miedo, se preocupa por los vehículos de su expresión, mide su valor basándose en cómo actúa, y retira su amor si no es correspondido. Así actúa el ego, el falso yo. Su yo real, la amorosa esencia divina, se concentra en radiar amor desde el centro de usted mismo, el cual no puede agotarse.

En todos los seres vivos hay células, moléculas, átomos y partículas subatómicas. Dentro de cada una de estas configuraciones de vida existen espacios vacíos entre las partículas. Cuando se las examina, nos damos cuenta de que algo las mantiene juntas. Hay alguna fuerza invisible en esos espacios por donde vagan las partículas. Esta fuerza fue descrita por Teilhard de Chardin con las siguientes palabras: «El amor es la afinidad que une y reúne los elementos del mundo… El amor, de hecho, es el agente de la síntesis universal».

Esta fuerza invisible, el vínculo del universo, es el amor. Cuando está ausente existe el miedo, así como todos los comportamientos impulsados por el ego que se encuentran asociados con él. Cuando está presente el amor, no se tiene miedo, y el ego puede realizar otro cometido.

ALGUNOS COMPORTAMIENTOS TÍPICOS BASADOS EN EL MIEDO

Al ponerse en marcha para identificar, entender y cambiar sus pensamientos y comportamientos basados en el miedo y reemplazarlos por amor, piense en esta cita de *The Life and Teaching of the Masters of the Far East* (*La vida y enseñanzas de los maestros del Lejano Oriente*): «Cuando el hijo del hombre es elevado hasta el reino en el que se alza por encima de las falacias del reino físico, piensa y actúa en el plano de la más pura inteligencia. Allí distingue entre esos instintos que comparte con todos los demás animales, y las intuiciones divinas que tiene en común con Dios». Esas intuiciones divinas están basadas en el amor. Su yo superior está implorándole que escuche y conozca el espíritu que reside dentro de usted.

La incapacidad para confiar en el amor, que es nuestra esencia, se manifiesta de muchas formas. Descritos a continuación están algunos de los comportamientos y pensamientos más corrientes que indican un ego basado en el miedo.

• *Escoger el enjuiciamiento en lugar de la comprensión.* El miedo de verse, por ejemplo, despedido, enfermo, mentalmente desequilibrado, sin techo, o de sufrir maltratos, le hace juzgar con espíritu crítico a las personas. La presencia amante de su interior le impulsa hacia el amor y la comprensión.

• *Un constante diálogo interno de autoenjuiciamiento.* Su ego mantiene un constante diálogo crítico para que esté siempre en un estado de miedo en sordina.

• *Una apariencia externa que refleja su miedo interior.* Su ego quiere que crea que usted no tiene valor, y le ayudará de buena gana a crear una imagen que demuestre que es así. Las manifestaciones como la obesidad o la falta de aseo suelen ser proyecciones de uno mismo basadas en el miedo.

• *Evitación de la auténtica intimidad.* El ego puede influirle para que evite todo esfuerzo destinado a ser amado por los otros, negándose a permitir el riesgo de un encuentro íntimo o el desarrollo de una relación de este tipo.

• *Un modo de vida egocéntrico.* El ego a menudo le hace perseguir de modo egoísta sus propias metas a costa de otras personas.

• *Excusar su comportamiento egoísta.* A menudo recurrimos a excusas económicas, sociales o de otro tipo para defender un comportamiento que no entrega amor. Por ejemplo, usted podría excusar un comportamiento carente de amor y de consideración porque «no es más que mi trabajo» o porque «todo el mundo lo hace».

• *Insensibilidad y falta de respeto.* Las expresiones de rechazo o rudeza para con los demás se basan en el ego. Las escuchamos en los grandes almacenes, las carreteras, las oficinas, los aeropuertos, los restaurantes...

Éstas son algunas de las expresiones corrientes de un ego basado en el miedo que lucha por mantenerle apartado de la experiencia del amor, que es su verdadera esencia. Antes de comenzar a cambiar estas conductas y pautas de pensamiento, necesita examinar los beneficios. ¿Qué beneficios está recibiendo por escuchar atentamente al ego?

LAS RECOMPENSAS DE ACTUAR AL DICTADO DEL MIEDO

Su ego trabaja por su supervivencia. Sus beneficios no son el dinero sino el mantenerse con vida. Los siguientes son algunos ejemplos del pago que recibe por mantenerle en un estado de miedo y alejamiento del amor.

• *Su ego no está abierto a establecer un contacto con Dios, porque de inmediato quedaría al margen.* Por lo tanto, su ego se dedica a mantenerse en un estado de miedo constante.

Al ego no le gustan las situaciones difíciles porque éstas, con mucha frecuencia, le harán mirar al interior y abrirse a una apreciación más elevada de su yo espiritual. Así pues, su ego impulsa un río de miedo, de cauce muy regular, respecto de sus limitaciones y defectos.

• *Su ego está en conflicto con el verdadero propósito que tiene para estar aquí.* Usted está aquí para dar y recibir amor. Su ego le aleja de ello manteniéndole en un sistema de creencias que afirma que usted está aislado de los demás y que es especial. Este sentimiento de ser diferente y al mismo tiempo especial significa que no puede entregar su amor con facilidad.

• *Al aferrarse a los miedos, puede evitar hacer frente a muchos desafíos.* Esto puede impedirle realizar los cambios que le harán entrar en contacto con su yo espiritual. Mientras tenga dudas acerca de sí mismo y todos sus miedos concomitantes, le garantizo que permanecerá esclavizado por su falso yo.

• *Su ego crece con la culpabilidad.* Su yo superior sabe que debería perdonarse, aprender de los errores y despojarse de los sentimientos de miedo y ansiedad.

Pero el ego le imbuye de sentimientos de culpa para poder crecer. El sentimiento de culpa es el miedo interno de que deberá pagar un precio por todos y cada uno de los errores que ha cometido en la vida. Así que el ego le convence de que tiene que sentirse culpable, y eso le mantiene apartado de su verdadero espíritu.

• *Su ego no rechaza el amor.* Se limita a proporcionarle excusas de por qué debe mostrarse escéptico respecto de que usted es una criatura divina.

La voz del ego le susurra que el amor es un ideal elevado... pero lleno de peligro. Existen muchas probabilidades de que resulte herido, así que debe proceder con cautela. Él quiere que no entregue demasiado amor porque podrían aprovecharse de usted. Como usted es tan especial, le dice, los demás quieren aprovecharse.

Todas esas ideas le mantienen en un estado de miedo; no pánico, sólo miedo. Una constante ansiedad a propósito del dar y el recibir amor basta para mantenerle bajo la influencia del ego.

• *El ego fomenta el falso amor.* En sus relaciones con los demás, su ego le convence de que su pareja es justo lo que necesita para llenar el vacío de su interior. Esto es un engaño que le impedirá conocer el amor y la paz.

Por definición, si usted está incompleto, eso es lo único que tendrá para dar, porque no puede dar lo que no posee. Le dará a su pareja una persona incompleta que tiene miedo de que la descubran. No hay manera de que el amor auténtico pueda florecer en este tipo de atmósfera. Será incapaz de conocer el amor y de recibirlo sin cuestionarlo.

ALGUNAS IDEAS PARA TRAER A SU VIDA EL AMOR

• *Haga una copia de este pasaje de* Hojas de hierba *de Walt Whitman.* Péguela al espejo y léalo cada mañana. Le ayudará a abrirse al amor que busca y a exorcizar los miedos.

> *Existo como soy, con eso basta.*
> *Si nadie más en el mundo lo sabe, permanezco sentado, contento,*
> *y si cada uno y todos lo saben, permanezco sentado, contento.*

> Un mundo lo sabe, y para mí es con mucho el más grande,
> y ése soy yo mismo.
> Y si recibo el reconocimiento hoy o en diez mil
> o diez millones de años,
> puedo recibirlo ahora con alegría, o con igual alegría,
> puedo esperar.

• *Recuerde que Dios le creó con un amor que es inmutable y eterno.* Su cuerpo está cambiando, al igual que su mente, así que usted no es ni su cuerpo ni su mente. Usted fue creado como espíritu de puro amor. No se aparte de ello.

Al reconocer y afirmar esto cada día, perderá su miedo a ser indigno e incompleto. El mero hecho de recordar de modo constante la afirmación de que es una creación de Dios, ahuyentará los miedos.

• *Perdónese y déle la bienvenida al amor.* Cuando usted llega a hacer esto, se produce una especie de equilibrio. En lugar de sintonizar con la culpabilidad, uno se entrega al júbilo y la ayuda. Usted comenzará a llevar a cabo la tarea por la que originalmente llegó aquí.

• *Fíjese en los actos de bondad de otras personas y no en sus malas acciones.* Así es como le ve el ser superior. Todos somos almas buenas, amantes, que en ocasiones se pierden. Cuando usted llega a centrarse en lo bueno de otra persona y retenerlo en la mente, está actuando según su yo superior. Esto puede ayudarle a disipar el miedo y el enojo.

• *Recuerde lo mucho que tiene para entregar, y lo precioso y valioso que es lo que entrega.* Por su interior corre la misma energía que permite moverse a los planetas, el movimiento de rotación de la Tierra, germinar a las semillas, y a las flores abrirse. No hay un Dios distinto. Existe una sola inteligencia universal que fluye a través de todos nosotros.

Es la energía del amor. Recuerde eso cada vez que dude de que es una criatura divina. Afírmese que es divino, que ama y es amado y que no se dejará presionar por su ego. Recuerde que a través de usted fluye la misma energía que fluyó a través de Jesucristo y Buda. Esto debería servirle cada vez que sienta que su ego furtivamente trata de implantar en su mente miedos y dudas.

• *Demuéstreles a los demás que los ataques verbales son insignificantes.* No les entregue a otros su energía discutiendo con ellos. Limítese a pasar de largo cuando otros intentan que se sienta culpable.

Tenga la seguridad de que ha regresado de las tinieblas a la luz y que está permitiendo que su yo más luminoso le muestre el camino. Admita que antes le gobernó el ego, pero que ya no es así. Si otras personas continúan insistiendo en que debería sentirse culpable, niéguese a hacerlo.

• *Acepte que usted es digno de aprecio tal como es.* Cuando su ego comience a intentar que usted sienta miedo, diga con lentitud: «¡Yo soy digno de aprecio!». No necesita ser nada que no es. No necesita demostrar lo que vale. No necesita consentir que su ego le imbuya de miedos para mantener alejado a su verdadero yo.

• *Reconozca ante usted mismo cómo se ha dejado guiar por su falso yo, y el hecho de que ahora ha elegido una guía diferente.* Con el yo superior como su nuevo guía, puede alcanzar su meta y relajarse. Ya no tiene que demostrar quién es, sino que puede comenzar a recorrer la senda del amor.

Esta atmósfera interior borrará los pensamientos enjuiciadores que antes fueron sembrados y alimentados por el ego. En lugar de sentirse asustado u ofendido, como sugiere el ego, penétrese de amor y de comprensión. De ese modo, no le será dable pensar que es mejor, más inteligente o tiene más suerte que otros.

• *Acepte el riesgo de la intimidad siempre que le sea posible.* Cuéntele cómo se siente a alguien por quien sienta afecto, aunque esté presente el miedo. ¡Hágalo! Al emprender esta acción contra su miedo a la intimidad, invita a su yo superior, a su amorosa esencia divina, a reemplazar las tácticas del ego.

Acérquese y arriésguese a decir cuánto ama y aprecia a alguien. Dígale a esa persona que está dispuesto a ser vulnerable para conocerla mejor. Esta forma sincera de expresarse puede vencer el miedo a la intimidad. Recurra a cualquier medio para expresar amor, e intente hacer caso omiso del vehículo de expresión. Lo que cuenta es la sustancia de lo que usted es y siente, no el vehículo que emplee.

• *Si esos miedos comienzan a regresar, deténgase y formúlese la pregunta que antes planteé: «Así pues, ¿qué debe no gustarme?».*

No puede tener un pasado mejor, así que abandone la idea ahora mismo. Hizo lo que sabía hacer. Esos errores de su pasado estuvieron dirigidos por el ego, que quería tenerle en su poder. Escuchó a su falso yo y retrocedió con miedo ante la idea de que alguien conociera su verdadero yo.

Se apartó del amor, pero ahora ha regresado y ha escogido el amor. En lo profundo de usted sabe que fue concebido para el amor y la felicidad. Sencillamente permitió que su falso yo le alejara del divino amor que es su esencia.

Puede elegir el regreso a la brillante luz del amor que siempre se encuentra con usted. Usted es ese límpido amor. Acuda allí con frecuencia y todos sus temores serán reemplazados por ese amor que siempre le acompaña.

Deje que sus pensamientos se asienten en el amor, y que sus acciones se originen en este amor. Ésa es la realización de su yo superior. Es el cumplimiento de su búsqueda espiritual. En verdad puede tomar la decisión de librarse del miedo y la duda.

¡No existe libertad más grande!

11

De la apariencia externa
a la sustancia interior

*La dignidad no consiste en recibir honores
sino en merecerlos*

ARISTÓTELES

Mis juicios me impiden
ver lo bueno que hay
más allá de las apariencias

La plegaria que más a menudo se cita en el mundo occidental incluye las siguientes palabras: «...hágase tu voluntad, así en la tierra como en el cielo». Para el ego, el tener el cielo en la tierra significa ser la persona más rica y famosa de este reino. Para su yo espiritual, «el cielo en la tierra» significa que no existen dichas distinciones.

En la tierra, insiste el ego, usted debe perseguir las apariencias y las adquisiciones. El principal motivo de su vida aquí, según el ego, tiene que ver con las apariencias, y su apariencia está por encima de sus más profundos sentimientos. Su carrera profesional, la calidad y cantidad de sus posesiones, y los oropeles del éxito, son hacia lo que el ego quiere que dirija su energía. Esto es muchísimo más importante para el ego que la vida interior.

Pero todos somos conscientes de la vacuidad y futilidad de la forma de ser del ego. Usted está leyendo este libro en parte porque es consciente de que, con el fin de tener una experiencia de vida más profunda y rica, tiene que saber cómo apartarse del ego y dirigirse hacia el yo interior, que le ofrece la amorosa esencia divina.

IR MÁS ALLÁ DEL MUNDO DE LAS APARIENCIAS

Para entender cómo funciona el ego, usted tiene que darse cuenta de que esta falsa visión de sí mismo cree que la Tierra es la única morada. Si usted se reconoce sólo como un terrícola, como quiere el ego, su felicidad y satisfacción tendrán que ser realidades físicas, cosas.

Pero hay un aspecto de usted que sabe que estas cosas no proporcionan la satisfacción espiritual que supone la promesa de la búsqueda espiritual. El planeta Tierra no es su única morada. Lo que éste ofrece es satisfactorio sólo en parte para el invisible yo que habita en su cuerpo. Esa faceta interna sabe que esta vida en la Tierra no es el último destino.

Sin embargo, a la mayoría nos ha convencido el tenaz y decidido ego, de que las apariencias son lo que cuenta en la vida, y que las recompensas se obtienen por las apariencias. El yo interior sabe que todo esto es muy fugaz porque las recompensas que usted obtiene de la juventud y la fuerza física, por ejemplo, disminuirán al deteriorarse esas cualidades físicas.

Su yo físico observa eternamente las transformaciones físicas del cuerpo. Este reino del yo superior está gobernado por un yo interior que es consciente de las realidades de la Tierra y de las realidades del cielo. Es inmune a las exigencias del ego para que concentre toda su energía en el plano terrenal.

He aquí cómo lo describe Nisargadatta Maharaj: «El mundo es la morada de los deseos y el miedo. No puedes encontrar paz en él. Para hallar paz debes trascender el mundo». Y eso es en verdad el cielo en la tierra: una experiencia de paz interior sin idolatría de las posesiones y apariencias.

La perspicaz respuesta a la plegaria «...hágase tu voluntad, así en la tierra como en el cielo» se halla en el conocimiento de que el cielo no es este mundo. Es el mundo de Dios, el reino donde usted ha destruido todo lo que ha acumulado y donde encuentra la paz a la que hace referencia Sri Nisargadatta.

Su yo superior está más allá de este mundo de vida y muerte donde las apariencias son lo más importante. Vea cómo esas apariencias han triunfado sobre el yo espiritual.

- *Juzgar a los demás por su apariencia.* Un rasgo común de la persona guiada por el ego es el de juzgar a los demás por las medidas externas de sus posesiones, apariencia y conducta.

A menudo, tras el enjuiciamiento, se decide no fomentar la amistad con alguien, basándose en su posición social. De todas formas, es una técnica de la que se sirve el ego para impedir que usted conozca su yo superior.

Todo enjuiciamiento relativo a las apariencias no es más que un modo de verse a uno mismo como mejor por comparación con otra persona. El ego hace que se ratifique su diferenciación de los demás, y le encanta mantenerle en dicho estado. De esa forma consigue evitar que se sienta conectado con el universo.

Cuando uno habla con su yo superior, se aprende que, en parte, se tiene la misma divina esencia que nos conecta a todos con la fuente del espíritu. Su yo interior confirma que usted no es en nada mejor que otra persona y que no necesita ni juzgar ni compararse con otros. Hay un solo Dios, una fuente con muchas manifestaciones.

Cuando uno tiene conciencia de esto, no se puede ver a los demás en términos de lo que poseen o de lo que parecen, ni siquiera de la forma en que se conducen. Se relaciona con las otras personas en función de la divinidad que fluye a través de ellas, que constituye una manifestación de la energía que da soporte al mundo físico. En la senda de la búsqueda espiritual, uno experimenta la energía que fluye a través de sí y de los demás.

Entonces se es capaz de entregar amor y bondad, sin reparar en las apariencias, porque se siente la energía espiritual. El yo superior nos lleva a recordar la verdad acerca de alguien, incluso cuando ese alguien lo ha olvidado.

Usted ya no juzgará a los seres, con los que se encuentre, que sigan la senda trazada por el ego. Usted será capaz de limitarse a observarlos con amor mientras su cuerpo se relaciona con ellos, percibiendo la amorosa esencia divina, aun cuando ellos no la sientan. Usted y Dios estarán unidos cuando se siguen los dictados del yo superior.

Gracias a esa conjunción, usted será serenamente consciente de que esta morada llamada Tierra es transitoria, y que, en ella, sus habitantes y las posesiones de los mismos nunca permanecen iguales. Sufren un constante cambio. El cielo, por el contrario, es inmutable y eterno: en él no hay enjuiciamientos, ni posesiones, ni posiciones sociales.

«Así en la tierra como en el cielo» no debe ser una expresión vacía, sino un conocimiento de que su yo superior le insta a descartar cualquier pensamiento de que se encuentra separado de los demás y de Dios. «Así en la tierra como en el cielo» significa comenzar a vivir sin las falsas ideas que fomenta el ego.

Desde luego que muchas personas se conducirán según los dictados de su ego. En esos momentos, su tarea es recordar al yo interior que ellos han olvidado. Evite la tendencia a aceptar la invitación del ego a juzgarlas. También esas personas son criaturas de Dios. También ellas tienen la fuente de la bondad fluyendo por su interior, aunque lo hayan olvidado o permitan que el ego domine sus vidas. Pero la conducta de quienes están dirigidos por su ego no es una razón para que usted haga lo mismo.

Estas personas aprenderán de sus propios comportamientos. Pero para hallar la respuesta usted necesita consultar a su espíritu. Ésta es la manera de dominar al ego y conocer la paz que proviene de la negativa de juzgar a otros. Esto no quiere decir que deba aprobar la mala conducta de otros ni que no deba hacérseles responsables de su comportamiento. Lo que usted necesita es hablar con su yo superior, y negarse a juzgar o a creerse mejor como resultado de comparaciones.

• *Juzgarse a uno mismo basándose en la apariencia.* Si ha permitido que su ego le convenza de juzgar a otras personas por su apariencia, es probable que se inflija el mismo castigo a usted mismo. Cuando uno examina su vida con evaluaciones basadas en las apariencias externas y se concluye que no se ha estado a la altura de nuestro potencial, uno puede estar seguro de que el ego se alegra con ello.

Cuando usted necesita más de cualquier cosa para sentirse bien consigo mismo, usted se halla en una carrera sin fin, y no puede alcanzar el goce espiritual. El camino para salir de esta trampa que hace que nos rechacemos a nosotros mismos es reconocer que el reino terrenal no es la única morada. Edgar Allan Poe nos recuerda: «Todo lo que vemos o parecemos / no es sino un sueño dentro de un sueño». Cuando uno sabe que la vida es un sueño dentro de otro sueño mayor, se pueden abandonar las apariencias como escala de valor.

Comience por entender que el sistema de creencias del ego es similar a sus sueños nocturnos, en los que usted cree que el sueño es real mientras duerme pero que al despertar ve que era una ilusión. Toda la vida es una proyección de la mente: un sueño dentro de un sueño. Sabiendo esto, usted puede hablar con su yo superior y olvidarse de acceder a las exigencias del ego.

El cielo en la tierra comienza a darse cuando uno abandona la falsa idea de que tiene que demostrarle a alguien que ha adquirido las credenciales necesarias para que le consideren una persona de éxito. Aún recuerdo cuando, hace años, llegué a darme cuenta de esto.

Fue en una consulta con un hombre al que llamaré Richard, que había conseguido todo eso que la mayoría de los que vivimos en el mundo occidental consideraríamos necesario para que nos tuvieran por unos triunfadores. Era multimillonario, tenía varias mansiones y había viajado por todo el mundo. Pero tan sólo había llevado una existencia centrada en lo externo. No conocía ninguna otra forma de vivir, estaba atrapado por ese modo de vida.

Durante los meses en que trabajé con Richard, quedó claro que las apariencias no crean paz y que la paz es lo que ofrece el yo superior. Richard necesitaba constantemente compararse con los demás para quedar por encima de ellos. Su ego estaba trabajando horas extras para ratificar su superioridad.

Así que se encontraba atrapado en una vida de lucha con el objeto de demostrar su valor y dedicándose a tener aventuras con mujeres más jóvenes, a comprar las ropas y los perfumes más caros, y obsesionándose por la pérdida del cabello... No se llevaba bien con sus hijos, ya mayores, a todas horas estaba preocupado por que su esposa descubriera sus devaneos y se divorciara de él, lo que le dejaría sin un duro y con la sensación de no valer nada. Richard había escuchado a su ego durante toda la vida, y aunque había edificado una fachada de éxito, se sentía desdichado.

Vivía con el terror de que si perdía su apariencia de triunfador quedara como un ser poco digno de aprecio. Anhelaba una vida más satisfactoria, pero no tenía ni idea de que su falso yo le hacía renunciar a su búsqueda espiritual. Poco a poco, comenzó a descubrir el viaje interior y empezó a prestarle menos atención a los dictados de su ego.

A medida que trabajábamos en las sesiones, descubrí las ilusiones a las que el ego nos estaba sometiendo tanto a Richard como a mí mismo. También yo estaba siendo dirigido por mi ego, porque me habían enseñado que el éxito se medía por las realidades externas. Observé a Richard y supe con facilidad que yo podía acabar con los mismos miedos y valores superficiales. Tuve la sensación de que me había sido enviado para que yo comprendiera aquello. Incluso hoy, veinticinco años después de aquello, pienso en Richard cuando tengo la inclinación de poner las apariencias por encima de lo realmente importante.

Richard murió hace unos pocos años. Él, al igual que sus posesiones, han cambiado en algún sentido. Su espíritu está vivo y se encuentra en un lugar donde no existen escalafones, ni posesiones, ni distancia respecto de la energía madre. El cielo en la tierra significa adquirir esa conciencia y dejar que el ego se jubile.

En uno de sus momentos de mayor iluminación, Robert Frost acuñó estas palabras:

> Perdona mis actos sin sentido
> como yo perdono los actos sin sentido de aquellos
> que piensan que obran con sentido.

Hacer hincapié en medir la vida de uno basándose en las adquisiciones o éxitos externos no es más que un sin sentido. Este hincapié en la apariencia se presenta en la vida bajo muchos aspectos.

Centrarse en las apariencias es una de las maneras más comunes que tiene el ego de dominar su existencia cotidiana. Con el fin de superar estas inclinaciones que se apartan de la esencia, usted tiene que identificar esas tendencias a medida que se presentan. He aquí unos cuantos de los ejemplos más frecuentes de este tipo de pensamiento y comportamiento.

• *Estar más preocupado por su apariencia que por su propósito.* (Obsesión con las joyas, los cosméticos y la ropa; dedicar grandes cantidades de tiempo y dinero a vestirse.)

• *Perseguir notas, recompensas y símbolos externos de éxito en lugar del júbilo del mero participar y aprender.* (Ver sus trofeos, condecoraciones o signos de mérito como criterio de su valor; creer que las notas de sus hijos son lo más importante que recibirán en el colegio; alentar a su hijo a complacer a los profesores a costa de la paz interior del niño.)

• *Un tipo de conversación que revela cuánto control tiene el ego sobre su existencia.* (Dedicar una gran cantidad de tiempo a hablar de sus éxitos y victorias sobre otros o sobre el entorno; hacer comentarios sobre otras personas y sus limitaciones y señalar de modo constante su superioridad: por ejemplo, decir: «Yo nunca haría nada semejante y no puedo entender cómo alguien puede hacerlo»; emplear sus acciones como patrón de los demás.)

• *Estar preocupado por el coste de las cosas.* (Emplear el precio como indicador de valor; preguntar siempre cuánto cuesta algo o cuánto le pagaron a alguien; usar el dinero no sólo como un indicativo del éxito y de la posición, sino como criterio medular de pensamiento en la vida.)

• *Creer que uno sólo es un cuerpo.* (Estar insatisfecho con su apariencia y andar a la caza de cumplidos para, indirectamente, contrarrestar su sensación de ser poco digno de aprecio; valorarse a sí mismo y su felicidad sobre la base de los cambios físicos como el descolgamiento, las arrugas, las canas o la menor vitalidad: todo lo descrito son señales de que su ego le ha convencido de que usted es exclusivamente un cuerpo y de que está deteriorándose con rapidez.)

- *Permitir que la industria publicitaria le controle.* (La publicidad, en todas sus formas, responde, por lo general, al intento de convencerle de que usted está incompleto y necesita comprar algo para realizarse. En consecuencia, se ve bombardeado en casi todos los momentos en los que se expone a la publicidad de los medios de comunicación, la cual le insta a que consuma para realizarse como persona. Leer, escuchar y mirar de forma permanente estos mensajes es una prueba del control de su ego.)

- *Señalar las limitaciones de los otros.* (Dedicar tiempo a describir lo que considera imperfecciones, como una nariz grande, una voz desagradable, una personalidad engreída o un proceso de mal envejecimiento.)

El hábito de reparar en lo descrito es una estrategia de su ego para convencerle de que usted es mejor que las personas a las que está criticando. Por supuesto, esto continúa impidiéndole ver la amorosa esencia divina que reside, invisible en esos «abrigos raídos sobre un palo», como llama Yeats a las personas independientes de su alma.

- *Luchar para obtener reconocimiento.* (Angustiarse por no recibir lo que piensa que «merece en justicia» dentro del mercado laboral; sentirse herido y deprimido cuando sus esfuerzos no son recompensados con una posición, un título o un contrato mejores.) A menudo, esas recompensas no sirven para otro propósito que el de aportar una base para que su ego proclame su mundana superioridad.

Los relatos cotidianos que informan de los salarios astronómicos de la gente del espectáculo y los atletas son una prueba muy visible de esta actividad del ego. Resulta irrelevante que las cantidades sobrepasen la capacidad de esas personas para gastar incluso después de que un enorme porcentaje se lo lleven los impuestos. Estamos ante unas exigencias dictadas por el ego, que lleva a esas personas a la falsa creencia de que se les está insultando si alguien de su profesión recibe un sueldo superior.

Muchas de estas personas se apartarán de su profesión, al permitir que su ego los convenza de lo correcto de sus actos. Puede que se sientan insatisfechas, infelices y desdichadas, pero se ha vuelto más importante apaciguar el ego que su vocación, así como recibir una compensación que está muy por encima de lo suficiente, con independencia de lo que cualquier otro esté ganando. Esta agitación interna por no recibir reconocimiento o compensación complace al ego, porque cualquier inclinación a dirigir la atención hacia el yo superior se distrae cuando uno se enfrenta a la agitación.

• *Trastornos alimentarios*. La mayoría de los trastornos alimentarios son, en un principio, esfuerzos por estar a la altura de unos modelos que alguien cree que aportan felicidad. El ego ha convencido a las personas que tienen problemas alimentarios de que su verdadera esencia está emplazada en el valor de su apariencia.

Esta gente se preocupa tanto por la apariencia como para excluir la mayoría de los otros aspectos de la vida, y al final destruye sus cuerpos intentando hacerlos perfectos a ojos de los demás.

QUÉ OBTIENE DE SU EGO

El proceso de superar la preocupación excesiva por la apariencia y hacer hincapié en la sustancia llega al entender por qué el ego controla su vida. A continuación encontrará algunas de las razones más corrientes por las que esto sucede.

• *La principal función de su ego es evitar que conozca su yo superior.* Todas las apariencias son máscaras que uno lleva para ocultar su yo espiritual, que no se preocupa en absoluto de las apariencias, las adquisiciones ni el poder.

Si su yo superior gobernase su vida, el ego ya no podría funcionar como lo hace.

• *La ansiedad por la carrera profesional garantiza que uno no está mirando a su interior.* La preocupación constante por la carrera profesional y otros papeles semejantes impide que conozca su luz interior. Todos esos pensamientos sobre decisiones destinadas a llevarle a un determinado nivel en su profesión son en realidad pensamientos del ego que siembran en usted la ansiedad.

• *Usted intenta llenar el vacío que el ego le dice que tiene dentro de su ser.* Si cree que es lo que posee, usted está centrado en lo externo. Hacer hincapié en las propiedades le mantiene en el ámbito de las adquisiciones. El ego quiere que se sienta incompleto, de forma que se entregue a una carrera de adquisiciones para intentar llenar el vacío.

Si cree que necesita algún objeto con el fin de tener valor, nunca verá lo inmaterial, que es el verdadero valor. Así pues, el ego le hace comprar cada vez más, con el fin de asegurar su propia supervivencia.

• *Su ego quiere ser el señor de todo lo que hay en su vida.* Él sabe que su facultad más sabia tiene respuestas que son permanentes y que le proporcionarán un pasaje para la búsqueda espiritual. Esta necesidad de estar al mando de todo es la necesidad que el ego tiene de control. Si él no tuviese el control, tendría miedo de que usted descubriera la verdad de su auténtico yo.

• *El ego hace que usted se resista a correr riesgos y realizar cambios.* El ego no quiere que usted tenga ni idea de los beneficios de correr riesgos y permitir cambios en su existencia. Esas ideas son peligrosas desde el punto de vista del ego. El ego cree que es más seguro para usted concentrarse en las apariencias antes que vivir el júbilo interno.

Este mensaje ha ayudado a crear el entorno en el que usted vive, que está mayoritariamente de acuerdo con la egocéntrica idea de la apariencia como criterio más importante que los valores internos. El déficit espiritual resultante se encuentra en la raíz de todos nuestros problemas.

ALGUNAS IDEAS PARA IR MÁS ALLÁ DE LAS APARIENCIAS

• *Tómese unos instantes para quedarse muy quieto.* En silencio, comience a liberarse del apego a las impresiones externas. Puede imaginarse haciendo una enorme hoguera y arrojando cosas en ella. Eche allí sus joyas, ropas, automóviles, trofeos, todo, incluso su título académico. Con cada objeto que vaya a parar al fuego imaginario, sienta que cada vez es más libre.

Una vez más le recomiendo que lea *Mutant Message Down Under*, de Marlo Morgan. Ella cuenta que se despojó de sus posesiones y recorrió un viaje iniciático gracias a unos aborígenes espirituales. Sólo entonces se dio cuenta de que hacer hincapié en las apariencias nos mantiene alejados de nuestro yo superior.

• *Quite las etiquetas que le ha pegado a su vida.* Realice un intento de describirse sin usar ninguna etiqueta. Escriba unos párrafos en los que no mencione su edad, sexo, posición, titulación, logros, posesiones, experiencias, herencia ni datos geográficos. Sencillamente escriba quién es, al margen de toda apariencia.

Al principio resulta difícil describir el yo eterno, inmutable y espiritual, esa parte de usted que no se identifica con los sentidos. La observación de que sufrimos de una ceguera particular que sólo ve lo visible podría ser la razón de nuestras dificultades. Cuando quite las etiquetas, verá la parte invisible de su ser.

• *Busque la amorosa esencia divina en los otros.* Tómese un día para intentar ver la plenitud de Dios en todas las personas con las que se encuentre. En lugar de ver sólo otro ser físico, diga para sí que el Cristo de mi interior está encontrándose con el Cristo del interior del otro. O pase un día recitando en silencio la palabra «amor» siempre que se encuentre con otro ser humano. Esto tiene un efecto tan poderoso que podría decidir usarlo como un silencioso mantra a lo largo del día.

Cuando podemos reemplazar nuestro yo físico por la energía espiritual que hay en todos nosotros, no ha lugar para el enjuiciamiento.

• *Defienda al ausente.* Cuando se encuentre en una conversación en la que se ataque a personas que no están presentes, defienda a esa persona. Adquiera el hábito de ser la persona del grupo que defienda a los que se encuentran ausentes. Puede preguntarse en voz alta cómo explicaría esa persona los aspectos que están siendo criticados, y sugerir que podría haber más de lo que se ve en la superficie.

Este tipo de declaraciones sirve para dominar la necesidad que tiene su ego de comparar y sentirse superior, y sirve a su yo superior, que quiere ayudar a los demás. Ésta es una lección particularmente beneficiosa para enseñársela a sus hijos, los cuales tienen la tendencia a formar grupitos y despellejar al ausente. Pregúntese siempre: «¿Quién está aquí para defender a la persona que no está para defenderse por sí misma?».

• *Recuerde que un músculo se desarrolla levantando objetos pesados.* Esto también es aplicable al ámbito de lo espiritual. Crecerá espiritualmente mediante misiones cada vez más difíciles. Una de éstas es no tomar en consideración los mensajes del ego para que se evalúe según los criterios de la apariencia y las posesiones. Pero ha de saber que cada vez que consigue hacer menos juicios respecto de los demás o de sí mismo, se hace más fuerte.

- *Practique la compasión y el amor.* La presencia de los que no tienen ninguna posesión puede proporcionarle una oportunidad para poner en práctica el amor y la compasión. Use esos casos para reconocer la plenitud de Dios que hay dentro de esas personas, aun a pesar de que decida no contribuir con dinero u algún otro tipo de ayuda.

Los sufrimientos de los otros representan un déficit espiritual. Usted puede mejorar ese déficit con bondadosos pensamientos de amor y compasión, y no con el miedo o las críticas dictadas por el ego.

- *Cultive su vocación.* Intente cambiar sus objetivos, olvídese del egocentrismo. Piense en su vocación. Recuerde que este mundo es un sistema inteligente y que está aquí para ser amado y tener amor gracias al servicio a los demás. Use su talento e intereses para cumplir a través de su vocación.

Su vida laboral describirá un giro espectacular hacia la abundancia, y usted sentirá que tiene un propósito y que se halla en el sendero de la búsqueda espiritual.

- *Afirme.* Haga de las afirmaciones una práctica diaria. Creélas o comience por éstas: «Dar de comer antes de comer». En un restaurante, dígales a todos los demás que pidan y ayúdeles antes de pedir usted. En la mesa, ayude a todos los demás a servirse el plato antes de servirse usted. «Dar antes de recibir.» Realice un esfuerzo por dar más y estar menos orientado a recibir.

Envíe contribuciones o regalos anónimos. Lléveles regalos inesperados a los amigos, la familia o los desconocidos. Regale un libro que le haya gustado, flores de su jardín, y cualquier otro pequeño objeto por la sencilla razón de dar. Pague el peaje del coche que haya detrás del suyo para practicar el dar sin recibir nada a cambio.

- *Reduzca la importancia de las notas.* Libere a sus hijos de la presión a la que se los somete por hacer hincapié en las notas. Enséñeles a poner en práctica sus propios intereses y aptitudes con el fin de conocerse a sí mismos y servir a los otros. Esto los ayudará a encontrar su yo superior y descubrir que tienen una fuente de todo conocimiento dentro de sí. Necesitan aprender en un momento temprano de su vida que su valor no se encuentra en los exámenes.

- *Practique la generosidad.* Recuerde: si no es generoso cuando resulta difícil serlo, no lo será cuando sea fácil. Muchas personas que dan voluntariamente sus posesiones y su dinero no lo hacen porque «tengan que dar». Están en comunicación con un aspecto del corazón relacionado con el servir y compartir.

En algún sentido, todos tenemos que dar. Quizá no en la misma cantidad, pero todos podemos dar algo en servicio a los demás.

• *Mantenga en todo momento la atención.* Perciba lo milagroso que es su propia existencia en cualquier momento, e intente llevar su conciencia a ese momento. Todo lo que hay en su vida constituye una oportunidad para practicar la atención.

Al prestarle atención al entorno y reparar en todo lo que encuentra con una actitud de reverencia, usted supera la necesidad del ego de acumular y consumir. Al actuar así, usted se centra en cada momento de la existencia y lo vive a través de su yo espiritual. Su vida se desarrolla dando importancia a los momentos. Poner atención en los momentos presentes le enseña aspectos profundos del espíritu que limitan la actuación del ego.

Para saber lo que de verdad quiere decirse con las palabras «así en la tierra como en el cielo», tiene que ir más allá del reino de este mundo. C. S. Lewis escribió unas hondas palabras que resultan útiles en la contemplación del reino no físico: «Si hallo en mí mismo un deseo que ninguna experiencia del mundo puede satisfacer, la explicación más probable es que yo esté hecho para otro mundo».

Nada del mundo manifiesto satisfará el deseo de conocer el camino de su yo espiritual. El camino hacia el mundo donde el enjuiciamiento resulta imposible, donde no se dedica ni siquiera una consideración a las posesiones y el júbilo es perpetuo, no pasa por la senda del ego. Esa senda se aleja de la experiencia de «así en la tierra como en el cielo».

12

De la lucha a la meta

Ir con la corriente de las cosas,
rendirse de buen grado a la razón,
someterse y aceptar el final
de un amor o de una estación

Robert FROST

Sé que ya soy un ser entero
y que no necesito perseguir nada
con el fin de estar completo

El mensaje de este capítulo puede ser resumido en una palabra: ¡alégrese! Su yo superior no le exige nada. No tiene que demostrar quién es ante Dios. Fue creado como extensión de una fuerza espiritual más elevada, la esencia misma del universo. No llegó al aquí y ahora incompleto, en ningún sentido. No tiene que luchar para demostrar nada. A menos que, por supuesto, decida escuchar al omnipresente falso yo, el cual estipula que si no está ocupado en perseguir algo es un fracasado.

Puede resultar difícil alegrarse por fin y entender que la vida es lo que sucede mientras usted está haciendo otros planes. ¡Eso es! Todos y cada uno de los instantes de su vida tienen lugar en el momento presente.

Usar los momentos presentes para perseguir los momentos futuros es una actividad dictada por el ego. Su ego quiere que se sienta incompleto con el fin de poder controlar su existencia. Cuando por fin tenga la posibilidad de decir que ha llegado, sabrá lo que se siente cuando se es libre. Se habrá liberado de su falso yo, el cual podría mantenerle en perpetuo movimiento, persiguiendo más y más, hasta su último aliento.

Su yo superior no quiere que sea un haragán ni que no tenga un propósito, sino que se dé cuenta del poder del conocimiento al que ha llegado. Cuando usted sabe que este momento es su vida entera, no está concentrado en los momentos pasados ni futuros, y se libera del estrés y la tensión que acompañan a la vida de la lucha. Al liberarse, se torna más productivo y calmo de lo que era cuando miraba a sus espaldas o por delante de sí mismo y no permitía que su mente descansara en el centro de quietud del momento presente.

Contrariamente a lo que el ego intenta hacerle creer, no se limitará a vegetar, ni se quedará sin techo ni se convertirá en un irresponsable a la deriva. Lo que sucederá es que se alegrará y se verá tan absorto en su misión que estará más activo. Con este poder, descubrirá que es libre para entregarse a cualquier cosa hacia la que se sienta atraído.

Cuando deje de luchar y comience a saber que tiene una misión divina, y que no se encuentra solo, alcanzará la meta. Esa experiencia le brindará el júbilo de hallarse en el reino del espíritu, donde no hay preocupaciones ni culpabilidades. Estar del todo en el ahora quiere decir que conocerá el cielo en la tierra porque estará por completo absorto en el instante espiritual.

Al examinar algunos nuevos conceptos desde la perspectiva del alma, aprenderá sobre las cosas que quiere cambiar con el fin de acercarse más a la experiencia de llegar a la meta y alejarse de la lucha.

LOS COMPONENTES DEL GIRO HACIA LA META

Para vivir el júbilo de saber que está aquí ahora, en este momento —y que hay todo lo que hace falta que haya, todo lo que alguna vez hubo y todo lo que conocerás jamás—, debe aprender a confiar en su yo superior y despojarse de esas arraigadas enseñanzas de todos los egos que han influido en su existencia. Comenzará a darse cuenta de que en el aquí y ahora no está a prueba. No tardará en comprender que su misión es servir y entregar el amor que constituye su esencia básica.

No tiene que hacer más, aunque puede que decida hacer muchísimo. Su principal objetivo es mantenerse centrado en dar y recibir el amor paternal y fraternal, el amor de Dios. Si incorpora las siguientes ideas a la práctica de su misión cotidiana, tendrá éxito en su objetivo.

• *La inmaterialidad.* El ego intenta convencerle de que la inmaterialidad es un estado de indeseable pobreza. Si experimenta dicho estado, el ego quiere que crea que se debe a que no se ha realizado. El ego insistirá en que sentirse no realizado o vacío es algo inaceptable.

Tiene que crear una relación nueva con la inmaterialidad, el vacío, si quiere describir un giro que le aparte de la lucha y le conduzca hacia la meta de amar su existencia en el aquí y ahora.

Lo inmaterial tiene un valor muy positivo en su vida. Todo fue creado de la nada. Si se sienta en silencio y escucha el primer sonido que se produzca, se ve obligado a admitir que proviene del silencio. De la nada se crea una onda que llamamos sonido. Sin la nada no podríamos tener sonido.

Se considera que el espacio es la nada: sin partículas, sin formas. Así que lo describimos como la nada. Temerle a ese espacio vacío o negar su valor como parte de nosotros significa dudar de nuestra propia existencia. Nosotros llegamos de la nada al mundo de las formas, el aquí y ahora. Tenemos una conexión íntima, tanto con la nada como con el mundo de las formas. Somos ambos. Ambos son parte de nosotros. Necesitamos tanto el espacio como la forma para existir.

Es importante que llegue al lugar donde es posible amar la nada con el mismo entusiasmo que siente por el aspecto material de su vida. Ambos son facetas esenciales de su existencia. En ese espacio unificado hallará el secreto que se encuentra en el centro de su ser, la nada. Ahí se familiarizará con la paz de llegar y renunciar a la ansiedad que se genera al emplear todos sus preciosos momentos en luchar.

• *Entrega.* Para entender el concepto de la entrega no podrá confiar en su ego. El ego no quiere que ni considere la posibilidad de entregarse. Preferirá que se aferre a la creencia de que tiene que luchar, y que se mantenga dentro de lo conocido.

Cuanto más fiel permanezca a lo que está acostumbrado, más se aferrará a las preocupaciones y estrés que pertenecen al mundo físico. Este comportamiento frenético le mantiene ocupado y le incapacita para establecer conexión con el mundo del espíritu y de su búsqueda espiritual.

Sentirse atraído por lo que le sucedió en el pasado puede estar muy profundamente arraigado en usted por obra de su falso yo. Debe aprender a reconocer el apego que el ego siente por el pasado cuando se sirva de él para mantenerle en la lucha. Renuncie a la creencia de que su pasado es lo que impulsa su presente.

Entregarse significa también aprender a reconocer las señales que le envía su yo superior para hacerle saber que algo dentro de usted requiere atención. Significa entregarse, a no importa qué, en el momento presente. Para muchas personas puede resultar confuso distinguir si es el ego o el espíritu quien se encuentra al timón.

A mí, la imagen de un barco que avanza por la superficie de un lago me resulta útil para diferenciar el ego del yo superior. Veo la estela del barco como un símbolo del pasado. La estela no impulsa al barco. No es más que la pista que deja atrás el movimiento de mi barco imaginario. Lo que impulsa el barco es la energía generada ahora. Yo no le atribuyo méritos ni culpas al pasado por que el barco haya llegado a un punto concreto del lago.

Luego respiro lenta y profundamente y le pido a mi yo superior que complete el cuadro. Si el barco falla en cualquier sentido, lo contemplo con amor, sin culparlo, entregándome a ello. Esto es muy diferente de las órdenes del ego de continuar navegando de forma constante o más rápido, o de conseguir un barco más grande o más elegante.

Si irrumpe la charla del ego, ello se debe a que se siente amenazado por el ejercicio que está llevando a cabo. Teme mi callada aceptación. Quiere que abandone esa tontería y continúe con la lucha.

Si el ego no se ve amenazado y el barco no falla, entonces sé que estoy a flote. Interpreto el avance del barco como un símbolo de que procedo en la vida sin que la influencia del ego me obligue a mirar hacia el pasado, y de que no estoy haciendo caso omiso de las señales de mi yo superior, con las cuales me indica que se encargará de cualquier daño del pasado.

Si prueba esto y oye una voz crítica que casi le grita que continúe, tenga la seguridad de que se trata de la charla del ego. Entregarse significa entregarse a lo que es, no a lo que el ego quiere que sea ahora ni a lo que el ego piensa que tendría que haber sido en el pasado.

Entregarse significa dejarse ir y estar aquí, en este instante, en ninguna otra parte. Significa saber en su fuero interno que se encuentra aquí, en este momento, y que cualquier cosa que le haya sucedido es como la estela que queda tras el barco. Al observar la estela del barco, se ve que permanece durante pocos instantes y que luego se desvanece con lentitud. Del mismo modo ocurre esto en la vida. Su pasado se desvanece con lentitud y todo cuanto queda es el ahora.

El pasado no puede impulsarle hasta este ahora, y ese pasado no ha de considerarlo el responsable de los problemas del barco. Ello quiere decir que no debe culpar al pasado, ni negar la existencia de un problema. Lo que usted hace es entregarse a lo que está sucediendo en este momento.

Entréguese mediante un nuevo acuerdo con el ahora. Reconozca que su pasado es una huella de momentos que han quedado atrás, y al tiempo sepa que si está teniendo dificultades en el momento presente, debe entregarse a esa realidad.

No permita que el ego le convenza de culpar al pasado del presente, y no le permita que le convenza de luchar para arreglar el problema sin la colaboración de su yo superior. El ego intentará que supere el dolor o la dificultad con soluciones del ego, por miedo a que llegue a sentirse demasiado a gusto con su amorosa esencia divina.

El ego teme sobre todo que su entrega a lo que existe en el ahora le lleve a la entrega definitiva: la aceptación de la muerte, el más embarazoso de los acontecimientos para el ego.

Hace varios años recibí el siguiente texto de un lector de Milwaukee. Se titula *There Is No Death* (*No hay muerte*), de autor anónimo.

> Estoy de pie, en la orilla del mar. Una nave que hay cerca despliega sus velas a la brisa de la mañana y se dirige hacia el océano azul. Es un objeto lleno de hermosura, de fuerza, y yo permanezco de pie y la observo hasta que pasado largo rato se halla suspendida como una pequeña nube justo donde el mar y el cielo se funden el uno con el otro.
>
> Entonces, alguien que hay a mi lado dice:
>
> —¡Ya está! ¡Se ha ido!
>
> Ido de mi vista, eso es todo. Su mástil y su casco son igual de grandes que cuando salió, y ella no es menos capaz de llevar su carga de vida hasta su puerto de destino.
>
> Su disminución de tamaño está en mí, no en ella. Y justo en el momento en que alguien que está a mi lado dice «¡Ya está! ¡Se ha ido!», hay otros ojos que contemplan su llegada, y otras voces dispuestas a recoger el alegre grito:
>
> —¡Ahí llega!
>
> Y eso es morir.

La entrega invita a su amorosa esencia divina a estar disponible en todo momento del presente. ¡Qué placer puede entonces ser cada momento! Incluso el final.

• *Aceptación*. Una vez, cuando me pidieron que definiera la iluminación, lo mejor que se me ocurrió decir fue: «la serena aceptación de lo que es». Yo creo que los seres verdaderamente iluminados son aquellos que se niegan a sentir angustia por cosas que simplemente son como son.

Alcanzar la meta en lugar de luchar significa aplicar la sabiduría de la llamada Plegaria de la Serenidad, de Reinhold Neibuhr: «Dios, concédeme la serenidad para aceptar las cosas que no puedo cambiar, el valor para cambiar las cosas que sí puedo, y la sabiduría para conocer la diferencia». ¡Conocer la diferencia puede ser lo más difícil!

El ego intenta impedirle que posea la sabiduría de su yo superior, manteniéndole en un estado de ánimo atemorizado o dispuesto a la lucha. El ego quiere que crea que debe trastornarse y angustiarse para demostrar que es una persona valiosa que se preocupa por los problemas del mundo. Esta forma, dictada por el ego, de abordar las cosas impide que pueda llegar a convertirse en parte de la solución de lo que puede cambiarse.

La aceptación no implica aprobación. Sólo se refiere a un estado mental que le permite estar en paz y conocer la diferencia entre las cosas que puede erradicar y las cosas que sencillamente son como son. Si se encuentra en un estado de aceptación, se ve libre del estrés y puede estar más abierto para escuchar y ayudar.

Usted no aprende cuando está hablando con otros o enjuiciándose, o enojado consigo mismo. Escuchar en silencio e invitar a su yo superior a participar es el camino para conocer la diferencia entre lo que puede cambiar y lo que debe aceptar como inmutable. La no aceptación podría deberse a que su ego insiste en que su camino es el correcto, en lugar de aceptar lo que podría ser el designio divino de Dios, el cual usted puede percibir.

Existe una solución espiritual para todos los supuestos problemas con los que nos encontramos. Todos nuestros males sociales derivan de un déficit espiritual del que trato en el último capítulo de este libro. Su deseo de remediar esas carencias forma parte del designio divino como las carencias mismas. Cambiar de la no aceptación y el enjuiciamiento a la aceptación, se convertirá en parte de la solución.

La aceptación significa llegar a un lugar de paz. Es el lugar al que William Blake se refirió al escribir lo siguiente: «Si las puertas de la percepción estuviesen límpidas, todo aparecería tal y como es... infinito».

Limpie esas puertas del enjuiciamiento y verá a su yo superior que le dice que éste es un universo divino y un sistema inteligente del cual usted forma parte. Incluso aunque no entienda cómo ni por qué tantas cosas ocurren tal como ocurren, ésa no es una razón para molestarse por ellas. La aceptación lleva a las soluciones. El enjuiciamiento y la no aceptación alimenta el hambre que tiene el ego de problemas y luchas.

Hay una antigua enseñanza zen que dice: «Si entiendes, las cosas son simplemente como son. Si no entiendes, la cosas son simplemente como son». Ésta es la esencia de la aceptación y la manera de alcanzar la meta.

• *Asombro.* Si está ocupado en luchar por algo, tiene muy poco tiempo o energía para admirarse por su entorno o vivir con asombro el momento presente. El asombro llega cuando uno se toma el tiempo necesario para apreciar todo lo que se es, todo lo que tiene y todo aquello en lo que puede convertirse.

Su ser físico es un milagro: millares de partes en funcionamiento con una inteligencia divina. Considere la circulación de su sangre, la inhalación del aire y la oxigenación, sus ojos, músculos y huesos respondiendo todos a las órdenes de un cerebro y sistema nervioso que están más allá de la comprensión. Hay kilómetros de venas y arterias, intestinos con infinidad de diminutos microbios, todos trabajando al unísono con la inteligencia divina que creó el cuerpo.

Para gozar del asombro, deténgase y contemple el milagro de usted mismo. Permítase disfrutar del asombro y la reverencia de quién y qué es. Existe una milagrosa máquina que le alberga, y existe el incomprensible misterio del espíritu que habita en la máquina, formado por su mente y su alma, observándolo todo.

Su yo superior se vuelve fácilmente accesible cuando usted contempla el misterio de quién es. El estrés con el que crece el ego desaparece, por lo cual su yo auténtico queda disponible. Su ego intentará llevarle de vuelta a su realidad, amenazándole con que se volverá indolente e improductivo. Pero puede vencer al ego si ve el misterio revelado como la presencia de Dios en todas partes. Entonces «venderás tu inteligencia y comprarás asombro», según las instrucciones de Rumi.

- *Paciencia, tolerancia y comprensión.* Al pasar de la lucha a alcanzar la meta, su yo superior revela la presencia del espíritu, que es la presencia organizativa del mundo manifiesto. Su fe cambiará para ser conocimiento, y usted comenzará a confiar en el amable consejo que su espíritu le proporciona.

La necesidad de luchar para hallar respuestas desaparecerá. Será reemplazada por el conocimiento de que el designio divino revelará cuál será el siguiente paso por el sendero de su búsqueda espiritual.

A mí, este tipo de paciencia, de tolerancia, de comprensión me ha proporcionado una enorme guía en mi vida, y se ha convertido en una virtud. Cuando me siento inclinado a escuchar a mi ego, soy capaz de recurrir a esta actitud y decir: «Lo dejo en tus manos. Mi ego me atosiga, pero eso no me brinda satisfacción, así que aguardaré en silencio para ver en qué dirección debo encaminarme. En tus manos estoy».

Esto no es una abdicación de la propia responsabilidad, como le gustaría hacerme creer al ego. El ego es impaciente, intolerante, incapaz de comprender. Quiere que la acción no se detenga. Y utiliza esas características de manera extremadamente eficaz para mantenernos apartados de nuestro yo espiritual.

Nuestra amorosa esencia divina nos ofrece la infinita paciencia, tolerancia y comprensión que brinda Dios. Me han hecho falta más de cincuenta años para conocer muchos de los conceptos sobre los que escribo en estas páginas. Dios ha sido paciente. En mi vida he hecho cosas que hoy me hacen estremecer de desprecio, y sin embargo Dios, de alguna forma, insistió conmigo, vio mi potencial para mayores propósitos. En mis primeros años robé, me llevé cosas de las tiendas sin pagarlas, mentí con excesiva frecuencia, fui promiscuo e infiel, consumí sustancias adictivas... y a pesar de todo eso y mucho más, Dios me mostró su infinita paciencia.

Las historias de las vidas de san Pablo y san Francisco de Asís describen el mismo tipo de paciencia. Y está a su disposición en todo momento. Con independencia de dónde haya estado, cómo haya vivido y cuánto haya confiado en su falso yo, la infinita paciencia de Dios está siempre presente.

Al existir la paciencia divina, usted también puede alcanzarla. Todo lo magnífico no tiene miedo alguno del tiempo; en gran medida porque su yo superior sabe que el tiempo no existe, como no sea en nuestras mentes. La infinitud y la eternidad son conceptos que niegan la existencia del tiempo. Su yo superior forma parte de la infinitud y la eternidad, y le ofrece paciencia.

Éstos son, pues, los cinco componentes para alcanzar la meta. Mediante el cultivo de una nueva actitud respecto de la inmaterialidad, la entrega, la aceptación, el asombro, la paciencia, la tolerancia y la comprensión, sentirá que se produce un giro espectacular: un giro que le aleja de la lucha constante. Usted puede llegar al precioso presente con la serenidad que acompaña a su yo superior.

ALGUNOS TÍPICOS COMPORTAMIENTOS DE LA LUCHA

La tendencia a evitar la actitud que garantiza alcanzar la meta puede revestir demasiadas maneras para describirlas aquí. Usted sólo encontrará algunos ejemplos en estas páginas. Al reparar en ellos cuando se presenten, comenzará a entender por qué ha optado por la lucha. Y cuando se ponga en el camino de la búsqueda espiritual ya habrá decidido cómo abandonar tales comportamientos.

- *Manifestaciones corporales.* Presión sanguínea alta, malestar general, úlceras, comerse las uñas, fumar, beber y comer en exceso son pruebas de un perpetuo estado de lucha y ansiedad.

- *Medir su felicidad basándose en la posición que ocupa, ya sea en su profesión, ya en su comunidad.* Usted busca constantemente posiciones más altas y más prestigio para demostrar su competencia o valor.

- *Búsqueda de símbolos externos de éxito.* Dedica su atención a las notas, los trofeos, las clasificaciones o cualquier otro reconocimiento que usted necesita para sentirse bien consigo mismo.

- *Vivir en un permanente estado de preocupación y ansiedad.* Usted mantiene conversaciones consigo mismo que giran en torno a cosas como la necesidad de conseguir un ascenso, el temor de que su seguridad se halle en peligro a menos que obtenga más dinero, y la ansiedad respecto de la falta de propósito en su familia. Estos pensamientos le apartan del momento presente y le causan preocupación o temor.

- *Poner una etiqueta con el precio a cada cosa que hace.* Usted centra su pensamiento en el dinero. Su tendencia es emplear el criterio monetario como medio exclusivo de evaluación de sí mismo y de los demás.

- *Hacer del «intento» y el «esfuerzo» las piedras angulares de su filosofía vital.* Usted siente que tiene que estar siempre atareado con el fin de ser digno de aprecio. Juzga a los demás como haraganes o indignos de aprecio si disfrutan del ser en lugar del hacer.

- *Hallar defectos en el mundo tal cual es.* Usted es incapaz de aceptar lo impredecible de la naturaleza. Está preocupado por el miedo a la muerte y se siente atraído por las conversaciones que se lamentan de los desastres que suceden.

- *Ser incapaz de pasar un rato en calma y a solas.* Usted llena su tiempo con conversaciones telefónicas, mirando la televisión o planeando acciones futuras. Está siempre preocupado con las fechas límite que se avecinan. Rechaza la idea de la meditación o la contemplación como una pérdida de tiempo.

• *No ser capaz de permitir que el silencio sea una parte natural de su relación con los otros.* Se siente impelido a llenar cualquier hueco de silencio con actividad o conversación.

• *Tendencia a hacerlo todo rápido.* Se impacienta con quienes no hablan, se mueven, comen o conducen con la rapidez suficiente como para encajar en su modelo de conducta. Corre por la vida y juzga negativamente a los que avanzan a paso más lento.

Éstos son algunos conceptos de la interminable lista de comportamientos típicos de la lucha. Cuando confiamos en nuestro falso yo en lugar de hacerlo en nuestra conciencia espiritual, estos comportamientos se transforman en una parte habitual de nuestras vidas. Es posible transformar estas pautas de comportamiento del ego cuando uno examina el porqué su ego le insiste tanto en que vaya en esa dirección.

CÓMO EL EGO ALIMENTA LA LUCHA

He aquí algunas de las principales razones por las que el ego ha seguido el camino de la lucha.

• *El ego quiere que crea en sus tergiversaciones.* La más grande tergiversación es que usted es su cuerpo y los logros del mismo. Si puede mantenerle convencido de que eso es verdad, usted continuará trabajando con ahínco para probarse a sí mismo mediante la lucha. Mientras esté concentrado en luchar, no verá a su yo superior.

• *El ego fomenta la falsa idea de que la contemplación es algo rechazable.* Para asegurar su dominio, el ego le insta a evitar las actividades contemplativas o meditativas y a llenar su vida con actividades, ruido, conversación o sustancias adictivas. Nunca hay tiempo para alcanzar la meta.

• *El ego dirige de manera persistente su atención hacia el pasado o el futuro.* El hecho de dirigir los pensamientos hacia el pasado o el futuro borra el momento presente. Si cambia su atención al momento presente, se libera automáticamente del estrés respecto del pasado o el futuro. En el momento presente conocerá a Dios, lo cual rechaza el ego.

- *Cuando cree que su pasado impulsa su presente, acepta la falsa creencia de que la estela es lo que hace mover al barco.* La realidad es que la estela no es otra cosa que un rastro que se deja atrás, al igual que lo son sus comportamientos pasados. Mientras crea que no puede escapar del pasado y que éste impulsa su vida, está en las garras de su ego y será incapaz de correr los riesgos y aceptar las responsabilidades que acompañan al ser espiritual.

- *El ego usa el miedo a la muerte como motivación para mantenerle a la búsqueda del hedonismo, las adquisiciones y el poder.* La idea de la muerte como acto natural de despojarse del cuerpo desgastado es algo aterrorizador para el ego. Sabe que usted será incapaz de invitar a su yo superior a participar en su conciencia si puede mantenerle luchando por más y creyendo que a eso es a lo que su vida está destinada.

- *El ego insiste en que tiene que ser impaciente e intolerante o perderá su lugar junto con su credibilidad.* En este sentido está reforzando su dogma de que está separado de todos los demás, por lo que necesita superarlos. Puesto que se trata de un combate, le resulta imposible ser paciente. Esto le mantiene en una lucha constante.

Algunas ideas para no caer en la trampa de la lucha

- *Puede detener la presión del ego cuando está en campaña para que luche por más.* Recurra al sencillo y placentero pensamiento de que no necesita hacer nada. «No necesito hacer nada» es una afirmación útil. Este simple recordatorio invitará a su yo superior a dirigir su vida.

- *Cuando se encuentre ante un dilema sobre lo que quiere perseguir en la vida, ponga la decisión en manos de su yo espiritual.* Cree una frase que repetir en silencio y en voz alta cada vez que intente averiguar qué hacer; algo parecido a esto: «Decide por mí, lo dejo en tus manos». Luego déjese llevar y escuche.

Las respuestas llegarán a medida que desarrolle la voluntad de permitir que su yo superior le guíe. Puede que esto suene como una excusa para desentenderse, pero para mí ha sido una técnica útil en muchos aspectos problemáticos de mi vida. Cuando digo «te pido que decidas por mí», me encuentro con que las respuestas aparecen de inmediato.

Milagrosamente, se presentará la persona indicada y me dirá con toda precisión lo que necesito oír, o me llegará por correo un libro con pasajes subrayados que son justo lo que yo estaba buscando, o sonará el teléfono y se me guiará. Con el fin de que esto ocurra, tiene que ser capaz de dejarse ir y tan sólo permitir que su conciencia superior tome cartas en el asunto.

• *Dé un paso atrás y observe a su ego en acción.* No intente hacer algo respecto de su ego. No se resista a él, ni lo someta, ni lo controle o destruya. Eso sólo conseguiría hacer más fuerte al ego, más real.

Tiene que recordar que su ego no es algo real. Se trata de una falsa creencia. Mediante la observación de su ego, está escogiendo el amor y entablado contacto con la amorosa esencia divina.

• *Permanezca quieto y conozca.* Estas palabras le ayudarán a superar la lucha y a conocer el júbilo de estar aquí en el momento presente. Cuando se permita vivir la quietud, comprenderá la futilidad de la lucha constante y de la persecución de más cosas.

Piense en lo divertido que resulta contemplar un perrito o un gatito que persigue su cola. El animal no se da cuenta de que es imposible. El deseo mantiene a la cola justo fuera del alcance del animalito.

Su falsa creencia le mantiene luchando por la felicidad de manera análoga. Cuando se sienta atrapado en la incesante lucha, recuerde: «Permanecer quieto y conocer».

• *Realice un esfuerzo para despertarse entre las tres y las seis de la mañana y hacer veinte minutos de meditación.* Para mí, éstas han sido las horas más productivas del día para acceder a mi yo espiritual.

Comprométase con una hora de meditación por difícil que le resulte salir de la cama. Luche contra la tentación de volver a dormirse, levántese y vaya a un lugar que haya escogido y donde pueda permanecer sin que le molesten y en silencio. Medite. Luego vuelva a dormir si quiere.

• *En medio de una reunión agitada o durante una discusión con sus hijos, levántese y excúsese durante un momento.* Cuando haya abandonado la agitación, concédase cinco minutos para centrarse y formularle a Dios la siguiente pregunta: ¿cuál es mi propósito aquí y cómo puedo servirte en medio de toda esta confusión?

Pasados unos instantes de silencio, regrese a la reunión. Descubrirá que la calma y el reconocimiento de la presencia de Dios le ayudan a ver con mayor claridad el papel que debe desempeñar. Sabrá que ya está completo y reconocerá que se trataba de una prueba. También podría recordar las dos reglas para estar en paz: no apurarse por las pequeñas cosas, y todas las cosas son pequeñas.

• *Convierta en práctica habitual el irse de paseo a solas.* Ésta es una de las formas más sencillas y rápidas de ponerse en contacto con su yo espiritual. Puede realizar esta experiencia mediante la creación de un mantra personal para repetirlo al ritmo de sus pasos; puede ser una frase como «el designio divino resplandece por toda mi persona», o una palabra sencilla como amor, belleza o paz.

Ralph Waldo Emerson era un entusiasta caminante solitario. En la pared de su biblioteca se podía leer la siguiente frase: «Creo que caminar es lo mejor para la humanidad. En las horas felices, creo que todos los asuntos deberían de ser pospuestos por el caminar».

• *Tenga presente el consejo ofrecido por* A Course in Miracles: «Sólo la paciencia infinita produce resultados inmediatos». Aprenda a ser paciente consigo mismo y con quienes le rodean.

Al entrar en el coche, imagine cómo quiere que sea su manera de conducir y sea paciente con todo lo que se presente a lo largo de la ruta. Ser paciente puede tener lugar dentro de su mente mediante el sencillo sistema de mantener un diálogo interno al respecto en favor del desarrollo natural de los acontecimientos. Un sencillo mantra silencioso también fomenta la paciencia.

La impaciencia es una respuesta aprendida que en muchos sentidos es malsana. Puede liberarse de esa tendencia impulsada por el ego mediante la observación de sí mismo en frenético movimiento, y permitiendo que su conciencia superior reemplace la impaciencia por amor y aceptación.

• *Asómbrese ante el milagro que en verdad es la vida.* El asombro es una apreciación del trabajo de Dios y de la presencia de la inteligencia divina.

Al concederse tales momentos de apreciación, podrá acceder a la meta. Al estar en un estado de reverencia o asombro, uno escoge verse libre de las exigencias del ego y permite a la amorosa esencia divina que se haga sentir. Cuando celebre el momento presente de esta manera, estará alcanzando la meta y viviendo ese momento.

Uno de los grandes maestros de mi vida fue Paramahansa Yogananda, un hombre que salió de la India para enseñarles a los pueblos de Occidente los caminos del yo espiritual. He leído muchos de sus discursos y hallado gran consuelo en sus escritos así como en la lectura de su vida. Uno de mis refranes favoritos es aplicable a este capítulo. Se lo ofrezco para que lo medite mientras avanza hacia la meta.

> Busca los confines espirituales en tu interior. Lo que tú eres es mucho más grande que cualquier otra persona o cosa que jamás hayas anhelado.

Ésa es la voz de su yo superior que en silencio le recuerda que se acepte a sí mismo y acabe con los anhelos. Nunca va a obtenerlo todo, ya lo es todo usted mismo.

13

De la dominación a la tolerancia

Acusar a los demás de los propios infortunios es un signo de falta de educación.
Acusarse a uno mismo demuestra que la educación ha comenzado.
No acusarse uno mismo ni acusar a los demás demuestra que la educación ha sido completada

EPICTETO

*Soy consciente
de que no necesito dominar a nadie
con el fin de estar espiritualmente alerta*

Su yo superior quiere que esté en paz. Su ego quiere mantenerle en un estado de agitación con el fin de conservar su dominio sobre su vida. Es probable que haya escuchado a su ego durante la mayor parte de su existencia.

El resultado de escuchar al ego es que la mayoría de nosotros permitimos que el ego nos persuada para escoger la dominación en lugar de la tolerancia como criterio en nuestras relaciones. Pasar de la dominación a la tolerancia requiere disciplinar el ego y escuchar al yo espiritual.

Estoy escribiendo según mi experiencia personal en este asunto, y se trata de una de las misiones más difíciles que me ha planteado mi yo espiritual. He pasado muchos años dominado por mi ego, y sin tener intención de hacerlo he convertido la dominación y el enjuiciamiento en las piedras angulares de mi relación con los demás.

Las sugerencias que encontrará en este capítulo provienen todas de mi propia experiencia al superar las inclinaciones dictadas por el ego. Realizar la transición de la dominación a la tolerancia reviste una especial dificultad debido a que el deseo de satisfacer el ego es muy poderoso. El ego se muestra en extremo persuasivo después de toda una vida de disfrutar de los beneficios de la dominación. No quiere renunciar a su control.

Su yo superior asumirá el mando fácilmente cuando usted deje de controlar a otras personas. Comenzará a sentir un amor incondicional, y empezará a encontrar la paz que ha deseado.

Para encaminarse hacia la tolerancia que fomenta su yo superior y apartarse de las necesidades de controlar y juzgar impuestas por el ego, necesita examinar las cualidades que alimentan una forma tolerante de abordar la vida.

Aquí encontrará las principales características de la tolerancia. Fíjese en que con la tolerancia entra en sintonía con su yo superior, al renunciar a las constantes exigencias del ego. Dése cuenta de que lo que el ego le ha hecho a usted, usted se lo ha hecho a otras personas.

El aprendizaje de estos comportamientos para crear una actitud tolerante es una manera de educar al ego y de educarse a sí mismo. En el proceso, puede despojarse de las habituales reacciones del ego que le apartan de la verdadera realización.

• *Dejar que las cosas sean como son.* Para volverse más tolerante y estar menos controlado por su falso yo, comience a sentirse satisfecho con tal como son las cosas. Su ego nunca está del todo contento. Si escoge algo, su ego le convencerá de que considere alguna otra cosa.

Si una persona a la que ama actúa y es muy considerada con todo lo que usted dice o hace, su ego quiere que esa persona sea más crítica; si esa persona es más crítica, su ego decide tenerle antipatía. Si come demasiado, usted comienza a pensar en lo agradable que sería estar más delgado; se pone a dieta, y todos sus pensamientos girarán en torno a la comida. Si se queda en casa durante un largo período de tiempo, su ego se pone a contarle lo bonito que sería viajar; póngase en carretera y el ego empezará a hablarle de lo bonito que sería quedarse en casa. Se encuentra en una relación y comienza a imaginar que sería más agradable estar libre de ataduras; no disfruta de una relación y empieza a querer tener una. Sus hijos andan corriendo por la casa y empieza a pensar en escapar de ella; se ha ido de la casa y no piensa en nada más que en sus hijos.

Si se identifica con lo descrito, puede estar seguro de que el ego le ha separado temporalmente de su yo espiritual. Dada su voluntad de convencerle de que está separado de todo, necesita separarle del centro de su ser. Entonces puede mantenerle en ese estado de tratar de dominar a otras personas como manera de intentar lograr el equilibrio y el contento. El problema radica en que usted no puede alcanzarlos si se halla separado de la conciencia de su yo superior.

Cuando comienza a escuchar a su yo superior en los momentos contemplativos y de quietud, empieza a relajarse y aflojar la presión. Desaparece la falsa creencia de que todas las personas de su vida necesitan ser dominadas o controladas por usted, o de que los demás tienen que estar a la altura de sus expectativas para ser felices.

Las personas son como son, y su necesidad de dominarlas o cambiarlas en el sentido que sea es el dictado de su falso yo. Su ego está, como de costumbre, intentando convencerle de que está separado de los demás. Tampoco quiere que caiga en la cuenta de cómo hace para dominar su existencia, así que le convence de que si no domina a los demás ellos le vencerán.

El ego proyecta sus tendencias controladoras sobre los demás para evitar que lo vea operando dentro de usted. Al mismo tiempo, hace que vea a la gente tolerante como controlable. El inteligente ego le controla en un sentido y otro. Le hace comportarse de modo dominante para ocultar cómo le controla a usted, y al mismo tiempo le hace sentir desagrado por las personas tolerantes, controlables. ¿Por qué iba usted a querer decidirse por la tolerancia cuando le ponen ese modelo delante?

Usted no escogerá la tolerancia si es incapaz de liberarse de esas falsas creencias del ego. Pero cuando adquiere la conciencia de que todos estamos conectados en el universo —con la misma divina inteligencia fluyendo a través de cada uno de nosotros—, y de que el yo superior es cognoscible y real, todas las satisfacciones superficiales hijas de la dominación, el control y el enjuiciamiento de los otros pierden su atractivo.

Su yo superior no tiene ninguna necesidad de dominar a nadie ni a nada. Éste es el pasaje hacia la libertad. Ahora mismo, sin embargo, en este preciso momento, su ego está trabajando para convencerle de que el yo superior y la tolerancia son ideas ridículas. El ego argumentará que la tolerancia significa permitir el comportamiento delictivo y los problemas sociales y de salud. Su ejemplo favorito es que significaría permitir que los Hitler del mundo cometieran atrocidades mientras nosotros las contemplamos con actitud tolerante. Su yo superior puede ver más allá de esta lógica, así que también usted puede hacerlo. Si está dispuesto a ello.

Su yo superior sabe que despojarse de la intolerancia no significa aprobar el mal. Los males que existen en el mundo son independientes de la opinión que usted tenga de ellos. Erradicaremos el mal y traeremos paz al mundo, no mediante el enjuiciamiento de los demás sino transmitiendo amor. Si se deshace del enjuiciamiento y de la tendencia a dominar y controlar a los otros, será capaz de reemplazar el odio y la intolerancia por el amor y la armonía.

Cuando a la madre Teresa de Calcuta se le preguntó si se manifestaría contra la guerra de Vietnam, ella contestó: «No, pero si celebráis una marcha por la paz, allí estaré». Cuando usted consigue la paz en su interior, eso es lo que tendrá para dar. Cuando uno está dominado por su ego, domina a otras personas. Si no existe armonía interior, no existe armonía exterior. El ego necesita la ilusión de los enemigos con el fin de controlarle. Cuando está controlando a otras personas, es porque ha permitido que el ego tenga el control.

La paradoja en este caso es que usted transformará el mundo de la forma que quiera cuando deje de intentar mejorar las condiciones mediante la intolerancia y el enjuiciamiento. Sólo cuando usted no está controlado por el ego puede decidir no controlar a otros. Lo que creía que era poder cuando dominaba a otros, era en realidad la actividad externa del ego, que estaba controlándole.

Su impacto sobre el mundo comienza por el más pequeño mundo de usted mismo. Fomentará la libertad y la paz cuando esté libre del control de su ego y conozca la paz de su yo espiritual mientras recorre la senda de la búsqueda espiritual. Uno de los primeros pasos por esa senda es aprender la tolerancia mediante la práctica de ver el mundo como es en lugar de como usted exige que sea.

• *Escuchar.* El ego quiere que hable. Su yo superior quiere que escuche. El ego es intolerante. Su yo superior es muy tolerante. Ahí está una importante diferencia para la búsqueda espiritual.

Cuando usted medita y guarda profundo silencio, aprende el arte de escuchar. Es como si Dios estuviera hablándole en vez de hablar usted con Dios. Entonces comienza a saber qué se siente al confiar en su guía interior. Será incluso capaz de comprender el porqué de la charla del ego. Oirá al ego parlotear, y sabrá que es la expresión del miedo y su deseo de protegerle manteniéndole a salvo separado de los demás. En ese momento estará introduciendo la tolerancia en su vida.

El ego quiere que continúe hablando debido a la falsa creencia de que es más seguro y mejor demostrarles a los demás lo diferente que se es. Cuanto más hable y sea usted mismo el punto de referencia, más tendencia tendrá a jactarse y manifestar intolerancia, cosa que satisface al ego.

Pero proteger al ego de esta manera es un ejercicio que le impide alcanzar la verdadera libertad de conocer a su yo superior, lo cual comienza a suceder cuando se empieza a escuchar. Así que el ego intensifica su parloteo siempre que uno trata de meditar o de escuchar a su yo interior. Mediante el proceso de escuchar, incluso a su intolerante ego, aprenderá a ser tolerante.

También escuchando abandonará su egocentrismo y la necesidad de dominar o ser dominado por el ego. Cuando con delicadeza hace que los demás se vuelquen al exterior al escuchar en verdad sus historias, está manifestando amor y respeto. Esto también va por el ego. Negarse a escuchar o manifestar desprecio son actitudes intolerantes.

La necesidad que el ego tiene de parlotear y exponer su superioridad queda convincentemente demostrada por la siguiente historia de *The Heart of the Enlightened* (*El corazón del iluminado*), una edición a cargo de Anthony de Mello. Lo que dicha historia pone de manifiesto es el éxito que nos llega cuando escuchamos con actitud tolerante.

> Érase una vez una posada llamada La Estrella Plateada. El dueño no conseguía ganar lo bastante a pesar de que hacía todo lo posible para atraer clientes haciendo que la posada resultase cómoda, el servicio cordial y los precios razonables. Así que, presa de la desesperación, consultó a un sabio.
>
> Tras escuchar su relato de desconsuelo, el sabio dijo:
>
> —Es muy sencillo. Tienes que cambiar el nombre de la posada.
>
> —¡Imposible! —dijo el posadero—. Ha sido La Estrella Plateada durante generaciones y es bien conocida por todo el país.
>
> —No —replicó con firmeza el sabio—. Ahora debes llamarla Las Cinco Campanillas y poner una hilera de seis campanillas colgadas de la puerta.
>
> —¿Seis campanillas? ¡Pero eso es absurdo! ¿Qué bien haría eso?
>
> —Ponlo a prueba y lo verás —repuso el sabio con una sonrisa.
>
> Bueno, pues el posadero lo puso a prueba. Y he aquí lo que vio. Cada viajero que pasaba ante la posada entraba para señalar el error, cada uno convencido de que nadie más había reparado en él. Una vez dentro, quedaban impresionados por la cordialidad del servicio y se quedaban para refrescarse, proporcionándole así al posadero la fortuna que había estado buscando en vano durante tanto tiempo.
>
> Hay pocas cosas en las que el ego se deleite más que corrigiendo los errores de otras personas.

A medida que cultive la influencia de su yo superior en su existencia, más fácil le resultará liberarse de las exigencias del ego. Hallará placer en anular sus impulsos arrogantes y en escuchar a los otros. Comenzará a disfrutar de su esfuerzo consciente por ser tolerante.

• *Dar.* Puede neutralizar el impacto de su ego con bastante prontitud mediante el acto de dar. Dar implica algo más que entregar unos objetos. El verdadero dar implica ser consciente de las necesidades y deseos de los demás.

Retroceda con la memoria hasta el momento en que estuvo más enamorado. Esa experiencia de amor apasionado hizo que fuera consciente de las necesidades de su pareja. Esa conciencia también puede encontrarse en el caso de un padre y un hijo.

Con este amor en el corazón, uno está dispuesto a dar lo que sea necesario. Los pensamientos de uno no tratan de dominar o controlar a la otra persona. Sólo está la súplica amorosa de su yo superior que quiere que le dé todo lo que pueda al ser querido. Los matrimonios a menudo fracasan porque uno de los cónyuges deja de dar. Si ambos estuvieran dispuestos a dar el ciento por ciento en su relación, habría razones más que suficientes para un matrimonio feliz.

Cuando sólo un integrante de la pareja da el ciento por ciento, una persona se está sacrificando. Es importante distinguir entre dar y sacrificarse. Un sacrificio por lo general se hace por algo. Cuando usted se sacrifica, está dando para recibir, y funciona según los dictados del ego, que quiere que crea que usted es tan importante y especial que merece algo a cambio de lo que da. El ego quiere que se ensoberbezca y piense que el acto de dar indica su superioridad: como si su generosidad le diferenciara de los demás que no son tan generosos.

Si usted da porque tiene la sensación de que debe hacerlo, no está auténticamente motivado por su yo superior. También aquí se encuentra el ego en acción, diciéndole que es mucho mejor que los destinatarios de sus dádivas. El ego incluso acepta que se dé de mala gana, porque lo ve como prueba de superioridad.

Pero el dar como medio de fomentar la tolerancia y el amor es algo diferente. Este dar se produce cuando uno contribuye a satisfacer las necesidades o deseos de otros sin ninguna expectativa de retribución o reconocimiento. Como la madre con su bebé. Es el tipo de dádiva que la tolerancia promueve. Es la clase de dar que aparece cuando usted aprende a ser tolerante consigo mismo y los demás.

A medida que cultive el dar, experimentará que *dar es recibir* y que *recibir es dar*. Uno de mis pasajes favoritos del Nuevo Testamento describe este acto de dar. En San Lucas, 6:35, Jesús dice: «Amad pues a vuestros enemigos y haced bien, y prestad, no esperando nada de ello;

y será vuestro galardón grande, y seréis los hijos del Altísimo; porque Él es benigno para con los ingratos y malos».

La consideración de las necesidades de los otros es la experiencia más gratificante que pueda conocer. Recuerde lo emocionante que era hacerles regalos a sus padres, abuelos y hermanos. Se equiparaba, y puede que incluso superara, a la emoción de recibir regalos. Entonces, cuando dabas, estabas recibiendo.

Es su yo sagrado el que le alienta a dar de modo incondicional. Es su ego el que quiere recibir una recompensa. Pero esto sólo se debe a que eso es lo que su ego conoce, y lo que conocerá mientras usted continúe recompensándole por mantenerle separado de su amorosa esencia divina. Proporciónele a su ego la experiencia de conocer el amor y la tolerancia de su yo superior, y comenzará a obrar del mismo modo.

- *Relaciones placenteras.* Cuando uno sigue los dictados de su ego, se encuentra con que es constantemente necesario ejercer un cierto grado de influencia sobre otras personas. Eso es lo que le exige el ego porque él cree que así es como obtiene el poder que necesita. Cuando esto sucede, toda posibilidad de mantener relaciones en verdad gratificantes se evapora.

El ámbito de la intimidad pertenece al yo superior. No nos estamos refiriendo a tener aventuras. Lograr intimidades con alguien es una forma de comunicarse, lo cual envía un mensaje claro de amor y consideración incondicionales.

El ego teme todos los encuentros de ese tipo y se muestra activo en extremo cuando se presentan tales oportunidades. ¡El ego se muestra tan irresistible en este terreno, que el mero pensamiento de comunicarse con otra persona con amor incondicional puede infundir más temor que una operación a corazón abierto!

«Cuidado, intentarán poseerte si intimas demasiado. ¡Perderás tu libertad!» Éstas son el tipo de frases con las que el ego bombardea sus pensamientos. El ego lo sabe todo sobre la propiedad y la dominación porque es algo que está haciendo durante todo el tiempo. El ego le domina y tiene miedo de ser dominado, y equipara la intimidad con la dominación.

Intimar con alguien es ser tolerante y aceptar a otra persona de forma incondicional. Significa comportarse con bondad y respetar las necesidades y deseos de otra persona. Si teme este tipo de relación es porque el ego le dice que es un peligro.

Cuando uno aprende a transitar por la senda espiritual, descubre que el amor es la experiencia menos amenazadora que existe. El amor no pide nada ni nada exige. Requiere dar, compartir y ser vulnerable, con Dios como guía, un guía que comunica amor infinito.

Este tipo de relación es una forma de comunicarse en la que usted es capaz de ofrecerle amor a la otra persona sin necesidad de tener razón o de demostrarle que está equivocada. Cuando una persona con la que habla se siente aceptada, amada y escuchada, ese vínculo se creará. Si ha tenido que demostrarle que estaba equivocada para hacer valer su punto de vista, o si la ha juzgado en algún sentido, es que ha sucumbido a las exigencias del ego.

Si mantiene una relación de pareja con alguien y se encuentra con que evita la intimidad, puede tener la seguridad de que el ego está venciendo a su yo espiritual. El miedo de que conozca su yo superior significa que el ego hará lo que sea necesario con el fin de mantenerle apartado de tal relación. Convencerse de que es superior es una manera de evitar que llegue al estado de vulnerabilidad que la intimidad requiere. Así pues, irá de una relación de dominación/sumisión a otra, evitando las relaciones basadas en el amor y la comunicación sincera.

Éstos son los fundamentos para hacerse más tolerante y permitir al yo superior superar los impulsos autoritarios y dominantes del ego. Estos comportamientos dictados por el ego se manifiestan de muchas formas, algunas de las cuales reconocerá en el apartado siguiente.

Su ego autoritario y dominante en funcionamiento

• *Hacer un uso excesivo de referencias a uno mismo, y llevar siempre la conversación hacia la propia persona.* En lugar de hacer que otra persona se vuelque al exterior y conocer sus sentimientos, usted recurre a todas las excusas posibles para centrar la atención sobre sí mismo.

• *Adoptar una forma apresurada de abordar la vida, la cual no deja tiempo para la contemplación y los momentos de quietud.* Necesitar siempre adelantar al conductor de delante, acelerar cuando el semáforo se pone en ámbar en lugar de reducir la marcha y pararse, usar de modo constante el teléfono, incluso en teatros y restaurantes... estos y muchos otros comportamientos que le hacen tener siempre el control y no le permiten participar cortés y adecuadamente en la vida de otras personas.

• *Dar órdenes y exigir perfección a los miembros de la familia y los compañeros de trabajo.* Negarse a escuchar cualquier punto de vista contrario. Hacer cosas como ladrar exigencias en los restaurantes, una manera de dar a entender que los otros son inferiores.

• *Estar absorto en las propias preocupaciones, metas profesionales, éxitos y experiencias cotidianas.* Insistir en que los demás escuchen siempre sus historias y raras veces interesarse por las de ellos.

• *Corregir en público los errores de otras personas y pavonearse de sus superiores conocimientos.* Corrige cosas como los errores gramaticales, el uso impropio de las palabras, los errores en los hechos relatados, las faltas a la etiqueta, los lapsos de memoria y el paso de baile que está de moda (y lo hace delante de los demás para impresionarlos).

• *Negarse a la auténtica proximidad y culpar a la otra persona por ello.* Negarse a intimar y no mostrarse amoroso si alguien no está a la altura de las expectativas. Emplear cualquier error por parte del otro como razón para negarse a comunicarse de verdad, lo cual le produce un miedo cerval.

• *Necesidad de ganar en las conversaciones en lugar de comunicarse y compartir.* Usar el tiempo que otra persona emplea en hablar para preparar las propias reacciones en lugar de escuchar lo que el otro está diciendo y responder a sus sentimientos y preocupaciones.

• *Ensalzarse a costa de otros.* Recurrir a la jactancia, la fanfarronería y el egocentrismo como principales motivos conversacionales.

• *La incapacidad de dar sin recibir.* Llevar la cuenta de quién responde a sus tarjetas de felicitación y negarse a enviárselas a los que no corresponden. Hacer una obra de caridad o ayudar a otra persona, y luego molestarse si el agradecimiento no llega dentro del tiempo estipulado. Dar para recibir en lugar de dar incondicionalmente.

• *Usar los propios criterios para juzgar cómo tendrían que ser los demás.* Tratar como personas menos importantes a aquellos que no han actuado de acuerdo con los propios criterios.

• *Dominar a los otros que son más pequeños, más jóvenes o tienen una educación inferior.* Someter a otros mediante la amenaza de represalias, por la prepotencia, o retirando el apoyo económico.

Éstos, junto con una lista potencialmente infinita de otros, son algunos de los ejemplos más comunes de cómo la necesidad de ser dominante y superior se presenta en la vida. Estos comportamientos del ego los utiliza la práctica totalidad de la gente en uno u otro momento.

Con el fin de dejar atrás estos pensamientos y comportamientos dirigidos por el ego, resulta útil conocer el sistema de recompensas que su ego ha establecido. Cuando uno sabe qué está obteniendo mediante estos comportamientos, cambiarlos se convierte en una meta mucho más accesible.

QUÉ BENEFICIOS OBTIENE SU EGO DE ESTA DOMINACIÓN, Y POR QUÉ TEME LA TOLERANCIA DE SU YO SUPERIOR

• *Su ego es un viejo compañero y no quiere que lo abandone.* Su falso yo sabe que no necesitará que desempeñe un papel dominante en su existencia si se vuelve tolerante y hace hincapié en servir a los demás. En consecuencia, su ego le dice, una y otra vez: «Estás separado de quienes te rodean y eres mejor que ellos. Con el fin de demostrarlo, tienes que ejercer algún control sobre su comportamiento. Sé dominante y ganarás el respeto de los otros. El respeto de los demás es la forma en que te haces valer».

El ego quiere ser cada vez más soberbio para que sólo lo escuche a él y crea sus falsos mensajes.

• *El ego crece con su sensación de estar incompleto y su miedo a no ser digno de aprecio.* Por lo tanto, le convencerá de que evite las relaciones íntimas por miedo a que revele quién es. Usted se protege a sí mismo de dichas revelaciones por el sistema de escuchar a su ego y evitar las relaciones íntimas.

• *Al mirar al exterior, a todas las cosas y personas que quiere controlar, usted llena su vida con la tarea que tiene entre manos.* Así que llena su tiempo dominando y controlando el mundo externo, y no le queda nada de tiempo para mirar al interior. El ego gana cuando usted necesita dominar, y ganar es muy importante para él.

• *Al ser reticente a dar algo de sí y al ser consciente de las necesidades y deseos de los otros, puede centrar la atención en sí mismo.* Su ego se siente amenazado cuando se desprende del egocentrismo y mira al exterior para ver cómo puede servir a otras personas. En consecuencia, su ego le alienta a que continúe siendo egocéntrico.

Si da, el ego hace que se centre en su propia persona exigiendo que se le reconozca y aprecie por su generoso comportamiento. En cualquiera de los dos casos, el ego —y no su yo superior— vuelve a ganar la partida, y su búsqueda espiritual queda relegada.

• *Cuando domina a otras personas, garantiza la existencia de conflictos.* El conflicto es el medio natural del ego.

Nadie, y quiero decir nadie, quiere que le digan cómo debe vivir, qué debe ser, cómo debe pensar. En pocas palabras, nadie quiere ser dominado. Cuando se asume este papel, se crean conflictos de inmediato. Entonces, el falso yo se pone a trabajar para convencernos de que necesitamos ganar y demostrar nuestra superioridad.

Su yo superior evita los conflictos y fomenta la tolerancia y el amor. Al ego le encantan los conflictos y los fomentará.

• *Hay pocas cosas en las que el ego se deleite más que corrigiendo errores de otras personas.* El ego aprovecha esta doble oportunidad para señalar errores y, de modo simultáneo, sentirse más importante que otros.

Esto es lo que obtiene a causa de su ego. Ahora que entiende por qué ha escuchado las exigencias de control y dominación de su ego, puede comenzar a cambiar algunas de esas actitudes.

Ser una persona autoritaria puede proporcionarle esas apariencias gratificadoras, pero no le conduce a una experiencia más satisfactoria y profunda de su existencia cotidiana. Sus relaciones siempre sufrirán y usted tendrá una sensación de vacío y de ausencia de propósito mientras acepte esas exigencias del ego.

Al desplazar su atención hacia el yo superior, descubrirá un sendero más satisfactorio.

• *Refrene su necesidad de tener razón.* Puede conseguirlo conteniéndose justo cuando está a punto de hablar, y preguntándose si quiere ser guiado por su ego o por su yo superior. Si de verdad quiere limitar la acción de su ego, limítese a responder a lo que la persona acaba de decir sin ponerse a discutir ni aconsejar. A medida que practique esta técnica, su ego se desvanecerá y sus relaciones mejorarán.

• *Escuche a los demás.* Intente oír las emociones que haya en la conversación de alguien. Libérese de su actitud defensiva y de la necesidad de corregir o explicar. Limítese a escuchar y parafrasee lo que el otro ha dicho. Escuche lo que la otra persona está sintiendo y reaccione en función de ello. Comenzará a eliminar la intolerancia.

• *Demuestre tolerancia y amor haciendo caso omiso de lo que pueda haber sucedido en el pasado.* Evite la inclinación a demostrar que alguien está equivocado señalando sus falacias con ejemplos de su pasado. Despójese del deseo de ganar y cultive el deseo de comunicarse.

• *Concédase tiempo para hablar con Dios y para buscar la ayuda de guías espirituales.* Hacer esto a diario le llevará a ser más pacífico y calmado. Descubrirá que la energía que antes usaba para dominar a la gente pasará a servir a los demás.

• *Deténgase justo cuando esté a punto de intervenir en una disputa de negocios o familiar.* Cuente hasta veinticinco y escuche. La pausa por lo general permitirá que la disputa se resuelva sin su interferencia. Si le resulta difícil reprimirse, aléjese un poco.

Aprenda a permitir que los demás solucionen sus dificultades sin sentir que usted es el único que puede arreglar las cosas. Su ego le insiste para que intervenga y demuestre lo bueno que es, mientras que su yo superior quiere que experimente paz y armonía. Escoja esto último.

• *Suprima todas y cada una de las tendencias a corregir.* Establezca como regla que nunca corregirá a alguien delante de terceros. A nadie le gusta que lo corrijan en público.

Si siente la necesidad de enseñarle a alguien los errores de su manera de hablar o actuar, guarde silencio y pregúntese cómo manejaría Dios la situación. Si la persona es un adulto, en privado y con delicadeza pregúntele si quiere que la corrijan. Se sorprenderá descubrir lo carente de importancia que es para algunas personas saber la manera apropiada o correcta de decir o hacer las cosas. Suele ser la persona que hace las correcciones la que le confiere una gran importancia a la forma correcta.

• *Intente dar a los necesitados de forma anónima.* Si insiste en ser reconocido por sus actos de generosidad, entonces quien le impulsa a dar no es su yo superior. ¡Abandone el dar y reciba!

Sea generoso y siéntase contento de saber que sus contribuciones están ayudando a otros. Celebre el dar que no está basado en el ego.

• *Cuando se sienta tentado a juzgar a otros, recuerde que ellos forman parte de la misma divina creación que usted.* Despójese de algunos de esos enjuiciamientos originados en el ego y basados en las apariencias y adquisiciones.

Ha de ver la plenitud de Dios en todas las personas con las que se encuentre y recordar que el mundo de lo manifiesto no es lo único que hay. También existe Dios en el interior de cada persona. Si puede verlo de esta manera, se sentirá menos tentado a juzgarlos por sus posesiones o apariencia.

• *Si tiene dificultades en sus relaciones íntimas, sienta el miedo y hágalo de todas formas.* Reconozca que está pasando un momento difícil al ofrecer su amor, pero resístase a las exigencias que el ego le impone. Por el contrario, ábrase a la persona a la que ama y dígale cuánto significa para usted. Hágalo aunque tenga la impresión de que no lo merece o de que no responderá de la forma apropiada. Corra el riesgo y luche contra el impulso de retraerse. Se sentirá más lleno y realizado por el hecho de haber corrido ese riesgo.

Su yo superior le implora que entregue su amor y no tenga miedo a ser vulnerable. El amor tiene que ver con el dar. Si es correspondido, bien; pero si no, de todas formas usted se merece el amor.

• *Recuerde que nadie de este planeta quiere compartir sus conflictos.* La gente quiere la paz, que es el camino del yo superior. Al ego le encanta la agitación y los conflictos, razón de que haya tantos conflictos en el mundo. Son el ego luchando contra el ego.

Si sabe en su corazón que está siendo guiado por su falso yo cuando fomenta conflictos, entonces quizá pueda guardar un poco de silencio y dirigirse a su interior justo cuando esté a punto de implicar a alguien en una disputa. Yo he descubierto que cuando medito aunque sólo sea durante treinta segundos antes de estar a punto de trabarme en un conflicto, consigo ponerme en contacto con mi yo superior... y la necesidad de tener razón sencillamente desaparece.

En la obra *The Man's Eternal Quest* (*La eterna búsqueda del hombre*), Paramahansa Yogananda escribió: «Dios es el depositario de toda felicidad; y tú puedes contactar con Él en la vida cotidiana. Sin embargo, el hombre se ocupa principalmente en seguir lo que conduce a la infelicidad».

La actividad que más conduce a esa infelicidad es la necesidad de demostrar que los otros están equivocados y la tendencia a dominar. Consulte con Dios y tenga presente que esa presencia amante está a su disposición. Abandone la costumbre de confiar en el ego y en toda su falsa lógica, y viva la tolerancia, el amor y la paz de su yo sagrado.

14

De lo malsano a la pureza

Bienaventurados los puros de corazón,
porque ellos verán a Dios

San Mateo, 5:3

Hoy trabajaré
con lo más puro de mis intenciones
en mayor beneficio de todos

En el confucianismo hay un principio denominado Jen. Este principio se refiere a la creencia de que existe el bien, el bien puro, en el centro de nuestro ser, donde puede hallarse el yo o el espíritu. Todas las personas nos parecen buenas cuando son su verdadero yo. El principio de Jen da a entender que uno no puede evitar ser puro cuando es su verdadero yo. Las vidas se tornan malsanas cuando hacemos caso omiso de nuestro auténtico yo y escuchamos al falso yo.

Para permitir que el yo superior triunfe en este conflicto entre la pureza y lo malsano, debe despojarse de cualquier idea de que en el fondo usted es un pecador. Es necesario que se dé cuenta de que la faceta central de su ser es pura, buena y hermosa. Tal como san Mateo lo expresa, con una gran perfección, esta pureza de corazón le permitirá conocer a Dios.

Por supuesto, lo contrario también es verdad. Si lleva una vida malsana, de pensamiento o acción, será incapaz de conocer el espíritu divino que hay dentro de usted, y el ego continuará dominando su vida interna y externa.

Los puros de corazón se distinguen por sus pensamientos y acciones. Su yo superior desea que tengas pensamientos puros y una conducta pura. Su ego se resiste con fuerza a la pureza y hace campaña en favor de lo malsano. Con el fin de combatir este conflicto, debe entender cómo puede reconocer qué tipo de vida lleva, y, si es necesario, mejorar.

PURIFICACIÓN DE SU PENSAMIENTO

Todo en lo que piensa acaba convirtiéndose en acción. Cuanto más consciente sea de cómo utiliza la mente, más capaz será de dejar atrás las formas malsanas de pensamiento. Cuando usted sabe que sus pensamientos acaban convirtiéndose en acción, se vuelve muy cuidadoso con respecto a lo que piensa porque empieza a ver que sus pensamientos pueden envenenar su vida.

La purificación de sus pensamientos es una variante del tema de la conciencia superior. Así que puede que le interese comenzar por repasar las claves de acceso a la conciencia superior que encontrará en la segunda parte. Las primeras tres —desterrar la duda, cultivar la condición de observador y acallar el diálogo interior— resultan esenciales para dominar el ego y empezar a reconocer y aceptar la pureza.

El pensamiento malsano es un hábito que nos hace utilizar la mente según interpreta el ego. Abandone el hábito de la interpretación constante y comience a vivir su vida libre de los comentarios del ego. Su voluntad de encararse con las formas en que ha estado pensando es el principio del proceso de purificación. Su capacidad para cesar de enjuiciar le permitirá alcanzar el terreno más elevado (allí donde se conoce la presencia de la energía divina), y experimentar la conciencia más rica que acompaña al triunfo de su yo superior.

Saber que usted puede escoger pensamientos menos malsanos es un importante descubrimiento. Muchas personas nunca lo han descubierto. En consecuencia, pasan la totalidad de sus vidas defendiendo la idea de que sus pensamientos son inmutables. Usted, que se halla en la senda espiritual, sabe que no es así. Sabe que es algo más grande que sus pensamientos y más divino que el cuerpo en el que tienen lugar esos pensamientos.

Sus pensamientos y conducta son hábitos resultantes de la experiencia de su vida, incluidas las creencias que ha aceptado de todas las personas bien intencionadas que le formaron. Para purificar su pensamiento y hacer que su mente funcione exactamente como quiere que lo haga, debe estar dispuesto a examinar estos hábitos de pensamiento. Entonces comenzará el proceso purificador y verá el acceso hacia su yo espiritual.

Libérese de los prejuicios

La palabra «prejuicio» pertenece a la misma familia que prejuzgar. Fomentamos el pensamiento malsano siempre que nos permitimos enjuiciar. Y cuando juzgamos por anticipado, nuestros pensamientos son todavía más malsanos.

Cuando estaba haciendo las investigaciones para otro de mis libros,

La felicidad de nuestros hijos,* me sentí intrigado por los datos que indicaban que los niños a los que se les enseñaba a creer, sin cuestionamientos, en lo que decían las autoridades, eran los niños que más prejuicios presentaban. Esta conclusión resulta comprensible cuando uno se da cuenta de que prejuzgar a los demás, basándose sólo en lo que han dicho otras personas, impide el desarrollo de una mente propia.

El prejuicio procede de tratar a la mente como un espacio para los pensamientos y creencias de otros. El aprendizaje de cómo ocupar su mente con interpretaciones personales, aunque sea durante un momento, le permite conocerse a sí mismo y conocer a los demás a través de su yo espiritual. Cuando su mente está ocupada por los prejuicios, el ego es el dueño de la casa.

Prejuzgar es una forma de interpretar los motivos y comportamientos de los otros de acuerdo con los criterios establecidos por el ego. No es algo que quede limitado a los antagonismos raciales, sociales y religiosos que hemos llegado a asociar con la palabra «prejuicio». Siempre que usted define a los miembros de una generación diferente de la suya como inferiores, estrafalarios o anticuados, usted está prejuzgando.

Para liberarse del hábito de enjuiciar, dictado por el ego, haga un inventario de sus pensamientos y lleve la cuenta de cuánta de su energía interior está dedicada a prejuzgar a los demás. Pregúntese si está dispuesto a continuar alquilando su mente para que la ocupen los pensamientos de otros.

El antídoto para los pensamientos malsanos es desactivar al ego y escuchar al yo superior. Comenzará a saber que nadie de este planeta es superior ni especial a ojos de Dios, del mismo modo que nadie deja de ser especial.

La purificación de sus pensamientos, en realidad, no es nada más que ver la plenitud de Dios en todas las personas. En el momento en que sienta que un prejuicio penetra en su mente, reemplácelo por el pensamiento de que no quiere envenenar su mente. Adopte el papel de observador y vea la presencia amante dentro de todo. El sagrado saludo sánscrito «*Namaste*» es un recordatorio de este tipo de pensamiento. Haciendo una traducción aproximada, significa: «Celebro el lugar que hay dentro de ti en el que los dos somos uno».

La purificación de sus pensamientos, por lo que hace a los prejuicios, tiene lugar cuando usted está dispuesto a reconocer las inconta-

* Publicado por Grijalbo. (*N. de la T.*)

bles creencias que ha recibido de otras personas, y cuando quiere estar en relación con los pensamientos puros que emanan de su yo espiritual. En ese momento está dispuesto a iniciar la ruptura con el hábito de prejuzgar y reemplazarlo por la idea contenida en el saludo sánscrito: *Namaste*.

Libérese de su libido

Su yo superior le insta a considerar a una persona del otro sexo como un alma que tiene un cuerpo. Su ego, no obstante, está decidido a que la vea como un cuerpo.

Su libido representa los impulsos básicos biológicos y los deseos sexuales. Son realidades vitales y no debe mirárselas con desprecio ni escarnio. Sin embargo, cuando la libido se convierte en quien controla su mente, sus pensamientos pueden volverse malsanos y apartarse del júbilo y armonía que le ofrece su yo espiritual. Para purificar su pensamiento en este aspecto, tendrá que examinar con cuidado todo lo que ha aprendido sobre su naturaleza sexual, comenzando por la infancia.

Cuando yo examino las creencias referentes a la sexualidad masculina con las que crecí, me doy cuenta de que estuve expuesto a una manera de pensar malsana que, de modo inevitable, interfirió en mi desarrollo espiritual. Películas, revistas, canciones, publicidad y varones adultos enviaban mensajes que me enseñaban a relacionarme con una chica como si fuera sólo un cuerpo. La meta era la conquista de su cuerpo. El sexo era el penúltimo objetivo de mi misión en la Tierra.

Éste es el tipo de aprendizaje al que he hecho referencia a lo largo de todo este libro: afecta al proceso y la función del pensamiento. Nuestros pensamientos han sido conformados para concentrarse en la conquista sexual. Cada vez que nos encontramos con un atractivo miembro del sexo opuesto, nuestros pensamientos comienzan a girar en torno a los mensajes de nuestra libido.

La razón por la que este tipo de pensamiento se vuelve malsano es que consume toda nuestra energía mental en la actividad de examinar y considerar a las personas como cuerpos en lugar de como seres espirituales. Nuestras mentes quedan absortas en la falsa idea de que nuestra dignidad y valor como seres humanos está de alguna forma conectada con las conquistas que coleccionamos y exhibimos para obtener la aprobación de otros miembros de nuestro sexo.

Las relaciones con el sexo opuesto se centran de forma exclusiva en la apariencia y la belleza exterior. Para los hombres, a menudo el tamaño de los pechos tiene más importancia que el establecimiento de una conexión espiritual. Tener relaciones sexuales se transforma en un sustituto del intercambio de amor y del ser compañeros espirituales. También las mujeres hacen juicios de valor con respecto a la apariencia de otros hombres y mujeres. Todo el potencial para conocer el júbilo que nos ofrece nuestro yo superior espiritual queda desterrado de la conciencia en favor de las apariencias.

Darme cuenta de esto ha sido algo significativo para mí, adquirí conciencia de mi capacidad para permitir que mi yo superior fuera la energía a la que yo respondiera. Me he encontrado con que mi temprana formación como varón dominado por el ego estaba extremadamente arraigada y nada fácil de obviar.

Cuando usted está motivado por la libido, sus pensamientos se ven abrumados por ella durante casi todo el tiempo. Su mundo interior está casi exclusivamente orientado a pensamientos sexuales y evaluaciones basadas en las apariencias. Cambiar su pensamiento en este aspecto no significa convertirse en un puritano o un asexual.

Lo que hará será liberarse para ver la belleza interior que hay dentro de todos y cada uno de nosotros. También se dará cuenta de que toda apariencia física es pasajera y que sufre constantes cambios. Si mide su propio aprecio por la apariencia física, ¿adónde irá a parar su aprecio cuando esas características físicas comiencen a cambiar, como están destinadas a hacerlo?

No hay ninguna recompensa interior en la conquista, a pesar de que puedan haberle dicho lo contrario. No hay ninguna recompensa interna en una conquista, aunque sienta que sí la hay cuando habla largo y tendido sobre ella con sus amigos, los cuales han recibido la misma formación. Cuando la conquista se ha visto coronada por el éxito, existe una sensación de vacío y un poderoso deseo de desaparecer tan rápido como sea posible.

La unión sexual que está libre de la idea de conquista y se halla centrada en el yo espiritual no le deja con una sensación de vacío ni con un deseo de desaparecer. Ambos querrán estar cerca el uno del otro cuando el acto físico haya concluido. No existe sensación de vacío cuando hay una relación espiritual.

Liberarse de la libido en este sentido tiene lugar cuando purifica sus pensamientos referentes a los otros así como a usted mismo. Realice un esfuerzo deliberado y consciente para cambiar el malsano pensamiento basado en la libido. Hágalo con un pensamiento por vez. Se encontrará creando la paz interior que proviene de conocer a su yo superior.

Recuerde, Dios no tiene favoritos. En realidad, nadie es más guapo ni más hermoso que otro. La única diferencia existente entre una flor y una hierba proviene del juicio. Los enjuiciamientos basados en el ego le convencen de que la apariencia física y la conquista sexual de las personas juzgadas como más atractivas son de vital importancia. Tenga presente que todo pensamiento o enjuiciamiento referente a los demás como objetos sexuales es un pensamiento que le mantiene apartado de su yo superior y cerca de la dominación del ego.

Si usted es una mujer, tenga cuidado de no permitir que su ego le convenza de que está por encima de estos pensamientos. Aquí he usado sólo ejemplos masculinos debido a que conozco mejor a los varones. He observado a mujeres que hacían enjuiciamientos sobre la apariencia de otros hombres y mujeres, y que usaban insinuaciones y modos de conversación impúdicos similares.

Para purificar nuestros pensamientos por lo que hace a la libido, debemos comprometernos a llevar la cuenta de todos los juicios que hacemos con independencia de nuestro sexo, estado civil o edad. En la parte final de este capítulo presento algunas sugerencias sobre cómo llevarlo a cabo.

Libérese del pensamiento adictivo

La sucinta definición de pensamiento adictivo es la creencia de que usted ha de tener algo externo a sí mismo con el fin de evitar el sufrimiento. Cuando sus pensamientos se hallan centrados en la absoluta necesidad de tener algo, están siendo sometidos al ego. Recuerde, el ego quiere que sienta que está incompleto, de manera que pueda mantenerle luchando por algo en lugar de permitir que mire en su interior y conozca la paz y la armonía de su yo espiritual.

Mientras sus pensamientos se hallen centrados en que usted está incompleto, necesitará luchar por algo más para tener satisfecho a su ego. El algo más podrían ser las adicciones típicas como el alcohol, las drogas, los azúcares, las cafeínas y demás. O podríamos ser adictos a la aprobación, el dinero u otros símbolos de éxito. La clave aquí reside en entender que luchar por cosas es indicativo de que su ego está funcionando.

Cuando traba conocimiento con su yo superior, descubre que todos los placeres que las adicciones le proporcionan son falsos y fugaces. Los placeres que ofrece cualquier sustancia —desde la nicotina y la cafeína a la cocaína y la heroína—, los experimenta el cuerpo como sensaciones que desaparecen casi de inmediato. Cuando la exigencia de volver a esa sustancia se transforma en una adicción, usted está en la senda de acabar envenenando tanto su cuerpo como su mente.

En todos los casos, es necesario que examine sus pensamientos adictivos. La práctica totalidad de las tradiciones espirituales enseñan que su yo superior es Dios, que habita en usted. Cuando conoce ese poder que hay en su interior, ya no piensa más en que ha de tener algo o tiene que hacer algo con respecto a las necesidades externas. En el cristianismo, se hace referencia a este conocimiento: «...porque he aquí que el reino de Dios está dentro de vosotros». En el confucianismo se nos dice: «Lo que un hombre no evolucionado busca está fuera. Lo que el hombre evolucionado busca está dentro de él mismo». En el budismo se nos recuerda: «Si piensas que la Ley está fuera de ti mismo, no estás abrazando la Ley absoluta sino alguna otra enseñanza inferior». En el sintoísmo se nos implora: «No busques a Dios en distantes cielos. En el propio corazón del hombre se encuentra Él». Y para concluir, en el hinduismo se nos dice: «Dios mora escondido en los corazones de todos».

Si examina cada una de estas tradiciones espirituales y muchas otras, verá que el pensamiento adictivo es aquel que vulnera los principios básicos de su yo espiritual. Dentro de cada uno de nosotros existe un poder divino que no necesita sustancia alguna ni nada externo para conocer el júbilo (a menos que busque una falsificación, un júbilo fugaz que requiera más y más para permanecer saciado).

El hombre evolucionado al que hace referencia Confucio es la persona que ha mirado hacia su propio interior, descubierto que hay algo más que un cuerpo que codicia cosas y, por lo tanto, es capaz de ser observador de su cuerpo. Cuando se desprende de la creencia de que su cuerpo es usted, también se desprende de las exigencias que su falso yo le impone.

Para liberarse de cualquier pensamiento adictivo, descubrirá que resulta necesario liberarse de las exigencias del ego. Guarde silencio y transfórmese en el observador de su cuerpo y de sus ansias en lugar de ser el ansia o el veneno. Entonces será capaz de ver la luz celestial de Dios, que le dará la fuerza necesaria para abandonar los pensamientos adictivos.

Al contemplar las ansias, puede verlas cómo llegan y se van. Sabe que el falso yo se debilita al mismo tiempo que continúa susurrándole intermitentes advertencias respecto de abrazar el «rollo espiritual», y le sugiere que usted se merece el júbilo ahora. Eso forma parte del pensamiento condicionado del ego, que le dice que sin algo externo se le negará el júbilo y el placer.

Para liberarse de este pensamiento, necesita abandonar de momento a su ego y solazarse con el recién hallado júbilo logrado por su fuerza de resistencia. Invoque a su yo superior y trabe una conversación con Dios en la que supere ese problema.

Cuando usted comienza a resistirse a la dominación y exigencias del comportamiento adictivo del ego, conocerá un júbilo muy superior y más duradero que el que puedan proporcionarle cualquier sustancia o aprobación externa. Conocerá el pensamiento puro en lugar del malsano, tal vez por primera vez en su vida.

Libérese del espíritu de contradicción

El pensamiento malsano es el que ve lo malo en lugar de lo bueno que hay en el mundo. También aquí trabaja su ego, alentándole a evitar todo lo que le diga que éste es un lugar divino. Una vez que comienza a ver lo bueno que hay en todo y a saber que incluso aquello que ninguno de nosotros puede entender es, de alguna misteriosa forma, parte del plan de Dios, su ego se marchitará y perderá su influencia sobre usted.

Cuando su pensamiento es puro usted empieza a comprender el mundo de una nueva forma. Los hechos del mundo no son lo que le deprime; es la forma en que los interpreta. Abandone la necesidad de interpretar.

El pensamiento malsano le dice que usted tiene que convertir algo en un problema a fin de que el ego pueda acabar teniendo razón. Si las cosas no van de la manera que su ego piensa que deberían ir, usted tiene una razón para estar molesto. Esto crea desasosiego, el objetivo del ego. Si está agotado interiormente, resulta improbable que adopte un punto de vista sosegado.

Las irritaciones menores pueden impedirle experimentar la paz de Dios, y lo harán, con tanta seguridad como lo harán el enojo y el odio. Cada vez que usted valora algo por encima de la paz, puede estar seguro de que su ego está ejerciendo su influencia sobre usted.

Si quiere conocer la felicidad suprema, tiene que desterrar el espíritu de contradicción de su vida. Debe abandonar la interpretación de las personas y hechos y dejar atrás la negatividad y el pesimismo. Víctor Hugo escribió una vez: «La felicidad suprema de la vida es la convicción de que somos amados; amados por nosotros mismos, o más bien a pesar de nosotros mismos».

Cuando uno es negativo y tiene espíritu de contradicción, envía mensajes que dicen que no está interesado en que le amen. La negatividad devolverá más de lo mismo. Cuando usted realiza el giro hacia su yo superior, cuando experimenta el júbilo dentro de sí, el ego se aparta a un lado, aunque con reticencia, y se encamina hacia maneras positivas, amorosas, de vivir la vida. Usted sabe que su yo superior le traerá la felicidad suprema a la que aludió Víctor Hugo.

A veces pienso en mí mismo como una especie de paranoide pero al revés. Las personas paranoides creen que el mundo y todos sus habitantes se proponen hacerles daño. Yo pienso en los paranoides al revés como personas que creen que el mundo y todas las personas que viven en él se proponen ayudarles, protegerles y hacerles algún bien.

Esto no es más que un cambio de actitud que nos asegura la presencia divina. Nuestro yo superior nos recuerda que mantengamos nuestros pensamientos al servicio de los demás, y de esa forma alcancemos la satisfacción de nuestros deseos. Todas las personas con las que se encuentra —de alguna manera no demostrada pero evidente—, forman parte de la conspiración destinada a hacer su vida espiritualmente placentera.

Trate de pensar en usted mismo como paranoide al revés. Verá que el espíritu de contradicción y todos los trucos del ego desaparecen para ser reemplazados por su yo espiritual, que le traerá el amor, la experiencia suprema de la felicidad.

Libérese del pensamiento comparativo

Resulta corriente oír a la gente hablar de que cada uno es único. Nuestros egos querrían hacernos creer que cada uno de nosotros es especial, una creación única en su género que merece atención individualizada por parte de todo el mundo, incluido Dios. Es decir, hemos de describir esta idea como una interpretación superficial de nosotros mismos. En la superficie —es decir, cuando juzgamos por la apariencia física, la capacidad, los compartimientos y la personalidad—, cada persona es única y, en efecto, bastante especial. Pero el punto central de este libro es la dimensión espiritual que hay más allá de la superficie.

La persona dirigida por el ego juzga por las apariencias en el plano físico, y en consecuencia se sirve de comparaciones. La persona cuyo punto de apoyo es su identidad superior sabe que todas estas diferencias son meras observaciones superficiales y que en nuestro núcleo todos compartimos la misma esencia universal. La energía que fluye a través de usted está fluyendo también a través de mí. No existe un Dios separado para cada uno de nosotros. Es nuestro ego quien nos convence de que estamos separados los unos de los otros.

Cuando usted comienza a ver a las personas en función de su esencia divina, y ve la esencia de Dios en cada persona con la que se encuentra, deja de comparar. La idea de que otras personas deben ser juzgadas basándose en relación con usted es equivalente a la idea de que usted es especial a ojos de Dios. Es como si creyera que las creaciones de Dios, que son diferentes de usted en apariencia, personalidad, intereses y capacidad, son errores.

¿Pero cómo es posible que pueda haber un error de creación cuando éste es un sistema inteligente? ¿Cómo puede un Dios divino, omnisciente, cometer un error?

A medida que su pensamiento se hace más puro, comienza a ver las conexiones que nos unen a todos en algo muchísimo más significativo que las apariencias. Que piense en sí mismo como superior a otra persona, o con más inteligencia, o más hermoso, significa que el ego está consiguiendo que niegue su espíritu interior, el cual se halla conectado con aquellos a quienes está juzgando.

No tiene sentido sentirse superior ni compararse con las demás personas cuando se actúa desde el yo espiritual. Todos los seres, incluido usted mismo, son una expresión de Dios.

El pensamiento comparativo es popular en nuestra cultura. Los concursos de belleza, los anuncios publicitarios, las competiciones de *body-building* y las oposiciones, son sólo algunas de las maneras de manifestarse que tiene el pensamiento comparativo. Está claro que el mensaje es que algunos de nosotros somos más hermosos o estamos mejor dotados que otros, y por tanto se nos juzga como superiores.

No estoy sugiriendo que estos factores externos sean inexistentes. En efecto, algunas personas corren más rápido, calculan a mayor velocidad y tienen más masa corporal que otras. Pero usar estos factores que se transmiten por vía genética, como indicadores de cómo debemos pensar, equivale a ceder ante el ego, el cual hace hincapié en las apariencias.

Repare en las diferencias y disfrute de las competiciones, pero sepa en su corazón que no necesita juzgar a los demás basándose en sus diferencias físicas.

Cuando haya purificado su pensamiento, mirará más allá de esas diferencias obvias que pueden medirse en el plano físico. Reparará en ellas, las disfrutará, competirá contra ellas, si quiere. Pero nunca utilizará su pensamiento para juzgar a nadie como superior basándose en las características físicas y las realizaciones. Sus pensamientos permanecerán siempre con el yo superior, que le dice que todos tenemos la misma esencia.

Las siguientes palabras se atribuyen a Buda: «Sé una lámpara en ti mismo. Mantén la verdad en tu interior». Recuerde esta verdad, y su pensamiento permanecerá puro. Cuando escuche este consejo, los pensamientos comparativos ya no envenenarán su vida. La obra *A Course in Miracles* le ofrece otra forma de recordar esto: «No veas a nadie como un cuerpo. Recíbele como al hijo de Dios que es, y reconoce que es uno contigo en Dios».

PURIFICACIÓN DE SUS EMOCIONES

Las emociones son reacciones ante los pensamientos. Estas sensaciones aparecen en su cuerpo y provienen de cómo utilice su mente. Las emociones no son cosas que sencillamente suceden; son elecciones que usted hace.

Si su cuerpo se ve atormentado por respuestas emocionales malsanas como sentimiento de culpa, enojo, preocupación, miedo, timidez y ansiedad, tiene que examinar el proceso de pensamiento que da soporte a dichas sensaciones. Las reacciones fisiológicas ante estas emociones incluyen alta presión sanguínea, rubor, aceleración respiratoria, aumento del ritmo cardíaco, sensación de tener un nudo en el estómago, úlcera, erupciones y la tendencia a morderse las uñas, entre otras.

Puede identificar sus emociones en el plano físico mediante la observación. Pero también tiene que saber que el sistema de soporte de estas reacciones es su elección de pensamientos. Si está entregado a los pensamientos malsanos estará produciendo respuestas emocionales malsanas que provocarán en su cuerpo un estado de ansiedad y desasosiego.

La verdad es que usted es por completo responsable de lo que piensa. Mediante la puesta en práctica de las cuatro claves de acceso a la conciencia superior presentadas en la segunda parte de este libro, comenzará a ver sus pensamientos como elecciones. El mundo no gobierna su mente, ni tampoco su cuerpo gobierna sus pensamientos. Es al revés. Quien está al mando es el cerebro, puro, y que está en paz.

A los pensamientos malsanos —como los prejuicios, los pensamientos libidinosos, el espíritu de contradicción, los pensamientos adictivos y los comparativos— puede observárselos y luego dejarlos marchar. Sencillamente obsérvelos llegar y luego decida no centrarse nunca más en ellos.

Esta sencilla fórmula es el secreto para crear en su cuerpo reacciones emocionales que manen del amor, la aceptación, la paz, la tolerancia, la comprensión, la bondad y el perdón. Estos pensamientos de pureza, dictados por su yo superior, provocarán las reacciones emocionales del contento, la homeostasis, el equilibrio, el júbilo y la calma. Por lo tanto, para purificar sus emociones, usted tiene que purificar sus pensamientos y luego observar mientras les da la vuelta a esas antiguas reacciones emocionales malsanas a las que se ha acostumbrado llamar herencia.

Hubo una época en la que yo esperaba recibir reconocimiento cuando hacía un regalo. Si no recibía el agradecimiento que esperaba, me sentía molesto y acusaba interiormente al ingrato destinatario. Podía advertir los cambios corporales que provocaban mis pensamientos.

En la actualidad, escucho a mi yo superior, y soy capaz de dar de forma anónima. Mi yo superior me hace dar por la sola razón del deseo de ayudar. Ya no doy para recibir algo a cambio. Mis pensamientos a este respecto están purificados, y por lo tanto todas las reacciones emocionales de enojo y frustración han sido reemplazadas por una sensación de equilibrio y bienestar.

De modo similar, he extirpado la dolorosa reacción emocional de los celos. En lugar de permitir que mi ego esté al mando, me vuelvo hacia mi yo superior en busca de guía. Ya no me digo a mí mismo que debería sentirme desairado cuando alguien obtiene más de lo que yo tengo. Consulto a mi yo superior y observo mis pensamientos en silencio. Desde ese lugar estratégico, veo que el amor es lo que puedo enviarles a todos aquellos que están en este planeta conmigo, independientemente de las apariencias o diferencias externas.

Tenga presente que el ego es una pequeña parte de usted mismo, la cual ha asumido el mando en su intento de protegerle con su falsa idea de que usted es sólo un cuerpo. A partir de esta imagen incompleta de su totalidad, el ego fomenta reacciones emocionales malsanas así como comportamientos del mismo jaez.

Mientras avance por el sendero de su yo espiritual, tenga presente estas palabras de mi maestro Nisargadatta Maharaj:

> Cuando sabes más allá de toda duda que la vida fluye a través de todo lo que existe y que tú eres esa vida, lo amarás todo de manera natural y espontánea. Cuando te das cuenta de la profundidad y plenitud del amor de ti mismo, sabes que todos los seres vivos y el universo entero están incluidos en tu afecto. Pero cuando miras cualquier cosa como algo separado de ti, no puedes amarlo porque le tienes miedo. La alienación provoca miedo y el miedo hace más profunda la alienación.

Esta alienación a la que se refiere Maharaj aparece como el estrés y las reacciones físicas que llamamos emociones malsanas. Memorizar este pasaje del libro *I Am That* le ayudará a volverse hacia la pureza emocional. De ello obtendrá un comportamiento nuevo y puro.

PURIFICACIÓN DE SU COMPORTAMIENTO

Su comportamiento en el plano físico fluye directamente de sus pensamientos y emociones. Como nos recuerda Emerson: «El antepasado de toda acción es un pensamiento». Es obvio que el pensamiento venenoso conduce a un comportamiento malsano. Para purificar su comportamiento, tiene que frenar sus pensamientos malsanos.

Si lo malsano tiene una larga duración, ello ayuda al desarrollo de comportamientos adictivos. Independientemente de cuántos programas de tratamiento siga, si va a librarse de un comportamiento adictivo tendrá que hacerlo por su propia cuenta. Nadie más puede hacerlo por usted. Ningún programa puede hacerlo por usted. Ningún elixir mágico va a conseguirlo. Sólo usted, con su pensamiento, puede cambiar los comportamientos adictivos que ha escogido a instancias de su falso ego.

La manera más eficaz de librarse de un comportamiento adictivo es acudir directamente a su yo superior y pasarle el problema a Dios. Eso es. Limítese a pasárselo. Entréguese, con el conocimiento de que la energía más elevada del universo está dentro de usted.

Me encanta este pasaje del libro *A Course in Miracles*: «Me contento con ser lo que Él quiera, porque sé que Él va allí conmigo. Seré sanado cuando le permita, a Él, que me enseñe a sanar». Cuando se entregue a la fuerza más elevada y entre en el silencio de usted mismo, experimentará todo eso sobre lo que he escrito en este libro. Sentirá que ya no tiene que confiar en su falso yo para obtener ninguna satisfacción pasajera. Sentirá la presencia de su yo espiritual en todo momento. Las tentaciones de volver a los hábitos adictivos se verán disipadas por su nueva capacidad para entregarse y su voluntad de ayudar a sanar a otras personas.

Incluso una recaída será parte del orden divino, usted sabrá que llegará el momento en el que se verá por completo libre de la adicción, siempre y cuando permanezca con el pensamiento purificado. Sus pensamientos son lo más importante que tiene a su disposición en la batalla de acabar con el comportamiento adictivo. Sus pensamientos se hallan en el reino invisible donde se encuentra su yo superior.

Su yo falso continuará instándole a aceptar el placer fugaz. Pero al utilizar sus pensamientos para confiar en el espíritu que le habita, el impacto de su ego disminuirá.

Su yo superior le guiará para purificar su comportamiento adictivo, y se le proporcionará ayuda si mantiene la continuidad de su compromiso. Las personas que le suministran el veneno que toma serán incapaces de llegar hasta usted. La llamada telefónica a su suministrador habitual no recibirá respuesta. Su suministrador no estará disponible. Le llamarán para que haga algo fuera de la ciudad, o le desviarán, o surgirán de repente otras actividades justo en el momento en que estaba a punto de tener un momento de debilidad. El universo conspirará para ayudarle en su compromiso de purificarse cuando voluntaria y auténticamente le pase su problema al yo superior.

Por último, volverá los ojos con incredulidad hacia sus comportamientos adictivos y se preguntará cómo pudo haber sido tan estúpido. No obstante, su yo superior le recordará que formaba parte del designio divino. Tuvo que pasar por todas esas experiencias con el fin de saber cómo superarlas. Llegará un momento en el que estará agradecido por su pasado adictivo, y dará cada día las gracias por el surgimiento de su yo superior. Habrá dominado su ego mediante unos pensamientos, emociones y comportamientos purificadores.

Cuando comience a darse cuenta de cómo todo trabaja a la par para ayudarle a purificar su vida, verá que cada aspecto de su vida mejora. De inmediato empezará a llevar una vida más sana. Cuando sus pensamientos provengan del reino espiritual, el reino físico responderá automáticamente a esa llamada superior.

Este cambio a un comportamiento nuevo y más puro no es una transición difícil. Un oyente de una de mis conferencias me explicó hace poco que él anhelaba convertirse en una persona más espiritual, con un corazón puro, pero que le resultaba muy difícil. Yo le dije que era necesario que reconociera que eso era obra de su falso yo, que intentaba convencerle de que era difícil, con el fin de que no realizara el esfuerzo necesario.

Cuando usted escucha a su ego y se deja convencer de que es demasiado difícil deshacerse de los hábitos malsanos, usted está bajo el control de ese falso yo. El hecho es que cuando le pasa esos hábitos a Dios y se entrega y le escucha, y luego recurre a las cuatro claves de acceso a la conciencia superior, todo comienza a sincronizarse para purificar su vida. Si se siente convencido, si no le cabe duda de que es difícil, está escuchando a su ego. Si sabe que no se encuentra solo y que es capaz de cualquier cosa que pueda concebir, entonces está escuchando a su yo superior.

El hábito de practicar comportamientos destructivos va mucho más allá del consumo de sustancias. El comportamiento malsano, que dificulta las relaciones espirituales, también puede purificarse mediante la entrega de su hábito en manos de su yo superior.

Su yo superior quiere que tenga paz y amor en su existencia, no agitación. Su yo superior sabe que anhela una relación espiritual, un lugar en el que sienta serenidad en lugar de inquietud.

Cualquier comportamiento que sea malsano será purificado mediante la confianza en el espíritu que le habita. Al apartar los pensamientos de la influencia del ego, sus reacciones emocionales y su conducta también se apartarán.

Ya ha visto cómo son los pensamientos, sensaciones y comportamientos malsanos y cómo se presentan en su vida. A medida que quite de su camino esos obstáculos que le impedían el acceso a la conciencia superior, querrá estar alerta con las razones por las que ha permitido que su ego le envenenara la vida.

Mientras examina las consecuencias expuestas en el apartado que sigue, tenga presente que puede quitar esos obstáculos de su camino a voluntad consultando tan sólo con su ego. Como puede ver ahora, cuando su ego se ve obligado a encararse con la brillante luz de su yo superior, se desvanece su dominación.

LAS COMPENSACIONES QUE RECIBE SU EGO POR FORMENTAR LO MALSANO

• *Su ego siempre fomenta la idea de que está separado de los demás, incluido Dios.* Si se encuentra a la búsqueda del placer externo de forma perpetua, está convencido de que su felicidad procede de fuentes externas. Al perseguir este placer del exterior, se mantiene alejado de la experiencia de guardar silencio y conocer el júbilo de un corazón puro. En consecuencia, el ego garantiza su supervivencia por el sistema de hacer que se destruya poco a poco.

• *Cuando prejuzga está haciendo un enjuiciamiento de sí mismo como ser superior con respecto a aquellos que juzga.* El objetivo del ego es convencerle de que esos otros son inferiores a usted. Este tipo de pensamiento le permite al ego mantener su control.

• *El ego se arraiga cuando usted ve a los demás como objetos sexuales.* Le convence de que su propio valor se funda en sus conquistas. Le permite hacer alarde de su atractivo sexual y verse a sí mismo como más fuerte que sus conquistas. Mientras escuche a su ego, tendrá que demostrar quién es en el plano físico. Para el ego no existe mejor forma de demostrar su superioridad como ser físico que conquistar a otro cuerpo.

El ego tiene miedo de la idea de que usted sea un alma con un cuerpo. Si comienza a ver a los otros como seres espirituales que están pasando por una experiencia humana, el ego teme que no será capaz de convencerle de continuar demostrando quién es a través de la libido. Así pues, el ego le alienta a escuchar sus urgencias biológicas y actuar según las mismas.

• *Sus adicciones son la suprema satisfacción de su ego.* Cuanto más confíe en la necesidad de aprobación externa o sustancia de cualquier tipo, menos probabilidades existen de que se vuelva hacia el interior y alcance el júbilo de su yo espiritual. Mientras se le pueda persuadir de que es principalmente un ser físico cuyas satisfacciones sexuales constituyen la primera prioridad, el ego tiene asegurada su posición de preeminencia. Si abandona la necesidad de estas realidades externas, es como decirle a su ego que se vaya a paseo. Así pues, su falso yo alimentará la idea de obtener placeres de cualquier cosa que no sea la luz celestial del espíritu que alberga su cuerpo.

• *El que se encuentre en un estado de agitación y desasosiego satisface a su ego.* Su ego alimenta el descontento suficiente para mantenerle en un estado de agitación, pero no el suficiente para que vaya a buscar la paz que reside en su propio interior. Moverse en esta situación de descontento le hace creer que no puede evitarlo. El ego le empuja al interior de una corriente de descontento.

El ego le alienta a hallar fallos, ser pesimista, y en general a ver el lado negativo de la existencia. Cuanto más se comporta así, más conserva el falso yo su poder sobre usted. Está intentando evitar que sienta la desesperación necesaria para impulsarle a buscar su naturaleza espiritual. Si comienza a buscar la pureza y la paz a través del yo superior, el ego sabe que empezará a experimentar más optimismo y contento. El ego hará todo lo necesario para evitarlo.

• *Mientras sienta la necesidad de compararse con otros, seguirá los dictados del ego.* Una vez que ve que otros están en su búsqueda espiritual, no puede evitar enviarles amor, y el ego es demasiado inseguro como para permitir eso. En consecuencia, su falso yo le alienta a compararse con otros y a molestarse cuando otros le derrotan o tienen más cosas y parecen hallar felicidad.

Cuando descarte esta idea de que la comparación es algo apropiado, ya no tendrá que consultar a su ego.

Éstas son algunas de las principales recompensas que su ego obtiene por fomentar el pensamiento, las sensaciones y el comportamiento malsanos. Ahora ha llegado el momento de desplazar su atención hacia algunas de las formas de ser que traerán la pureza a su vida.

NUEVAS FORMAS DE SER PURO EN CUERPO, MENTE Y ESPÍRITU

• *Cuando sienta que las exigencias de su cuerpo se adueñan de usted, tómese unos momentos para guardar silencio y escuchar a su yo superior.* Sólo escuche y realice un esfuerzo por posponer el inmediato y fugaz placer de los sentidos durante unos instantes.

En estos preciosos instantes encontrará la fuerza para renunciar a las exigencias del ego. Aunque sólo consiga posponer su dependencia respecto de las presiones de su cuerpo durante unos instantes, habrá hecho un progreso. Aquello en lo que piensa llegará a transformarse en un hábito. Pensar según un criterio espiritualmente superior hará que funcione el mecanismo que se sobrepondrá al ego.

• *Comience a llevar la cuenta de los juicios que establece cada día.* Incrementar su conciencia de este hábito le ayudará a consultar con la amorosa esencia divina cuando surjan esas actitudes.

Si su primera tendencia es enjuiciar la apariencia física de alguien, repare en que está haciéndolo y cambie su pensamiento para considerar la plenitud de Dios que hay dentro de esa persona. Esta perspectiva le hará tomar conciencia de cómo piensa habitualmente. También le proporcionará una vida más tranquila, dado que el enjuiciamiento conduce a unas reacciones internas y externas más hostiles.

A medida que se sorprenda en actitudes de enjuiciamiento, comenzará a deshabituarse. Acabará reemplazando el hábito por pensamientos puros, que le harán ver su conexión con cualquier persona que conozca.

• *Cuando se encuentre con que recae y se entrega a pensamientos o comportamientos malsanos, pídale a su yo sagrado que intervenga.* Pásele el pensamiento o comportamiento con una afirmación de entrega y confianza. Este tipo de afirmación le pondrá en contacto con una energía que está muy alejada de las nocivas exigencias de su ego.

Aunque es verdad que puede hacerle falta algún tiempo para purificarse por entero, también es cierto que las recaídas cada vez serán menores y más espaciadas. Cada vez que recaiga, será consciente de la influencia de su ego. Esta conciencia reforzará su determinación hasta que, por fin, sólo escuchará a su yo superior.

• *Perdónese por todos y cada uno de los comportamientos malsanos que haya seguido hasta el presente.* Todos sus pensamientos, sensaciones y comportamientos malsanos son también una forma de enseñarle a dejar atrás el ego. Necesitaba esas visitas al infierno para saber lo que ya no quiere en su vida.

En lugar de maldecir el pasado, bendígalo y perdónese. Cuando uno sabe que todas esas experiencias formaban parte del designio divino para su vida, puede permitirse perdonar. Entonces llegará el momento en el que volverá los ojos con asombro, por haber transitado por caminos tan destructivos.

Pero por el momento, perdónese. Bendiga al pasado y escuche a su alma hablar de amor y perdón.

• *En lugar de hacer constantemente un problema de las cosas con sus familiares y amigos, intente liberarse del asedio de su ego.* Cuando se dé cuenta de que está a punto de buscar el conflicto, pregúntese si quiere hacer un problema de eso y vivir los dolorosos resultados, o si prefiere crear una atmósfera pacífica.

Unos instantes de consulta con la energía invisible que quiere que esté en paz le apartarán del enfrentamiento. Sólo necesita unos segundos para hacer una pausa y saber lo beneficiosa que es la paz. Su ego intensificará las presiones y tendrá que optar de forma consciente por la paz, que está a su alcance.

• *Trabaje para eliminar las irritaciones menores que siempre le acompañan.* Recuerde que el ego prefiere que sea desdichado y para ello se sirve de estas irritaciones menores.

Por ejemplo, déle al camarero un pequeño descanso trasmitiéndole amor y no irritabilidad cuando haya tardado demasiado tiempo en servirle. Recuerde que sus hijos son pequeños y que le harán constantes exigencias con el fin de obtener lo que quieren. Haga caso omiso de los cambios del tiempo atmosférico que considera desastrosos para sus planes; dé las gracias por cualquier tiempo atmosférico.

En otras palabras, sea consciente de las irritaciones menores y considérelas como oportunidades para aprender más sobre la faceta superior de sí mismo. Las pequeñas molestias están programadas por el ego para proporcionarle vivencias malsanas todos los días. Vuélvase hacia su yo espiritual y busque la pureza.

• *Mantenga la palabra* namaste *en su conciencia.* Úsela como saludo y recuerde su conexión con todos los demás. Cuando se reconoce el sagrado lugar que hay dentro de los otros y que ellos comparten con usted, uno supera las malsanas reacciones. Yo pienso en la palabra *namaste* en todo momento, particularmente cuando mi viejo ego continúa intentando convencerme de que no comparto la energía invisible con otra persona.

• *Trabaje para ser capaz de conocer el júbilo sin necesidad de nada externo.* A medida que aprenda a meditar y acallar el diálogo interno, sucederá algo maravilloso. Conocer el júbilo sin necesidad de sustancias externas. Se sentirá embriagado y eufórico de una forma tan pura como nunca antes ha experimentado. Conocerá estas sensaciones sin los componentes tóxicos que acabarían por destruir el tejido de su cuerpo y alterar la química de su cerebro.

La química natural de su cuerpo produce euforia al meditar. Al alcanzar el júbilo del espacio unificado, sentirá que su química cambia. Cuando se dé cuenta de que puede vivir esa experiencia, no se sentirá atraído por venenos a fin de conseguir esos efectos eufóricos.

• *Cuando se sienta tentado de caer bajo la influencia de su malsano ego, recuerde que hay dos maneras de tener el edificio más alto de la ciudad.* Una manera es derribar todos los otros edificios. Este método requerirá sin ninguna duda un esfuerzo violento y una batalla con los dueños de los edificios que destruya. Es probable que pierda también su edificio en el intento.

La segunda manera de tener el edificio más alto de la ciudad es trabajar, haciendo caso omiso de la altura de los demás. Aplique esta analogía a la construcción de su felicidad.

Si opta por la actividad malsana de degradar a todo el mundo con el fin de ascender usted, estará en un constante estado de agitación. No obstante, si se decide por la segunda opción y trabaja en sí mismo al tiempo que transmite amor a quienes le rodean, se asegurará un corazón puro y una vida de amor.

• *Apártese de los hábitos malsanos de su vida tomándolos de uno en uno.* Trate de escoger los pensamientos malsanos en el momento en que los tiene. Un momento por vez, un día cada vez… y serás capaz de conseguir ser puro.

Si intenta cambiarlos todos al mismo tiempo, su ego estará encantado porque renunciará y cederá ante los hábitos. Pero hoy, en este preciso momento, tome la determinación de que ya no vivirá una existencia malsana… y se encontrará en su sendero espiritual.

Por ejemplo, si tiene sobrepeso y toma la decisión de dedicar un poco de tiempo a caminar en torno a la manzana en lugar de sentarse a comer algo, usted está purificando su pensamiento. El pensamiento generará el comportamiento. Continuará teniendo sobrepeso, pero durante un momento habrá vencido al ego. Éste es su paso hacia el siguiente pensamiento puro, y hacia el siguiente, hasta que llegue a confiar en que la amorosa esencia divina le guíe.

Ésta es una prescripción para adquirir conciencia del poder que le ha entregado a su ego para que fomente una vida malsana. Échele una mirada a la cita del principio de este capítulo y recuerde que, a medida que desarrolle un corazón puro, llegará a conocer a Dios. Practique algunas de estas estrategias para desarrollar un corazón puro y despídase de las influencias malsanas de su ego.

Esto concluye la tercera parte de este libro. Los capítulos precedentes representan los conflictos de mayor importancia entre el ego (su falso yo) y su yo espiritual. Han desempeñado un papel fundamental en su vida. Si se libera de ellos, su vida se transformará.

Cuando comience a dejar atrás su ego en todos los aspectos de la vida, aumentará la conciencia que tiene del yo divino que reside en su interior. A medida que trabaje para resolver los conflictos existentes entre su yo superior y su falso yo, conocerá la libertad y júbilo, su destino.

Rabindranath Tagore es un iluminado espíritu de la India cuyas palabras centran la cuestión. En una conversación con Dios, él dice:

> He salido, solo, por mi camino, hacia el lugar de la cita. Pero ¿quién es este yo en la oscuridad?
> Me aparto a un lado para evitar a esta presencia, pero no la evito.
> Él hace que las tinieblas se levanten de la tierra con su bastón;
> y suma su potente voz a cada palabra que profiero.
> Él es mi propio pequeño yo, Señor, él no conoce la vergüenza;
> pero estoy avergonzado de acudir a tu puerta en su compañía.

Yo creo que podemos transformar el mundo mediante este cambio de conciencia. Dicho cambio está teniendo lugar en usted en este preciso minuto. Lo transmitirá a medida que continúe caminando por la senda de su yo espiritual. El último capítulo del presente libro concluye con mi visión de cómo sería nuestro mundo si todos supiéramos que estamos aquí, en una búsqueda espiritual.

CUARTA PARTE

Hacia un mundo sin ego

Decide que puede hacerse y se hará,
y entonces hallarás la manera

Abraham LINCOLN

15

Crear un espíritu colectivo
de yos espirituales

*Pero si por el contrario el Hombre ve una puerta que se abre en lo alto,
es un nuevo escenario para su desarrollo; si cada uno de nosotros puede
creer que está trabajando con el fin de que el Universo pueda
alzarse, en él y a través de él, hasta un nivel más alto, entonces
una nueva fuente de energía manará desde el corazón de los trabajadores
de la Tierra. La totalidad del gran organismo humano, superando la
vacilación de un momento, inspirará profundamente y continuará
con renovada fuerza*

Pierre TEILHARD DE CHARDIN

Transmitiré mi yo espiritual al exterior,
para bien de todos

Este capítulo final será una odisea al interior de todos los males de nuestra sociedad. No tengo intención de acabar este libro catalogando todos los problemas que hemos creado como resultado de permitir que nuestros egos sean la fuerza dominante del mundo.

Eso no quiere decir que no reconozca que tenemos muchos problemas que han surgido de nuestra preocupación por satisfacer a nuestro ego. Tampoco soy ciego ante el hecho de que nuestros egos individuales han interactuado de formas que han producido guerra, delincuencia, adicción, pobreza, injusticias sociales y tiranías.

Hemos creado un ego mundial que refleja, a nivel global, la misma carencia de profundidad y riqueza que existe en nuestras vidas. A lo largo de todo este libro he expuesto razones para dominar el ego personal y sugerencias de cómo hacerlo. Exactamente lo mismo puede hacerse con respecto al mundo. Abrigo la esperanza de que a usted le resulte tan obvio como a mí que el ego colectivo se beneficiará cuando dejemos atrás nuestros egos individuales.

Usted, como ser individual, tiene una búsqueda espiritual que emprender. Esa búsqueda implica llegar a conocer su naturaleza superior e invitarla a que le muestre el camino de su yo espiritual en la vida cotidiana. Esto significa negar las exigencias de su ego si esas exigencias entran en contradicción con su yo superior.

Nuestro mundo es un colectivo de seres individuales a los que su amorosa esencia divina insta a seguir la búsqueda espiritual individual y colectivamente. El mundo se convertirá en un entorno pacífico, satisfecho, cooperador, amoroso, sincero, tolerante y puro, cuando los seres individuales que componen la conciencia colectiva dominen su ego. Lo mismo que ocurre en el microcosmos, ocurre en el macrocosmos. El todo se comporta de la misma forma que las partes individuales.

Muchas personas con las que hablo me dicen que se sienten impotentes para modificar el mundo. Creen que, dada la envergadura de los problemas globales, sus esfuerzos serán insignificantes.

Lo que no ven es que ese mundo se transformará precisamente mediante un cambio en la conciencia individual. Todos los problemas con que nos enfrentamos dentro de un grupo reflejan los que tenemos a escala individual.

El mundo se encuentra con un déficit espiritual que refleja nuestra necesidad de emprender de modo consciente la senda de la búsqueda espiritual. La solución de los problemas individuales y mundiales es la superación del déficit espiritual. Cuando usted realiza el cambio de conciencia y se permite ser un agente de la conciencia superior, está contribuyendo a la transformación del mundo.

Usted no está separado de las otras almas que habitan el planeta. Comparte la misma energía que fluye por las almas de Ruanda y Pakistán, por ejemplo. Usted es la bombilla y Dios la electricidad. Fluye a través de usted con tanta seguridad como lo hace a través de todos los seres vivos. Cuando usted toma la decisión de escoger la guía de su yo superior antes que la que le ofrece su falso yo, se ha conectado con su energía divina interior. Cuando rige su vida según los principios del yo superior, está contribuyendo a la transformación del mundo entero.

Los cambios físicos que tendrán lugar en el mundo sucederán de forma automática, del mismo modo que tendrán lugar en su cuerpo cuando se vuelva hacia su yo espiritual. Esto resulta inevitable. El ego se desvanece ante la brillante luz divina. Usted se encuentra con que está comportándose más pacífica y amorosamente. Lo mismo sucederá a escala mundial.

Usted tiene que fortalecer su voluntad de seguir su senda espiritual cuando el ego le llame estúpido por creer que podría llegar a existir un mundo sin guerra. Si el ego puede convencerle, se convertirá en parte del conjunto de falsedades del ego. Las personas que elijan hacer caso a la propaganda del ego construirán más bombas y fabricarán más armas.

En la actualidad hay unos seis mil millones de personas en el planeta. Alrededor de unos tres millones están en guerra o conflictos que los hacen matarse y torturarse los unos a los otros. ¡Pero eso significa que existen cinco mil novecientos noventa y siete millones que no están en guerra! Esto es una estadística esperanzadora que nuestros egos no quieren que consideremos.

Por el contrario, el ego colectivo lucha para mantener a la población con los nervios de punta mediante recordatorios destinados a hacer que consideren al mundo en términos de «nosotros contra ellos». Este punto de vista del ego no sólo refuerza la demente escalada de las formas de matarnos los unos a los otros, sino que además es responsable de la mayoría de nuestros problemas sociales.

No estoy sugiriendo que hagamos caso omiso de los problemas de las personas sin techo, hambrientas, enfermas y demás. Lo que sí sugiero es que nuestro ego colectivo nos ha convencido de que estos problemas no tienen solución. La verdad es que hemos avanzado de manera notable a pesar del ego, merced a la consideración y el amor de los que están motivados por su yo espiritual.

De todas las personas del planeta, el 99,9 por 100 tiene un lugar al que acudir cada noche. Puede que no todos tengan una casa lujosa, pero en general hemos ingeniado una manera de alojar a todas las personas del planeta, menos un pequeño porcentaje. Muchos de nosotros trabajamos cada día para conseguir que el ciento por ciento tenga techo. No obstante, el cuadro que nos presenta el ego es de unas condiciones rampantes de desesperación, y una conciencia colectiva basada en el miedo. También esto es verdad por lo que respecta al hambre.

Estamos dando pasos de gigante en la ayuda de aquellos que viven al borde de la inanición. Eso sucede debido al esfuerzo de personas inspiradas por su yo espiritual, no por el pesimismo del ego. Es obvio que una sola persona que muera de malnutrición es una cantidad excesiva, y nosotros podemos hacer algo que garantice que vivamos en un mundo donde ese tipo de realidades no se den, y lo haremos. Pero esto no se logrará mediante la visión pesimista del ego, que nos sugiere que somos mejores que esas personas que viven en la pobreza. Si la totalidad del mundo se apartara de pronto de la idea de que somos seres aislados y escuchara la verdad de nuestro yo espiritual, no cabría posibilidad ninguna de que alguien muriera de hambre.

Decir que un mundo semejante es imposible es escuchar al ego, que trabaja colectiva así como individualmente, para convencernos de que estamos separados los unos de los otros.

COMPRENSIÓN DEL EGO MUNDIAL

El ego mundial es una extensión del ego personal. Nos conducirá como grupo al mismo pantano de nuestros egos personales, sólo que en escala mucho más grande y observable. El ego mundial no existe en el sentido físico porque se trata de una idea. No es lo que somos como pueblo sino lo que creemos que somos como colectivo. Vuelva a repasar las características del ego que he expuesto en el capítulo séptimo, y sencillamente aplique esas cualidades a la totalidad del mundo.

El ego del mundo es nuestro falso yo, y ésta constituye la principal característica que necesitamos reconocer. Queremos creer que somos nuestros cuerpos físicos y que los territorios que ocupamos son tan importantes que estamos dispuestos a matarnos los unos a los otros con el fin de mantener esas líneas fronterizas.

Nos hemos convencido de que nuestras verdaderas identidades provienen de nuestros antepasados, tradiciones, historias, así como del color y forma de nuestros cuerpos. Hemos perdido de vista nuestras verdaderas identidades debido a las etiquetas que nuestros egos nos han asignado.

Nuestros egos se han combinado en una falsa percepción mundial de nosotros mismos, basada en una incapacidad para conocer nuestra verdadera naturaleza espiritual. A pesar de que todos nuestros dirigentes espirituales nos han recordado nuestra naturaleza espiritual y nos imploraron e incluso ordenaron amarnos los unos a los otros, el ego del mundo ha ganado esta batalla y producido enemistades ancestrales e incontables horrores en la larga historia de la humanidad.

Como consecuencia de escuchar al falso yo y hacer caso omiso del espíritu, la humanidad ha vivido en un perpetuo conflicto que ha creado sociedades regidas por la conciencia primitiva. Como pueblo, somos capaces de crear sociedades gobernadas por la conciencia divina que todos compartimos. Todos somos criaturas del mismo Dios, que se manifiestan en una forma física con atributos identificables.

Podemos trabajar individualmente en nuestros egos y hallar la verdad de nuestro yo superior. Luego ampliaremos ese yo espiritual al exterior, y la humanidad ya no será gobernada por los bajos instintos y la inteligencia primitiva, seremos regidos por el sagrado espíritu que se encuentra dentro de todos nosotros. Si eso le parece una tarea imposible, es porque ha vuelto a caer en la trampa del ego. El ego no quiere que crea en una posibilidad semejante, porque significaría su abolición.

La solución espiritual para los principales problemas con que se enfrenta el mundo es llevar a posiciones de poder a esas personas que no están motivadas e impulsadas por su ego, sino que ven el bien colectivo como objetivo principal. Necesitamos dirigentes que no manifiesten tendencias dictadas por la conciencia primitiva como el odio, la envidia, la codicia, la sed de sangre y la intolerancia, sino que estén basadas en el amor, la tolerancia, la veracidad y la pureza. Dichos dirigentes están emergiendo y continuarán emergiendo a medida que consigamos superar nuestros egos personales y conocer el verdadero espíritu de Dios. El ego del mundo quedará obsoleto al hacernos nosotros conscientes de nuestro yo espiritual.

Su yo espiritual está esperando compartir con usted y con el resto del mundo el conocimiento de que somos todos de la misma esencia eterna, una extensión de Dios. En ese conocimiento está ausente la creencia de que somos miembros de una tribu dispuestos a matar por las diferencias físicas.

La noción de que estamos aislados los unos de los otros es de la que se alimenta el ego mundial. Es una extensión de todos los egos individuales que están en conflicto los unos con los otros, que libran batallas para demostrar lo separados que están unos de otros. En verdad, ninguno de nosotros está separado de Dios. Ninguno de nosotros está separado de los demás. El hecho de vivir en un planeta redondo simboliza la imposibilidad de tomar la decisión de estar a un lado u otro.

Todos compartimos el mismo oxígeno, bebemos de la misma agua, caminamos y vivimos sobre el mismo suelo. Y tanto si nos gusta admitirlo como si no, todos compartimos íntimamente el continuo cambio de átomos y moléculas de los demás. La única constante del mundo físico es el cambio. Todo lo que se manifiesta en forma material está cambiando en todo momento. Esta constante mutación de los átomos significa que no existe separación en el sentido científico cuántico ni en ningún otro. Su yo espiritual está aguardando a que tome la decisión de hacerle conocer esta verdad a su ego.

Su ego quiere separarle, y lo mismo quiere el ego del mundo. Mientras el ego mundial crea de una forma tan terminante en la separación, habrá conflictos para mitigar esa presión que ejerce el ego. Las naciones estado continuará bajo la dominación del ego del mundo. El nacionalismo representa el egoísmo o egocentrismo de una nación, y prevalecerá mientras se tome al ego como verdad.

Cuando avancemos hacia la unidad crearemos un mundo regido por el yo superior, que nos ve a todos como habitantes del mismo reino. Entonces no se servirá a ningún interés en especial; no se construirán fortalezas en las fronteras; no se creará ninguna arma nuclear, y no habrá ni pasaportes ni aduanas, ni siquiera cambio de divisas. Sabremos que no somos esas fronteras a las que nos aferramos para mimar al ego mundial y fomentar las ideas por las que miles de millones de personas han muerto innecesariamente.

Al sustituir el miedo por el amor y permitir que aparezca nuestro yo espiritual, la necesidad de separación desaparecerá de manera gradual. Está sucediendo ahora mismo, a pesar de los esfuerzos que realizan muchas personas movidas por su ego para mantener los símbolos de la separación, los cuales están desvaneciéndose de forma gradual. El trabajo del espíritu es sutil y paciente.

No existe nada más poderoso que una idea cuya hora ha llegado, y la muerte del ego del mundo hace mucho que tendría que haberse hecho realidad. Ya basta de enviar a los jóvenes a morir para conservar antiguas fronteras. Ya basta de asesinar a nuestros hermanos cuyas costumbres son diferentes, pero que están conectados con nosotros en el mundo del yo espiritual. El movimiento hacia el yo espiritual hará que la seductora voz del ego mundial resulte menos atractiva.

Ya no podemos permitirnos esa separación que el ego del mundo nos implora que aceptemos. Las armas que existen hoy en día, si se las usa, matarán incluso a aquellos que las usen. Todos compartimos el mismo entorno, respiramos el mismo aire. Contaminarlo con radiactividad equivale a disparar armas contra nosotros mismos, que es precisamente lo que hacemos cuando disparamos un arma contra cualquier otra persona. Cuando Jesús dijo: «Padre, perdónalos, porque no saben lo que hacen», estaba implorándonos que nos diéramos cuenta de que todos somos uno. Su yo espiritual lo sabe... y también lo sabe el alma del colectivo mundial.

La parte falsa, el ego, insiste en que no sólo estamos separados sino en que somos especiales. Con este credo de lo especial, el ego intenta convencernos de que estamos más favorecidos que otros, y de que esta condición de especiales se alimenta si seguimos a un maestro espiritual, nuestro pasaje hacia el paraíso. Este dios de lo especial odia a determinadas personas y ama a otras, dependiendo de sus sistemas de creencias. El ego usa este tipo de pensamiento para controlarnos.

Cuando usted se centra y encuentra su propio espacio silencioso, interior, espiritual, conoce la amorosa esencia divina que no hace discriminaciones. Usted sabe que la condición de especial no es algo conferido a unos y no a otros. Sabe que es absurdo creer que un bebé musulmán se quemará en el infierno por no tener creencias budistas o cristianas. Sabe que los aborígenes australianos son iguales a los reyes. Su yo espiritual se lo dice, y lo mismo hace toda nuestra literatura espiritual.

El mensaje que su ego le transmite de que es especial, resuena y se intensifica en el mundo colectivo. El ego mundial quiere que resulte fácil hacer caso omiso de los que tienen menos. De este modo, las sociedades menos industrializadas que no están tan alfabetizadas pueden ser vistas como «ellos», lo cual el ego interpreta como menos favorecidos. Puede considerárselos como no elegidos de Dios. Eso hace posible pasarlos por alto o usar nuestras armas superiores para eliminarlos. Así se hace posible que la gente contemple en la televisión los bombardeos y se diga a sí misma que las víctimas están recibiendo lo que se merecen.

Pero el yo espiritual sabe que «no matarás» no tiene ninguna cláusula excluyente. Cuando matamos campesinos al derrocar a un dictador, el yo espiritual sabe que estamos violando nuestros más elevados mandamientos al convertir a algunas personas en prescindibles.

En verdad, nadie es especial. Todos somos iguales y todos compartimos el mismo espíritu. Si creemos que alguien es especial, significa que alguna otra persona no lo es. El ego del mundo trabajará con gran ahínco para mantener con vida esta idea de lo especial, porque le permite llevar a cabo el tipo de acción que perpetúa su propia existencia.

Nos apartaremos de esa posición al seguir el camino de nuestra búsqueda espiritual. Cuando conozcamos la amorosa esencia divina, seremos incapaces de ver a los otros como no especiales o a nosotros mismos como especiales. Esto representará una victoria del altruismo sobre el egoísmo en todas sus formas y en la totalidad del mundo.

Tom Brown describe esta actitud en un maravilloso texto extraído de su estimulante libro *The Quest* (*La búsqueda*):

> El hombre que vive en la pequeña isla del yo, no vive más que una pequeña parte de lo que constituye la existencia. El hombre debe dejar atrás las barreras, las prisiones del ego y el pensamiento, y alcanzar al Creador. Debe construirse un puente sobre todas las islas, todos los círculos. Cada mundo debe ser comprendido, y por último fundido en una unicidad absoluta y pura. Entonces podrá no haber ni dimensiones interiores ni exteriores, ninguna separación del yo, sólo una pura unidad en la que el hombre sea todas las cosas a la vez. En esta fusión de mundos el hombre conocerá todas las cosas y vivirá los más profundos significados de la vida...: Entonces, y sólo entonces, podrá el hombre aspirar al contacto con Dios.

A medida que viaje por la senda de la búsqueda espiritual, podrá ayudar a disipar el absurdo de lo especial que con tanta asiduidad fomenta el ego. Verá el final de este tipo de pensamiento en su vida, y también a escala mundial.

En la escena del mundo, en el momento presente de la historia, vemos que se desarrollan enormes conflictos sólo para aplacar a la parte del ego que se sintió ofendida. Cuando usted se ofende, es el egocéntrico ego quien se siente herido e insiste en demostrar lo especial e importante que usted es. Lo mismo sucede a nivel colectivo. Este ego colectivo trabaja a escala mundial y también en nuestras ciudades.

El ego del mundo se ofende con facilidad. Cuando el ego se ofende, necesita tomar venganza. Necesita tomar represalias para demostrar su importancia y calidad de especial ante cualquier cosa que perciba como causa de la ofensa. Así pues, cuando su nación, dominada por el ego, se siente ofendida por las palabras de un intolerante tirano, zanja el agravio mediante la agresión y el asesinato.

Así también están nuestras ciudades llenas de jóvenes que confían tanto en su ego que están dispuestos a matar de forma arbitraria a aquellos que no obran de acuerdo con sus criterios. Están convencidos de que son especiales y tienen derecho a cualquier cosa que demuestre que son especiales. Si no lo obtienen, se ofenden y causan alborotos, mutilan, matan y saquean.

Esto representa una gigantesca carencia de conciencia espiritual. Necesitamos volver a colocar a Dios en la conciencia de estos jóvenes, reemplazar el déficit por la conciencia superior. Entonces estos problemas comenzarán a disiparse. Cuando las personas descubren su búsqueda espiritual, ya no se sienten ofendidas por lo que no tienen. Entonces se muestran deseosas de dar algo de sí mismas y se ven libres de la necesidad de compararse con otros. Este cambio hacia el yo sagrado acabará por eliminar los problemas del bienestar social y la guerra.

Cuando el ego colectivo se ofende, el mundo se enzarza en la destrucción. ¡Cuando se consulta al yo superior, no hay nada por lo que ofenderse! Uno sólo ve lo que hay que hacer y comienza a vivir según el amor que el silencio interno proclama. Considere esta declaración de Sören Kierkegaard:

> El presente estado del mundo y de la totalidad de la vida es la enfermedad. Si yo fuera un médico y me pidieran consejo, contestaría: «Cread Silencio».

En efecto, si acudimos a nuestro interior y les enseñamos a hacer lo mismo a todos aquellos que estén deseosos de enmendar sus agravios, presenciaremos un importante cambio de conciencia y muchísima más comprensión y tolerancia. Por último, veremos la paz que todos los habitantes de este planeta deseamos con tanta desesperación.

La faceta superior de nosotros mismos sobre la que he escrito a lo largo de todo este libro, refleja una visión infinita. Ésta, sin duda, no es la visión del ego. El ego es igual de cobarde a escala colectiva como lo es a escala individual. El ego mundial tiene miedo de un llamamiento masivo a la superación de nuestro déficit espiritual.

Cuando las personas dirijan su mirada al interior y abracen una perspectiva más amorosa, el poder del yo espiritual producirá un cambio no sólo en las comunidades sino también en todo el mundo. El ego del mundo hará todo lo que pueda para evitar este tipo de camino interior. Ridiculizará a quienes fomenten la meditación, las manifestaciones pacifistas y el amor de Dios como salida del pantano de males sociales en que nos hallamos. El ego quiere conflicto.

La visión del ego está cómodamente instalada en el mundo material, y aprueba una especie de levantamiento en armas contra aquellos que propongan mejorar la vida oponiéndose al ego. El ego es cobarde en el sentido de que teme a la luz celestial de Dios. Este sistema se mantiene de manera exclusiva por el hábito, y por el miedo al yo superior. Que alguien sugiera que existe un déficit espiritual y que necesita que se incorporen a nuestra vida el amor, la paz, la bondad y la compasión, y será objeto de burlas y calificado como utópico o ingenuo. Lo que el sistema basado en el ego fomenta es más gastos y más separación.

Un cambio en la conciencia desvanecerá sin duda el viejo sistema en el que existe una atroz alianza entre unos poderosos burócratas, bien atrincherados, y las masas. En el viejo sistema, los burócratas se otorgan a sí mismos beneficios que les son negados a aquellos que pagan a los burócratas, y luego se ocultan tras el disfraz de los privilegios cuando se los enfrenta a su cobardía. Es aquí donde la cobardía del ego del mundo muestra su desvergonzado rostro una y otra vez.

El ego colectivo insiste en que no podemos permitirnos realizar demasiados cambios; que no podemos permitirnos proporcionarle a todo el mundo los mismos privilegios que tienen los que están en el poder; que quienes se enfrentan con el sistema son unos buscarruidos y es necesario silenciarlos.

La conciencia colectiva superior sabe que no es así. Sabe que no tenemos nada que temer siempre y cuando actuemos desde el amor y no por el deseo de servir al ego. El yo espiritual sabe que el verdadero poder está dentro del yo, no en las instituciones que hemos creado y distancian a las masas de aquellos que han acumulado poder. El ego colectivo es cobarde, pero sin embargo luchará para mantener la influencia que tiene sobre los tantísimos que son víctimas de ese arraigado sistema.

Cuando comience a consultar con su yo superior, modificará la conciencia colectiva y obligará a aflojar la presa a aquellos que se aferran al sistema basado en el ego. El ego teme siempre a la luz, y por lo tanto opera siempre en secreto. Cuando la motivación de todos los que se encuentran al mando se base de modo exclusivo en la conciencia superior, el ego colectivo se marchitará.

La principal prioridad para el ego colectivo es el poder. Este poder suele medirse en términos monetarios. Cuanto más dinero tiene uno, un mayor grado de calidad de especial se le confiere, y más tiempo consigue estar al mando.

Así pues, al ego del mundo le encanta gastar dinero, en particular el de usted. Se le contará lo importante que es que gastemos miles de millones de sus ingresos en un sistema impracticable que nos protegerá de los misiles del espacio exterior, y puede estar seguro de que se harán con ese dinero. El ego del sistema le dirá que necesitamos armas más complejas con el fin de poder dirigir la guerra desde el interior de fortalezas con aire acondicionado donde podamos pulsar un botón y borrar del mapa a miles de personas y todas sus posesiones sin siquiera tener que presenciar el sufrimiento que estemos creando.

El hecho de que se haya violado un mandamiento y de que estemos participando en el asesinato en masa de nuestros hermanos no es algo que el ego considere. Ésos son enemigos, nos recuerda el ego. Son malos, y necesitamos más y más dinero para ser capaces de matarlos con unos medios de destrucción más tecnificados.

El ego colectivo se convence a sí mismo de que el dinero lo hace especial, así que arrojará dólares a cualquier problema y se enorgullecerá del acto. Consumid, consumid, consumid. Más es mejor. Cuanto más acumuléis, cuanto más lujosos sean vuestros juguetes, cuanto más grandes vuestros centros comerciales, cuanto más gasolina gastéis en vuestros automóviles, más éxito tendréis. Es un impulso que nos aparta de la paz y nos acerca al consumismo y el capitalismo.

Sin embargo, su yo superior sabe que no hay paz en «cuanto-más-mejor». Esto es tan cierto en el plano colectivo como en el individual. El yo superior le insta a simplificar y evitar contribuir a cualquier cosa que perjudique a otros o incremente su separación de la fuente espiritual.

A medida que escuche con mayor atención a su yo espiritual y deje atrás su ego, también el ego del mundo será apartado del poder, el control y el dinero, y volveremos a las virtudes básicas de la conciencia superior, la paz, la belleza, el amor, la pureza, la tolerancia, la paciencia y la comprensión. Esto no significa que no pueda disfrutarse de los beneficios de la tecnología. Quiere decir que el ego no será la fuerza motivadora de nuestras vidas. Lo que en verdad somos como pueblo es una fuerza que anhela paz y sencillez.

Queremos la conciencia más profunda que acompaña a la cordura del yo superior. Es descabellado continuar creyendo que somos una serie de tribus, cada una con una identidad separada y una misión especial. Es descabellado creer que cualquiera que no encaje en la mentalidad de nuestra tribu particular es un enemigo en potencia.

Sabemos que no existe un Dios distinto para cada uno de nosotros, ni siquiera para cada una de nuestras tribus. Sabemos que existe una inteligencia divina universal que fluye a través de todos nosotros, y que en ese espacio sagrado de nuestro interior somos todos uno y lo mismo. Sabemos que somos seres espirituales que intentan ser humanos. Sabemos que lo mejor que tenemos dentro es el amor, la bondad y la comprensión.

No obstante, nuestros egos, tanto individuales como colectivos, han hecho campaña durante mucho tiempo y con ahínco para fomentar una idea falsa. ¿Qué puede tener de cuerdo que la gente esté matándose entre sí por disputas que crearon los antiguos egos muchísimo antes de que nosotros llegáramos? ¿Qué puede tener de cuerdo que creamos que algunos de nosotros merecen comer los alimentos que Dios provee, y que otros no lo merecen en virtud de su emplazamiento geográfico? ¿Qué puede tener de cuerdo que ensoberbezcamos a nuestros jóvenes mediante la filosofía de que nada cuesta nada, induciéndoles a creer que si quieren algo es porque lo merecen? ¿Qué puede tener de cuerdo que les enseñemos a nuestros hijos imágenes de violencia, y les permitamos adoptar la creencia del ego de que la naturaleza humana es perjudicar a otros como forma de defender el derecho a ser especial y distinto?

Cuando nuestro yo superior comience a triunfar sobre nuestro ego en las decisiones cotidianas de nuestra existencia, estaremos haciendo progresos en el sendero de la búsqueda espiritual de toda la humanidad. Usted debe desterrar toda duda sobre su capacidad para iniciar dicha búsqueda, y comenzar a saber que usted es tanto el microcosmos como el macrocosmos.

Dentro de usted hay un universo: un espacio unificado abierto a todas las posibilidades al que puede llegar al convertirse en el observador comprensivo. Guarde silencio y acalle el diálogo interior. Más importante aún, deje atrás el falso yo que llamamos ego. Entonces tendrá lugar la curación.

El ego mundial está destinado a ser reprimido a medida que más personas miren dentro de sí y consulten con su faceta espiritual. Las dudas están desvaneciéndose y la revolución del espíritu ya está comenzada. El avance hacia un mundo sin ego no es una idea inverosímil, no más que la caída del Telón de Acero. A aquellos que oyeron hablar de ello unos pocos años antes de que sucediera, les pareció algo en verdad absurdo. Pero las ideas, los pensamientos y conocimientos son poderosos instrumentos para la desintegración del falso yo.

Una de las maneras más sencillas y poderosas de hacerlo es la que enseña Eknath Easwaran; en su libro *Meditation* (*Meditación*), nos aconseja dedicar treinta minutos cada mañana a la meditación, repitiendo la plegaria de san Francisco. Al decir esta plegaria, dejamos atrás el ego a la vez que invitamos al yo espiritual a guiarnos. Le invito a que se una a mí en esta plegaria cotidiana mientras compartimos el sendero de la búsqueda espiritual.

LA PLEGARIA DE SAN FRANCISCO

Señor, hazme un instrumento de tu paz.
Donde haya odio, déjame sembrar amor;
donde haya perjuicio, perdón;
donde haya duda, paz;
donde haya desesperación, esperanza;
donde haya oscuridad, luz;
donde haya tristeza, júbilo.

Oh, divino Maestro, concédeme que no busque tanto
ser consolado como consolar,
ser comprendido como comprender,
ser amado como amar.

Porque es en el dar que recibimos;
es en perdonar que somos perdonados;
es en morirnos que nacemos a la vida eterna.

Si usted tiene la misma conciencia y determinación respecto de su mundo, tendrán lugar cambios espectaculares cuando todos apliquemos la energía más grande del universo: la energía del amor.

Ahora procede citar a mi maestro espiritual Nisargadatta Maharaj. Él nos recuerda lo simple que es crear una sociedad que esté basada en principios espirituales:

Mi postura es clara: produce para distribuir; alimenta antes de comer tú, da antes de recibir, piensa en otros antes de pensar en ti mismo. Sólo una sociedad altruista que se base en el compartir puede ser estable y feliz. Ésta es la única solución práctica. Si no la quieres, entonces... lucha.

Yo la quiero. Le aliento a hacer lo mismo. ¡Que Dios le bendiga!